# CINEMA 4D 8

**Unser Online-Tipp
für noch mehr Wissen ...**

... aktuelles Fachwissen rund
um die Uhr — zum Probelesen,
Downloaden oder auch auf Papier.

**www.InformIT.de**

Arndt von Koenigsmarck

# CINEMA 4D 8

Bibliografische Information Der Deutschen Bibliothek
Die Deutsche Bibliothek verzeichnet diese Publikation in der Deutschen
Nationalbibliografie; detaillierte bibliografische Daten sind im Internet
über http://dnb.ddb.de abrufbar.

Die Informationen in diesem Produkt werden ohne Rücksicht auf einen eventuellen
Patentschutz veröffentlicht.
Warennamen werden ohne Gewährleistung der freien Verwendbarkeit benutzt.
Bei der Zusammenstellung von Texten und Abbildungen wurde mit größter Sorgfalt
vorgegangen. Trotzdem können Fehler nicht vollständig ausgeschlossen werden.
Verlag, Herausgeber und Autoren können für fehlerhafte Angaben und deren Folgen
weder eine juristische Verantwortung noch irgendeine Haftung übernehmen.
Für Verbesserungsvorschläge und Hinweise auf Fehler sind Verlag und Herausgeber
dankbar.

Alle Rechte vorbehalten, auch die der fotomechanischen Wiedergabe und der
Speicherung in elektronischen Medien.
Die gewerbliche Nutzung der in diesem Produkt gezeigten Modelle und Arbeiten ist
nicht zulässig.
Fast alle Hard- und Softwarebezeichnungen, die in diesem Buch erwähnt werden,
sind gleichzeitig auch eingetragene Marken oder sollten als solche betrachtet werden.

Umwelthinweis:
Dieses Produkt wurde auf chlorfrei gebleichtem Papier gedruckt.

10 9 8 7 6 5 4 3 2 1
06 05 04 03

ISBN 3-8273-2034-8

© 2003 by Addison-Wesley Verlag,
ein Imprint der Pearson Education Deutschland GmbH,
Martin-Kollar-Str. 10-12, 81829 München/Germany
Alle Rechte vorbehalten

| | |
|---|---|
| Einbandgestaltung: | Barbara Thoben, Köln |
| Lektorat: | Klaus Hofmann, khofmann@pearson.de |
| Korrektorat: | Simone Meißner, Fürstenfeldbruck |
| Herstellung: | Philipp Burkart, pburkart@pearson.de |
| Satz und Layout: | Johannes Kressirer, München |
| Druck und Verarbeitung: | MediaPrint, Paderborn |

Printed in Germany

# Inhaltsverzeichnis

## Teil 1: Basics

### 1  CINEMA 4D im Schnelldurchlauf ... 13
1.1  Das Layout ... 14
1.2  Die Betriebsarten ... 15
1.3  Werkzeuge und Achsen-Systeme ... 21
1.4  Berechnungsmethoden ... 26
1.5  Objekte ... 27
1.6  Selektionslisten ... 29
1.7  Steuer-Elemente für Animationen ... 30
1.8  Erste Schritte ... 35
1.8.1  Der Objekt-Manager ... 36
1.8.2  Der Struktur-Manager ... 43
1.8.3  Der Browser ... 44
1.8.4  Der Attribute-Manager ... 45
1.8.5  Snapping ... 48
1.8.6  Der Werkzeug-Manager ... 49
1.8.7  Der Koordinaten-Manager ... 50
1.8.8  Der Materialien-Manager ... 52
1.8.9  Die Editor-Ansichten ... 54

### 2  Objekte erzeugen ... 59
2.1  Manipulation von Grundobjekten ... 59
2.2  Punkte und Flächen selbst erzeugen ... 64
2.3  Das HyperNURBS-Objekt ... 70
2.3.1  HyperNURBS-Unterteilungen ... 71
2.3.2  HyperNURBS wichten ... 72
2.4  Polygon-Modellierung ... 81
2.4.1  Das »Bevel«-Werkzeug ... 82
2.4.2  Das »Brücke«-Werkzeug ... 84
2.4.3  Das »Extrudieren«-Werkzeug ... 86

| | | |
|---|---|---|
| 2.4.4 | Das »Innen-extrudieren«-Werkzeug | 89 |
| 2.4.5 | Das »Messer«-Werkzeug | 89 |
| 2.4.6 | Verschieben (entlang Normalen) | 91 |
| 2.4.7 | Skalieren (entlang Normalen) | 92 |
| 2.4.8 | Drehen (um Normale) | 92 |
| 2.4.9 | Der Magnet | 93 |
| 2.4.10 | Das »Smooth-Shift«-Werkzeug | 95 |
| | | |
| 2.5 | Splines und NURBS-Objekte | 96 |
| 2.5.1 | Spline-Typen | 97 |
| 2.5.2 | Spline-Optionen | 101 |
| 2.5.3 | Das Extrude-NURBS-Objekt | 104 |
| 2.5.4 | Das Lathe-NURBS-Objekt | 110 |
| 2.5.5 | Das Loft-NURBS-Objekt | 114 |
| 2.5.6 | Das Sweep-NURBS-Objekt | 120 |
| 2.5.7 | Das Bezier-NURBS-Objekt | 121 |
| 2.5.8 | Ausblick | 123 |

## Teil 2: Praxis

### 3 Ein Bauernhaus modellieren ... 127

| | | |
|---|---|---|
| 3.1 | Eigene Bildvorlagen erstellen | 127 |
| 3.1.1 | Bildvorlagen in CINEMA 4D laden | 128 |
| 3.1.2 | Materialien und Objekte verbinden | 130 |
| | | |
| 3.2 | Die Hausfront | 134 |
| 3.2.1 | Wichtige Arbeitsschritte | 149 |
| 3.3 | Die Seite des Hauses | 150 |
| 3.4 | Die Wände modellieren | 167 |
| 3.5 | Das Dach | 171 |
| 3.6 | Zusammenfassung | 173 |
| 3.7 | Materialien erzeugen und zuweisen | 174 |
| 3.7.1 | Die Material-Kanäle | 175 |
| 3.7.2 | Das Haus texturieren | 189 |

| 4 | **Eine Szene zusammenstellen** | 203 |
|---|---|---|
| 4.1 | Einen Telegraphenmast modellieren | 203 |
| 4.2 | Ein Maisfeld modellieren | 206 |
| 4.3 | Einen Misthaufen modellieren | 210 |
| 4.4 | Einen Himmel modellieren | 212 |
| 4.5 | Kombinieren der Objekte | 216 |
| 4.5.1 | Wahl der Kamera-Position | 216 |
| 4.5.2 | Objekte hinzuladen | 218 |
| 4.6 | Das Ausleuchten der Szene | 226 |
| 5 | **Einen Charakter modellieren** | 237 |
| 5.1 | Die Vorlagen laden | 239 |
| 5.2 | Die Modellierung | 240 |
| 5.3 | Die Berechnung der fertigen Szene | 261 |
| 5.4 | Ausblick | 265 |
| | Stichwortverzeichnis | 267 |

# Einleitung

Mit der mittlerweile schon achten Version der 3D-Software CINEMA 4D steht Ihnen ein leistungsfähiges Werkzeug zur Verfügung, das Ihnen dabei helfen wird, jedes Objekt darzustellen, das Ihnen vorschwebt.

Dank der neuen Preispolitik und des modularen Aufbaus von CINEMA 4D müssen Sie sich dabei auch nicht mehr in ein finanzielles Risiko begeben. Sie wählen nur die Programm-Module aus, die für Ihre Projekte von Bedeutung sein könnten.

Es stehen Ihnen MOCCA, eine Sammlung von spezialisierten Werkzeugen für die Animation, *Thinking Particles,* ein komplexes Partikel-System, und *Advanced Renderer* für die zusätzliche Bereitstellung fortgeschrittener Bildberechnungsmethoden, wie z. B. *Radiosity* oder *Caustics,* zur Verfügung. Das PyroCluster-Modul unterstützt die Darstellung von volumetrischen Effekten, wie z. B. Rauch oder Feuer. BODYPAINT 3D erleichtert die Material-Zuweisung und den Umgang mit UV-Koordinaten.

All diese Module erweitern das Leistungsspektrum in eine bestimmte Richtung, wobei nicht vergessen werden darf, dass bereits die Basis-Version von Release 8 in vielen Bereichen mehr bietet als Version 7.

Da dieses Buch den Anspruch erhebt, sowohl CINEMA-Benutzer älterer Versionen als auch Leser ganz ohne Vorwissen mit den wichtigsten Funktionen vertraut zu machen, werde ich mich in den folgenden Erläuterungen und Arbeitsbeispielen ausschließlich mit dem Basismodul, also mit CINEMA 4D Release 8, beschäftigen.

Sie werden lernen, wie das Interface von CINEMA 4D aufgebaut ist, wo Sie welche Informationen und Werkzeuge finden können und wie typische Arbeitsabläufe funktionieren.

In den folgenden Arbeitsbeispielen werden Sie dann den praktischen Umgang mit den wichtigsten Funktionen und Objekten lernen, darunter u. a. Splines, NURBS und Grundobjekte.

Im Laufe der Beispiele werden wir ein komplettes Haus samt passender Umgebung und stimmungsvoller Beleuchtung realisieren. Abschließend wird auch die Modellierung eines 3D-Characters Schritt für Schritt vorgeführt.

Nachdem Sie die Kapitel aufmerksam durchgearbeitet haben, sind Sie in der Lage, selbst eigene Projekte durchzuführen, Objekte nach Ihren Vorstellungen zu modellieren und schließlich als Bild auszugeben. Schneller kann der Einstieg in die dritte Dimension nicht sein. Ich wünsche Ihnen dabei viel Erfolg.

An dieser Stelle möchte ich auch einen Dank an die Mitarbeiter von MAXON Computer, dem Hersteller von CINEMA 4D, richten, die mir mit Rat und Tat zur Seite standen.

Herzlichen Dank auch an Klaus Hofmann und Philipp Burkart von Addison-Wesley sowie an Simone Meißner für die wie immer sehr angenehme Zusammenarbeit.

Arndt von Koenigsmarck

Menden, im November 2002

# 1 CINEMA 4D im Schnelldurchlauf

| | | |
|---|---|---|
| 1.1 | Das Layout | 14 |
| 1.2 | Die Betriebsarten | 15 |
| 1.3 | Werkzeuge und Achsen-Systeme | 21 |
| 1.4 | Berechnungsmethoden | 26 |
| 1.5 | Objekte | 27 |
| 1.6 | Selektionslisten | 29 |
| 1.7 | Steuer-Elemente für Animationen | 30 |
| 1.8 | Erste Schritte | 35 |

# 2 Objekte erzeugen

| | | |
|---|---|---|
| 2.1 | Manipulation von Grundobjekten | 59 |
| 2.2 | Punkte und Flächen selbst erzeugen | 64 |
| 2.3 | Das HyperNURBS-Objekt | 70 |
| 2.4 | Polygon-Modellierung | 81 |
| 2.5 | Splines und NURBS-Objekte | 96 |

# Basics

Der Grundlagenteil macht Sie mit dem Interface von CINEMA 4D 8 sowie mit den wichtigsten Funktionen, Objekten und Werkzeugen vertraut.

# CINEMA 4D im Schnelldurchlauf

**KAPITEL 1**

In diesem einleitenden Kapitel werden Sie alles Wesentliche erfahren, um die ersten eigenen Schritte in CINEMA 4D Release 8 unternehmen zu können. Auch wenn Sie bereits Erfahrungen mit älteren CINEMA-Versionen sammeln konnten, sollten Sie auch dieses Kapitel sorgfältig lesen und möglichst auch an Ihrem Computer nachvollziehen.

CINEMA 4D Release 8 weist so viele Veränderungen auf, dass kaum ein Bestandteil des Programms unverändert geblieben ist. Nehmen Sie sich also die Zeit, da die folgenden Kapitel auf dem hier Gelernten aufbauen werden.

Wie bereits in der Einleitung angesprochen, will dieses Buch nicht die Handbücher ersetzen, sondern Ihnen vielmehr einen schnellen Einstieg in diese komplexe Software geben. Dabei muss zwangsläufig auf eine detaillierte Beschreibung aller verfügbaren Befehle und Techniken verzichtet werden.

Diese Entscheidung wird Ihnen jedoch letztlich den Einstieg erleichtern, da Sie hier nicht mit komplizierten Programm-Befehlen oder kryptischen Formeln belastet werden, die Sie aller Wahrscheinlichkeit nach sowieso nicht in Ihrer alltäglichen Arbeit brauchen werden.

Die folgenden Arbeitsbeispiele werden sich also auf die Werkzeuge und Techniken beschränken, mit denen Sie es hauptsächlich zu tun haben werden. Später – wenn Ihnen diese Grundlagen in »Fleisch und Blut« übergegangen sind – können Sie dann mit meinem Buch für Fortgeschrittene CINEMA-4D-Benutzer weitere Feinheiten des Programms erlernen, um das gesamte Potenzial der Software ausschöpfen zu können.

Starten Sie also nun CINEMA 4D und begleiten Sie mich auf einer ersten Entdeckungsreise durch die verschiedenen Fenster sowie die wichtigsten Befehle und Werkzeuge.

## 1.1 Das Layout

CINEMA 4D füllt beim Starten Ihren Bildschirm mit einer größeren Anzahl an Befehlspaletten und Einstellungsfenstern. Lassen Sie uns einen Blick auf deren Funktionen werfen.

*Die Werkzeug-Paletten*

Im Standard-Layout sind drei Befehlspaletten – in Abbildung 1.1 mit den Farben Blau, Rot und Grün hervorgehoben – eingearbeitet. Dort finden Sie alle wichtigen Befehle und Betriebsarten, die zum Erzeugen und Manipulieren von Objekten benötigt werden. Die grün unterlegte Palette benötigen Sie nur bei der Aufnahme und Wiedergabe von Animationen.

Die höher entwickelten Werkzeuge sind dagegen in den Menüs am oberen Bildschirmrand untergebracht.

Den Großteil der Fläche beanspruchen jedoch Einstellungs- und Parameter-Fenster, so genannte »Manager«. Teilweise sind hier sogar mehrere Fenster übereinander angeordnet. In solchen Fällen schalten Sie zwischen den Managern mit einem Mausklick auf die »Reiter« am oberen Rand der Manager-Fenster um.

*Die Fenster und Manager*

Das mit »1« bezeichnete Fenster ist die *Editor-Ansicht*. Dieses Fenster gewährt Ihnen Einblick in einen virtuellen, dreidimensionalen Raum, in dem wir später unsere Objekte arrangieren werden.

Der mit »2« bezeichnete Bereich beinhaltet gleich mehrere Fenster, wobei der *Objekt-Manager* das wohl Wichtigste dieser Fenster ist. Dort werden später die Objekte in Gruppen organisiert, mit Eigenschaften versehen und verwaltet.

Im Bereich, der mit der Ziffer »3« markiert ist, finden Sie den *Attribute-Manager*. Dieses Fenster ist ein Kernstück des Layouts und wird später unentbehrlich bei der Arbeit mit Objekten werden. Dort können alle Parameter, also alle Werte eines Objekts, dargestellt und verändert werden.

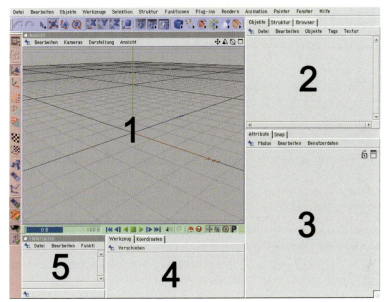

Abbildung 1.1:
Das Standard-Layout von CINEMA 4D mit den wichtigsten Fenstern und Befehlen

Die Fenster in Bereich »4« helfen uns bei der Arbeit mit Werkzeugen. Dort werden nämlich Optionen zu dem jeweils aktiven Werkzeug angeboten. Der ebenfalls dort zu findende *Koordinaten-Manager* hält Sie über die Abmessungen und Positionen von Objekten auf dem Laufenden. Er kann ebenfalls für die Eingabe numerischer Werte benutzt werden.

Das mit »5« bezifferte Fenster ist schließlich der *Material-Manager*. Mit seiner Hilfe können Sie Materialien, also Oberflächen-Eigenschaften von Objekten, erzeugen und verwalten.

Auf alle diese Fenster und deren Bedienung werde ich später im Detail noch eingehen. Lassen Sie uns jedoch mit der senkrecht am linken Bildrand einsortierten Befehlspalette beginnen. Sie ist in Abbildung 1.1 rötlich markiert.

## 1.2 Die Betriebsarten

Bei den Symbolen, auch »Icons« genannt, gibt es zwei Dinge zu beachten:

Abbildung 1.2:
Mit diesem Icon schalten Sie zwischen den mitgelieferten Standard-Layouts um.

- Es können mehrere Icons zu einer Gruppe zusammengefasst sein. Dies ist immer dann der Fall, wenn in der rechten unteren Ecke eines Icons ein schwarzes Dreieck zu sehen ist. Ein gehaltener Mausklick auf so ein Icon klappt ein kleines Fenster auf, in dem die übrigen Icons erscheinen, die mit dem angeklickten Icon gruppiert wurden.

- Viele Icons aktivieren Werkzeuge oder Funktionen, die einer weiteren Präzisierung bedürfen. Die entsprechenden Einstellungen nehmen Sie im »Werkzeug«-Fenster vor, das in der Abbildung 1.1 mit der Ziffer »4« markiert ist.

*Layouts umschalten*

CINEMA 4D lässt sich individuell an die eigenen Gewohnheiten anpassen. So lassen sich auch alle Icons beliebig neu anordnen, gruppieren und auch löschen sowie nahezu alle Befehle auch über eigene Icons selbst in das Layout integrieren.

Da es Gruppen von Funktionen und Fenstern gibt, die sich z. B. bevorzugt bei der Animation, bei der Modellierung oder beim Bemalen von Objekten einsetzen lassen, werden solche spezialisierten Layouts gleich mit dem Programm ausgeliefert.

Dies hilft Ihnen, Platz auf dem Monitor zu schaffen, da Sie nur die Funktionen sehen, die Sie in der aktuellen Phase eines Projekts benötigen.

Mit dem in Abbildung 1.2 gezeigten Icon schalten Sie zwischen diesen Standard-Layouts um. Wie Sie an dem kleinen Dreieck in dem Icon erkennen, verbergen sich dort mehrere Icons zur Auswahl. Halten Sie also die Maustaste länger gedrückt, wenn Sie dort alle Icons angezeigt bekommen wollen.

Wir werden von dieser Möglichkeit in den Arbeitsbeispielen dieses Buchs keinen Gebrauch machen, da das veränderte Erscheinungsbild und das plötzliche Fehlen und Auftauchen von Funktionen nach dem Layout-Wechsel zu verwirrend sein könnte.

*Objekte konvertieren*

*Abbildung 1.3: Dieses Icon konvertiert parametrische Objekte zu Punkt-Objekten.*

Das Icon in Abbildung 1.3 ist da schon interessanter, denn es konvertiert parametrische Objekte zu Polygon-Objekten. Zum besseren Verständnis müssen Sie wissen, dass es in CINEMA 4D eine große Anzahl von Objekten gibt, die sich über Parameter, also Zahlenwerte, steuern und verändern lassen. Dies hat den Vorteil, dass Sie z. B. jederzeit eine Kantenrundung an einem Würfel hinzufügen oder die Unterteilung eines NURBS-Objekts verändern können. Was dies alles im Detail bedeutet, werden Sie noch erfahren. Wichtig ist zum jetzigen

Zeitpunkt daran nur, dass parametrische Objekte den Vorteil der nachträglichen Einflussnahme haben. Der Nachteil daran ist jedoch, dass Sie nicht auf die Punkte oder Flächen des Objekts zugreifen können.

Wenn Sie bereits mit einer 3D-Software gearbeitet haben, wird Ihnen schon bekannt sein, dass alle Objekte dort mit Hilfe von Punkten und Flächen definiert werden. Durch das Hinzufügen und Verschieben dieser Punkte und Flächen kann jede beliebige Form erschaffen werden. Auch dies werden Sie in Kürze noch an einem Beispiel erfahren.

Wollen Sie also auf die Punkte und Flächen eines parametrischen Objekts zugreifen, muss dieses Objekt zuvor konvertiert werden. Da diese Funktion nur bei parametrischen Objekten eingesetzt werden kann, ist das Icon bei anderen Objekten ausgegraut dargestellt.

Kommen wir zum nächsten Icon in Abbildung 1.4. Hierbei handelt es sich nicht um ein Werkzeug, sondern um eine Betriebsart. CINEMA 4D kennt gleich mehrere davon. Je nach aktiver Betriebsart kann nur eine bestimmte Gruppe von Elementen beeinflusst werden.

*Modell-bearbeiten-Modus*

Bei diesem Symbol geht es um die Aktivierung des Modell-bearbeiten-Modus. Ist das Icon angeklickt und somit die Betriebsart aktiviert, können Objekte als Ganzes manipuliert werden. Dies ist also die richtige Betriebsart, wenn Sie z. B. Objekte verschieben oder drehen möchten.

*Abbildung 1.4: Dieses Icon aktiviert die Betriebsart »Modell bearbeiten«.*

Das Icon in Abbildung 1.5 aktiviert ebenfalls eine Betriebsart, die diesmal jedoch nicht ganz so einfach zu erklären ist. Sie müssen für das bessere Verständnis zuvor wissen, dass jedes Objekt einen Mittelpunkt besitzt, der in Form eines kleinen Koordinatensystems in den Editor-Ansichten eingezeichnet wird.

*Objekt-Achsen*

Dieses System wird *Objekt-Achsen* genannt. Es wird verwendet, um eine numerische Position für das Objekt anzeigen zu können oder um das Objekt um den Mittelpunkt dieses Systems zu drehen. Dies hat zur Folge, dass Sie durch eine Verschiebung des Objekt-Achsen-Systems maßgeblich das Resultat z. B. einer Rotation verändern können. Sie können dieses System völlig frei selbst platzieren, ja sogar weit außerhalb des Objekts. Welchen Sinn dies macht, erfahren Sie später in den Arbeitsbeispielen.

*Abbildung 1.5: Dieses Icon aktiviert die Betriebsart »Objekt-Achsen bearbeiten«.*

Wichtig zu diesem Zeitpunkt ist für Sie nur, dass Sie sich nach Betätigung dieses Icons in einer Betriebsart befinden, in der Sie das Objekt-Achsen-System unabhängig von dem Objekt, zu dem es gehört, bewegen können.

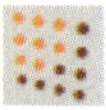

*Abbildung 1.6: Dieses Icon aktiviert die Betriebsart »Punkte bearbeiten«.*

Kommen wir zum nächsten Icon, das in Abbildung 1.6 dargestellt ist. Diese Betriebsart schaltet in einen Punkte-bearbeiten-Modus. Wie der Name schon treffend umschreibt, können Sie in dieser Betriebsart auf die Punkte eines Objekts zugreifen. Voraussetzung dafür ist, dass das Objekt auch Punkte enthält. Sie haben ja bereits erfahren, dass es parametrische Objekte gibt, die zuerst konvertiert werden müssen, um zu einem Punkt-Objekt zu werden.

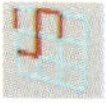

*Abbildung 1.7: Durch dieses Icon wird die Betriebsart »Kanten bearbeiten« aktiviert.*

Die Betriebsart *Kanten bearbeiten* (Abbildung 1.7) arbeitet nach dem gleichen Prinzip wie der Punkte-bearbeiten-Modus. Kanten sind nämlich die Verbindungslinien zwischen den Punkten. Wenn also ein Objekt keine Punkte enthält, wird es sich auch nicht im Kanten-bearbeiten-Modus bearbeiten lassen.

*Abbildung 1.8: Dieses Icon aktiviert die Betriebsart »Polygone bearbeiten«.*

Das Icon in Abbildung 1.8 steht für den Polygone-bearbeiten-Modus. Auch hier besteht eine enge Beziehung zu den Punkten eines Objekts, denn *Polygone* werden die Flächen genannt, die von den Kanten und deren Punkten begrenzt werden.

*Polygone*

CINEMA 4D kennt nur zwei verschiedene Arten solcher Polygone, nämlich Dreiecke und Vierecke. Aus diesen einfachen Flächen ist also jede noch so komplexe Fläche aufgebaut.

Den drei zuletzt genannten Betriebsarten ist gemein, dass sie nur die Elemente des Objekts in der Editor-Ansicht sichtbar machen, die in der jeweiligen Betriebsart aktiviert wurden. Im Punkte-bearbeiten-Modus werden Sie also nicht gleichzeitig auf die Kanten oder Polygone einwirken können, obwohl diese Elemente eng miteinander verwandt sind.

Achten Sie also immer darauf, welchen Modus Sie aktiviert haben, damit Sie auch auf die gewünschten Elemente eines Objekts Zugriff haben.

Die Icons der Abbildung 1.9 und Abbildung 1.10 hängen mit der Positionierung und Skalierung von Materialien auf Objekten zusammen. Es wird

Ihnen leichter fallen, deren Funktionalität im Zusammenhang eines Arbeitsbeispiels zu verstehen. Ich möchte daher eine nähere Beschreibung dieser Betriebsarten auf ein späteres Kapitel verschieben, in dem wir mit Texturen und Materialien arbeiten werden.

*Abbildung 1.9: Durch dieses Icon wird die Betriebsart »Textur bearbeiten« aktiviert.*

Zu diesem Zeitpunkt merken Sie sich nur, dass diese beiden Betriebsarten ausschließlich mit Materialien zu tun haben und ansonsten bei der Erzeugung von Objekten oder Animationen keine Rolle spielen.

*Abbildung 1.10: Dieses Icon aktiviert die Betriebsart »Textur-Achsen bearbeiten«.*

Das Icon in Abbildung 1.11 aktiviert den Objekt-bearbeiten-Modus. Dieser Modus verhält sich grundsätzlich so wie der Modell-bearbeiten-Modus, der bereits erläutert wurde. Auch in diesem Modus können Objekte als Ganzes verschoben und rotiert werden. Der große Unterschied zwischen beiden Modi kommt jedoch bei Aktionen zum Tragen, bei denen Objekte skaliert werden. Um dies verstehen zu können, muss ich kurz etwas ausholen und die grundsätzliche Verfahrensweise beim Vergrößern oder Verkleinern von Objekten erläutern.

*Abbildung 1.11: Dieses Icon aktiviert die Betriebsart »Objekt bearbeiten«.*

## Objekte skalieren

Wie Sie bereits in den Erläuterungen zum Objekt-Achsen-bearbeiten-Modus erfahren haben, gehört zu jedem Objekt auch ein Objekt-Achsen-System. Dessen Position wird nicht nur für die Ermittlung eines Positions-Wertes oder für die Festlegung eines Drehpunkts bei Rotationen benutzt, sondern auch bei Skalierungen.

Im Modell-bearbeiten-Modus werden beim Skalieren die Elemente des Objekts einfach näher an das Zentrum des Achsen-Systems herangerückt oder weiter von diesem entfernt. Die Achsen selber bleiben also davon unberührt und – dies ist ganz wichtig – unskaliert.

Im Objekt-bearbeiten-Modus werden beim Skalieren die Achsen des Objekt-Systems skaliert und damit entsteht der Eindruck, das gesamte Objekt wäre größer oder kleiner geworden. Der Effekt wirkt also äußerlich gleich – in beiden Fällen verändern die Objekte ihre Größe –, aber die Ursachen sind sehr verschieden.

Das dabei auftretende mögliche Problem ist nämlich, dass sich skalierte Objekt-Achsen auch auf Objekte auswirken, die in Verbindung zu dem so skalierten Objekt stehen. Dies kann zu sehr unschönen Verzerrungen der Geometrien führen. Vermeiden Sie also die Objekt-bearbeiten-Betriebsart in jedem Fall, wenn Sie Objekte modellieren.

*Abbildung 1.12:*
*Durch dieses Icon wird die Betriebsart »Animationen bearbeiten« aktiviert.*

Kommen wir zum nächsten Icon, das auch in Abbildung 1.12 abgebildet ist. In dieser Betriebsart lassen sich Animationspfade von Objekten direkt im Editor verschieben oder drehen. An dieser Erläuterung erkennen Sie schon, dass dieser Modus nur bei der Erstellung und Manipulation von Animationen wertvoll sein kann. Tatsächlich wird dieser Modus aber selbst dann kaum gebraucht.

*Abbildung 1.13:*
*Dieses Icon aktiviert die Betriebsart »Inverse Kinematik«.*

Die Betriebsart in Abbildung 1.13 aktiviert die so genannte *Inverse Kinematik*, mit deren Hilfe Sie entsprechend geordnete Objekt-Ketten zusammenhängend bewegen können. Dieser Modus wird fast ausschließlich bei der Erstellung von Animationen benötigt. Wenn Sie das MOCCA-Modul für CINEMA 4D zusätzlich erworben haben, werden Sie diesen Modus kaum mehr brauchen. Das MOCCA-Modul – mit seinen auf die Animation von Objekt-Ketten spezialisierten Funktionen – hat eigene Werkzeuge für derartige Effekte.

*Abbildung 1.14:*
*Diese Icons aktivieren (v.o.n.u.) die Render-Pipelines für Animationen, Deformatoren, Expressions und Generatoren.*

Die Icons aus Abbildung 1.14 aktivieren und deaktivieren so genannte *Render-Pipelines* von CINEMA 4D. Darunter kann man sich interne Rechenprozesse vorstellen, die für die Darstellung von Objekten und Bewegungen in der Editor-Ansicht benötigt werden.

Der Nachteil an diesen Rechenprozessen ist jedoch, dass sie selbst dann durchlaufen werden, wenn gar kein Objekt aus der entsprechenden Gruppe in Ihrer Szene vorhanden ist.

### Render-Pipelines

Bei sehr großen Szenen, wenn also eine große Anzahl an Objekten vorhanden ist, kann es daher sinnvoll sein, die Render-Pipelines zu deaktivieren, die für Objekte oder Prozesse stehen, die nicht in Ihrer Szene vorkommen. CINEMA 4D hat dadurch weniger Berechnungen durchzuführen und wird somit bei der Arbeit etwas schneller. Der Effekt macht sich jedoch nur bei Projekten bemerkbar, die aufgrund ihrer Komplexität die Darstellungsgeschwindigkeit der Editor-Ansicht oder von Animationen verlangsamen.

Klicken Sie in solchen Fällen einmal die entsprechende Schaltfläche der Render-Pipeline an, also z. B. das Icon für die Animation, wenn keine Animationen in Ihrem Projekt vorhanden sind, oder das Icon für die Expression-Pipeline, wenn Sie keine Expressions – also zusätzliche Programme, die das Verhalten von Objekten steuern können – verwenden, um diese unnötigen Rechenschritte zu überbrücken.

Da Deformatoren und Generatoren relativ häufig in Projekten vorkommen, sollten diese Modi nur in Ausnahmefällen deaktiviert werden.

Render-Pipelines lassen sich jederzeit an- und auch wieder ausschalten, ohne dass Ihre Objekte dadurch verändert würden. Ich möchte Ihnen vorerst raten, alle Render-Pipelines immer aktiviert zu lassen. Wenn Sie später etwas geübter im Umgang mit den diversen Objekt-Typen sind, können Sie dann bei Bedarf einzelne Modi deaktivieren, um die Arbeitsgeschwindigkeit etwas zu erhöhen.

Lassen Sie mich als Abschluss der Beschreibung dieser Befehlspalette kurz zusammenfassen.

- CINEMA 4D kennt mehrere Betriebsarten. Sie müssen die passende Betriebsart auswählen, um z. B. auf Punkte, Kanten oder Polygone eines Objekts zugreifen zu können.

- Es gibt zwei große Gruppen von Objekten in CINEMA 4D: Punkt-Objekte und parametrische Objekte. Letztere müssen erst konvertiert werden, um auf deren Punkte, Kanten und Polygone zugreifen zu können. Dadurch verlieren diese jedoch ihre parametrischen Eigenschaften.

- Wenn Sie ein Objekt als Ganzes verschieben, rotieren oder skalieren möchten, benutzen Sie den Modell-bearbeiten-Modus und NICHT den Objekt-bearbeiten-Modus.

## 1.3 Werkzeuge und Achsen-Systeme

Lassen Sie uns die nächste Befehlspalette näher betrachten. Diese war in Abbildung 1.1 blau unterlegt dargestellt. Sie finden Sie horizontal direkt unter der Menüleiste von CINEMA 4D angeordnet.

Diese Palette enthält teilweise Werkzeuge für die Manipulation von Objekten. In der zweiten Hälfte finden Sie dann alle wichtigen Objekte von CINEMA 4D, um diese leicht per Mausklick auf ein Icon erzeugen zu können.

Lassen Sie mich am linken Rand der Palette beginnen.

*Abbildung 1.15: Dieses Icon nimmt Aktionen und Arbeitsschritte zurück. Es entspricht damit einer »Undo«-Funktion.*

Die in Abbildung 1.15 und Abbildung 1.16 dargestellten Pfeile stehen für die *Undo-* und die *Redo-*Funktionen von CINEMA 4D. Haben Sie also einmal einen Fehler gemacht, können Sie diesen über die Rückschritt-Taste aus Abbildung 1.15 wieder rückgängig machen. Dies ist sogar mehrfach möglich, d. h. Sie können durch mehrmaliges Betätigen dieser Schaltfläche mehrere Arbeitsschritte nacheinander zurücknehmen.

*Abbildung 1.16: Diese Funktion nimmt zurückgenommene Aktionen zurück.*

Dabei werden maximal zehn vergangene Aktionen von CINEMA 4D gespeichert und können so auch wieder zurückgenommen werden. Diese Anzahl ist in den Voreinstellungen des Programms vorgegeben. Sie können also bei Bedarf diese Zahl noch erhöhen. Dies dürfte aber nur in den wenigsten Fällen sinnvoll sein, da jeder zusätzlich gespeicherte Arbeitsschritt auch mehr Arbeitsspeicher belegt.

*Abbildung 1.17: In diesem Icon sind mehrere Selektionsmethoden zusammengefasst.*

Kommen wir zum nächsten Symbol, das auch in Abbildung 1.17 gezeigt wird. Es handelt sich dabei um ein Auswahl-Werkzeug, mit dem Sie diverse Elemente Ihres Objekts auswählen können. Je nachdem, welche Betriebsart Sie aktiviert haben, können Sie mit diesem Werkzeug also z. B. Punkte, Kanten, Polygone oder ganze Objekte auswählen.

### Selektionsmethoden

Wie Sie an dem kleinen Pfeil in der unteren Ecke des Icons erkennen können, lassen sich durch einen gehaltenen Mausklick auf das Icon noch weitere Werkzeuge abrufen. So finden Sie dort noch weitere Funktionen, die z. B. das Aufziehen eines Rahmens oder das Umfahren eines Bereichs mit der Maus erlauben, um Elemente zu selektieren. In gewisser Weise lassen sich diese Werkzeuge mit den entsprechenden Funktionen in Layout- oder Grafikprogrammen vergleichen, wie z. B. Adobe Photoshop.

Erinnern Sie sich auch bitte daran, was ich bereits kurz bei der Vorstellung des Layout-Fensters *Werkzeug* (Ziffer »4« in Abbildung 1.1) erwähnt hatte. Bei vielen Werkzeugen bekommen Sie zusätzliche Informationen im Werkzeug-Fenster angezeigt. Dies kann eine zusätzliche Option oder eine Gruppe von Zahlen-Eingabefeldern sein. Es gibt auch Werkzeuge, wo gar keine zusätzlichen Optionen angeboten werden.

Versuchen Sie jedoch, an das Werkzeug-Fenster zu denken, wenn Sie mit Werkzeugen arbeiten. Wie Sie bei Auswahl der *Live-Selektion* – so nennt sich das Werkzeug, dessen Icon an einen blauen Mauszeiger erinnert – im Werkzeug-Fenster erkennen können, können auch einfach aussehende Werkzeuge über ein großes Arsenal an Optionen verfügen.

## 1.3 Werkzeuge und Achsen-Systeme

Wir werden später bei den Arbeitsbeispielen intensiver damit zu tun bekommen.

Das Werkzeug aus Abbildung 1.18 wird zum Bewegen von Objekten oder Elementen benutzt. Sie aktivieren dieses Werkzeug also immer dann, wenn Sie z. B. ein Objekt verschieben möchten.

*Abbildung 1.18: Dieses Icon aktiviert das »Bewegen«-Werkzeug.*

Dieses Werkzeug bezieht sich automatisch immer auf die selektierten Elemente. Wenn Sie sich also im Punkte-bearbeiten-Modus befinden und mit der Live-Selektion einige Punkte an einem Objekt ausgewählt haben, können Sie diese mit dem Bewegen-Werkzeug verschieben. Befinden Sie sich jedoch im Modell-bearbeiten-Modus und haben ein Objekt selektiert, werden Sie das gesamte Objekt mit diesem Werkzeug verschieben.

Wir hatten bereits kurz im Zusammenhang mit dem Unterschied der Betriebsarten *Objekt bearbeiten* und *Modell bearbeiten* über das Skalieren von Objekten gesprochen. Das in Abbildung 1.19 dargestellte Icon aktiviert das Skalieren-Werkzeug, mit dem Sie selektierte Objekte oder Elemente, wie Punkt-Gruppen oder Polygone, vergrößern oder verkleinern können.

*Abbildung 1.19: Dieses Icon aktiviert das »Skalieren«-Werkzeug.*

Hier nochmals zur Erinnerung der Hinweis, nur die Modell-bearbeiten-Betriebsart zum Skalieren von Objekten zu benutzen.

Das dritte Werkzeug dieser thematisch eng zusammengehörenden Gruppe ist das Rotieren-Werkzeug (siehe Abbildung 1.20). Ist dieses aktiviert, lassen sich die selektierten Objekte oder Elemente drehen.

*Abbildung 1.20: Dieses Icon aktiviert das »Rotieren«-Werkzeug.*

Wie bereits im Abschnitt über die Objekt-Achsen-Betriebsart erläutert, werden die Achsen des Objekts als Bezugspunkte für die Rotationen benutzt. Dies wird besonders im Zusammenhang mit dem noch zu besprechenden Bezugssystem von Bedeutung sein.

Da wir in CINEMA 4D in einem dreidimensionalen Raum arbeiten, stehen uns drei Achsen zur Verfügung, um Positionen oder Rotationen zu beschreiben. Man kann sich dabei die Achsen auch als Richtungen vorstellen. So steht die X-Achse für die Richtung von links nach rechts, die Y-Achse für die Richtung von unten nach oben und die Z-Achse für die Richtung von vorn nach hinten.

*Abbildung 1.21: Diese Icons lassen sich beliebig kombiniert aktivieren und deaktivieren, um Werkzeuge nur auf bestimmte Achsen zu beschränken.*

*Achsen-Systeme*

Dies wird etwas später bei der Beschreibung der Editor-Ansicht anschaulicher werden. An dieser Stelle sollten Sie sich nur merken, dass es diese drei Achsen gibt und dass deren Richtungen festliegen. Man spricht dabei auch vom *Welt-System*. Wenn Sie kurz einen Blick in die Editor-Ansicht werfen, können Sie dieses Welt-System dort in der Mitte des Fensters sehen. Die X-Achse ist rot, die Y-Achse grün und die Z-Achse blau eingezeichnet.

Neben diesem Welt-System haben wir bereits über ein anderes Achsen-System gesprochen, nämlich über die Objekt-Achsen. Der wohl offensichtlichste Unterschied zwischen beiden Systemen ist der, dass es beliebig viele Objekt-Systeme geben kann (da jedes Objekt sein eigenes Objekt-System hat) und dass sich diese frei verschieben, verdrehen und skalieren lassen. Das Welt-System dagegen gibt es nur ein Mal und es lässt sich auch nicht verschieben oder anderweitig manipulieren.

Jedes Objekt, dass Sie erzeugen, erhält automatisch ein eigenes Objekt-System, das fortan die Position dieses Objekts bestimmt und für Werkzeuge wie das Rotieren- oder Skalieren-Werkzeug als Bezugspunkt dienen kann.

*Das Bezugssystem auswählen*

»Dienen kann« aus dem Grund, da Sie die Wahl haben, welches Bezugssystem Sie für die Werkzeuge verwenden möchten. Es kann ja durchaus sein, dass die Richtungen des Welt-Systems und des Objekt-Systems komplett unterschiedlich ausfallen, z. B. weil Sie das Objekt bereits einmal gedreht haben.

Da Sie nun bereits von den drei verschiedenen Achsen eines dreidimensionalen Systems wissen, stellen Sie sich folgendes Szenario vor: Sie haben ein Auto konstruiert und befinden dies als noch etwas zu kurz. Da die Länge des Autos entlang der Welt-X-Achse verläuft, müssten Sie das Auto also entlang dieser Achse vergrößern.

Nehmen wir als zweiten Fall an, Sie hätten das Auto-Objekt bereits so rotiert, dass Sie es später einen Berg hinauffahren lassen können. Die Länge des Autos liegt hier also diagonal im Welt-System und nicht mehr exakt auf einer Achse. Wenn Sie in diesem Fall auch wieder die Welt-X-Achse benutzen würden, um das Auto zu verlängern, würde es zugleich auch höher werden. In diesem Fall wäre es also sinnvoll, das Objekt-System selbst für die Verlängerung des Autos benutzen zu können, da dieses ja mit dem Auto mitgedreht wurde. Die Länge des Autos liegt also weiterhin auf der X-Achse des Objekt-Systems.

Exakt um diese Umschaltmöglichkeit zwischen Welt- und Objekt-System geht es bei dem Icon in Abbildung 1.22. Ist in dem Icon ein Würfel zu sehen, befinden Sie sich im Objekt-Modus und die Werkzeuge *Bewegen*, *Skalieren* und *Rotieren* beziehen sich auf die Objekt-Achsen. Wird das Icon einmal angeklickt, zeigt es eine Weltkugel als Symbol für das Welt-System. In diesem Modus werden dann nur die Achsen des Welt-Systems als Richtungen benutzt.

*Achsen beschränken*

In diesem Zusammenhang machen dann auch die in Abbildung 1.21 gezeigten Icons Sinn, denn mit diesen lassen sich die Achsen separat aktivieren und deaktivieren. Um wieder auf das Auto-Beispiel zurückzukommen, so kann man dort nur das Icon für die X-Achse anklicken, um z. B. das Skalieren nur auf diese Achse zu beschränken.

Die Icons für die drei Achsen lassen sich beliebig kombiniert aktivieren und deaktivieren. Dies beinhaltet leider auch den Fall, dass sich alle drei Achsen ausschalten lassen und somit keine Verschiebung oder Skalierung mehr möglich ist. Achten Sie also immer darauf, ob auch tatsächlich die gewünschten Achsen aktiviert sind. Sie können dies daran erkennen, dass die entsprechenden Icons mit etwas dunklerem Hintergrund gezeichnet werden, so als wären die Icons leicht nach hinten versetzt.

Sind alle drei Achsen mit den Icons aus Abbildung 1.22 aktiviert, haben Sie keinerlei Beschränkung vorliegen. Wenn Sie ein Objekt skalieren, wird es dann also gleichmäßig vergrößert oder verkleinert, ohne die Proportionen zu verändern.

Sie werden später im Verlauf der Arbeit mit CINEMA 4D bemerken, wie lästig es sein kann, bei jedem Arbeitsschritt die jeweils richtige Kombination von freigeschalteten Achsen zu überprüfen. Es gibt jedoch noch eine andere Möglichkeit, Bewegungen, Rotationen und Skalierungen auf bestimmte Objekt-Achsen zu beschränken.

*Abbildung 1.22: Dieses Icon schaltet zwischen Objekt-Achsen und Welt-Achsen um.*

*Interaktives Beschränken*

Dazu klicken Sie einfach direkt auf die Achse des Objekt-Systems, auf die Sie das ausgewählte Werkzeug beschränken möchten. Am besten klicken Sie auf die Pfeilspitzen an den Enden der Achsen, da diese eine größere

Fläche zum Anklicken bieten. Als visuelle Bestätigung wird die angeklickte Achse – die Maustaste muss dabei gehalten werden – kurzfristig in gelber Farbe dargestellt.

Praktisch sieht das dann so aus, dass Sie z. B. das Bewegen-Werkzeug in der Modell-bearbeiten-Betriebsart auswählen und den Mauszeiger über der Pfeilspitze einer beliebigen Achse des aktiven Objekt-Systems platzieren. Halten Sie dann die Maustaste gedrückt – die angeklickte Achse verfärbt sich gelb – und bewegen Sie die Maus hin und her. Das Objekt wird sich nur entlang der angeklickten Achse bewegen lassen, egal wie Sie die Maus bewegen. Dabei ist die Auswahl an Achsen-Freischaltungen völlig deaktiviert. Sie können dann also auch die Achsen benutzen, die durch die Icons aus Abbildung 1.22 eigentlich deaktiviert sind.

Der einzige Nachteil dieser Technik ist, dass dies nur mit Objekt-Achsen funktioniert und nicht mit den Achsen des Welt-Systems. Sollen Werkzeuge also auf bestimmte Welt-Achsen begrenzt werden, müssen Sie die beschriebenen Icons dafür benutzen.

Damit können wir vorerst die Werkzeuge thematisch verlassen und uns den Berechnungen widmen.

## 1.4 Berechnungsmethoden

Früher oder später wird der Zeitpunkt kommen, an dem Sie Ihre Objekte möglichst realistisch beleuchten und mit Oberflächeneigenschaften belegen wollen. Dazu muss eine spezielle Berechnung gestartet werden. Man spricht dabei auch vom *Rendern* der Szene oder der Objekte.

*Abbildung 1.23: Icon »Berechnung der aktiven Editor-Ansicht«*

Ein Mausklick auf das Symbol der Abbildung 1.23 startet diesen Berechnungsvorgang für das ausgewählte Fenster innerhalb der Editor-Ansicht. Ich spreche deshalb vom *ausgewählten Fenster*, da Sie in Kürze noch erfahren werden, dass die Editor-Ansicht nicht nur aus der perspektivischen Kamera-Ansicht besteht, die beim Start des Programms automatisch erscheint, sondern dass dort noch andere Fenster eingeblendet werden können.

Dieser »Rendern«-Knopf wird also immer dann benutzt, wenn Sie sich schnell mal einen Eindruck von dem Aussehen Ihrer Objekte verschaffen wollen. Probieren Sie diese Funktion ruhig einmal aus. Sie werden beobachten können, wie der Inhalt der Editor-Ansicht von oben nach unten abgetastet wird und schließlich eine komplett schwarze Fläche erscheint.

Das liegt momentan daran, dass wir noch keine Objekte erzeugt haben. Dies wird sich jedoch bald ändern. Nur noch etwas Geduld.

Das nächste Symbol (siehe Abbildung 1.24) enthält gleich mehrere Berechnungsmethoden. Das Rendern-Icon ist auch wieder mit dabei. Es wurde nur zusätzlich auch als eigenständiges Icon im Layout integriert, da man diese Funktion relativ häufig benötigt.

*Abbildung 1.24: In diesem Icon sind sämtliche Berechnungsmethoden zusammengefasst.*

Die dort zusammengefassten Funktionen bewirken z. B. das Rendern in einem separaten Fenster oder die Berechnung nur in einem bestimmten Bereich, nachdem man dort einen Rahmen aufgezogen hat.

Das Rendern in einem separaten Fenster benutzt die Einstellungen aus dem Dialog, den ich gleich im Anschluss ansprechen werde. Dabei kann das Resultat dann auch gleich in der gewünschten Auflösung und Kompression auf die Festplatte gespeichert werden. Diese Optionen stehen beim »normalen« Rendern nicht zur Verfügung.

Abbildung 1.25 zeigt die Schaltfläche, mit der sich der bereits erwähnte Dialog für die Render-Voreinstellungen öffnen lässt. Wir werden deren Einstellungen noch im Zusammenhang mit den Arbeitsbeispielen besprechen. Sie finden dort alle wichtigen Parameter, die die Qualität und Größe des berechneten Bildes oder der berechneten Animation bestimmen. Auf der SICHERN-Seite des Dialogs geben Sie zudem einen Speicherpfad für das Resultat der Berechnung an.

*Abbildung 1.25: Ein Klick auf dieses Icon öffnet einen Dialog mit Einstellungen für die Berechnung von Bildern und Animationen.*

# 1.5 Objekte

Bislang haben wir uns eher theoretisch mit Werkzeugen und Betriebsarten befasst. Kommen wir also nun zu einigen Icons, durch die sich fertige Objekte abrufen lassen. Man spricht dabei auch von *Grundobjekten*, da diese Objekte zumeist grundsätzliche Formen wie z. B. Würfel, Pyramide, Zylinder und Kugel darstellen.

Dies mag wenig spektakulär klingen, tatsächlich lassen sich jedoch viele komplexe Objekte mit Hilfe dieser Grundobjekte realisieren, bzw. aus diesen entwickeln. Sie werden später feststellen, wie hilfreich es sein kann, mit einem Grundobjekt als Basis zu starten und dieses durch Einsatz von Polygon-Werkzeugen Stück für Stück zu einer komplexeren Form umzuwandeln.

*Abbildung 1.26:*
*Bei diesem Icon lassen sich alle wichtigen parametrischen Grundobjekte wie z. B. Kugel, Zylinder und Würfel abrufen.*

Die Benutzung des in Abbildung 1.26 gezeigten Icon-Menüs ist denkbar einfach. Halten Sie den Mauszeiger auf dem Icon mit gedrückter Maustaste und wählen Sie aus der aufklappenden Liste das Icon des gewünschten Objekts aus. Sobald Sie die Maustaste lösen, erscheint das selektierte Objekt im Zentrum des Welt-Systems.

Sie werden dann auch beobachten können, dass sich in mehreren anderen Fenstern etwas tut. So erscheint der Name des aufgerufenen Objekts im Objekt-Manager und eine Anzahl an Parametern wird im Attribute-Manager sichtbar.

Wenn Sie das so erzeugte Objekt wieder löschen möchten, klicken Sie den Namen des Objekts einmal im Objekt-Manager an – der Name wird dann in roten Buchstaben dargestellt – und betätigen Sie die Entfernen- oder Rückschritt-Taste Ihrer Tastatur.

*Abbildung 1.27:*
*In diesem Icon sind sowohl parametrische Splines, wie z. B. ein Kreis, eine Helix oder ein Zahnrad, wie auch manuell zu erstellende Splines, wie z. B. ein B-Spline oder ein Bezier-Spline zu finden.*

Ähnlich einfach ist die Bedienung der nächsten Icon-Gruppe (siehe Abbildung 1.27). Auch hier können Sie fertige Objekte (Grundobjekte) abrufen. Diesmal handelt es sich jedoch um so genannte *Splines*. Splines sind mathematisch interpolierte Kurven, die sich durch Punkte (so genannte Stützstellen) und Tangenten steuern lassen. Wenn Sie schon einmal mit Vektor-Programmen wie Adobe Illustrator, Macromedia Freehand oder mit Grafikprogrammen wie Adobe Photoshop gearbeitet haben, kommen Ihnen diese Kurven sicherlich bekannt vor.

Splines lassen sich immer dann gut einsetzen, wenn es um die Umsetzung exakter Formen oder Umrisse geht.

Wie bei den vorher genannten Grundobjekten lassen sich auch hier bereits Standardformen, wie Kreis, Viereck oder auch Helix und Zahnrad abrufen. Sie finden diese Spline-Grundobjekte auf der rechten Seite der Icon-Gruppe eingeordnet.

Auf der linken Seite dieser Gruppe sind Spline-Typen zu finden, die etwas später noch im Detail besprochen werden. Mit deren Hilfe können Sie dann selbst Spline-Kurven erstellen.

*Abbildung 1.28:*
*In dieser Icon-Gruppe sind sämtliche NURBS-Objekte von CINEMA 4D zu finden.*

Abbildung 1.28 führt uns zu der nächsten wichtigen Gruppe von Objekten, den NURBS-Objekten. »NURBS« ist eine Abkürzung für »Non Uniform Rational B-Spline«. Daraus lässt sich schon ableiten, dass diese NURBS-Objekte etwas mit Splines zu tun haben.

Mit Ihrer Hilfe können nämlich Splines für die Erzeugung massiver Objekte benutzt werden. Wie dies im Detail funktioniert, wird etwas später in diesem Kapitel an kleinen Beispielen demonstriert.

Etwas aus dem Rahmen fällt in dieser Gruppe das HyperNURBS-Objekt, denn es arbeitet nicht mit Splines, sondern ausschließlich mit Polygon-Objekten, also mit Objekten, die bereits eine Oberfläche besitzen.

In der nächsten Icon-Gruppe (siehe Abbildung 1.29) sind mehrere Hilfsobjekte zusammengefasst. Viele davon werden Sie so gut wie nie benötigen. Einzig das Boole-Objekt und das Symmetrie-Objekt erweisen sich dort als wertvolle Helfer auch bei der alltäglichen Arbeit.

*Abbildung 1.29: In dieser Gruppe sind interaktive Hilfsobjekte wie das Symmetrie-Objekt oder das Boole-Objekt zu finden.*

Kommen wir nun zu den so genannten *Szene-Objekten* (siehe Abbildung 1.30). Dabei handelt es sich um Hilfsobjekte, die z. B. Lichtquellen oder Kameras simulieren können. Mit ihrer Hilfe können Sie später wie in einem Foto- oder Filmstudio die gewünschte Beleuchtungssituation schaffen und den passenden Standort für die virtuelle Kamera bestimmen. Wir werden uns in den Arbeitsbeispielen eingehender mit diesen Möglichkeiten beschäftigen.

*Abbildung 1.30: In dieser Icon-Gruppe sind so genannte »Szenen-Objekte« zusammengefasst. Darunter sind u. a. Lichtquellen und Kameras.*

Viele Gegenstände des täglichen Lebens bewegen sich nur, weil sie deformiert, also verformt werden. Denken Sie an eine Fahne, die vom Wind in eine wellenförmige Bewegung gezwungen wird. Aber auch der menschliche Körper fällt in diese Kategorie. Muskeln, Sehnen und Knochen verformen durch ihr Zusammenwirken das umliegende Gewebe und machen unsere Körper dadurch in bestimmten Grenzen verformbar.

Dieses Prinzip der Bewegung von Objekten greifen in CINEMA 4D die Deformatoren auf (siehe Abbildung 1.31). Je nach Art der gewünschten Deformation gibt es dort eine große Auswahlmöglichkeit an spezialisierten Objekten. Mit ihrer Hilfe ist es ein Leichtes, Objekte zu verbiegen, zu verdrehen oder mit künstlichen Knochen zu bewegen.

*Abbildung 1.31: In dieser Gruppe sind alle Deformatoren zu finden. Mit ihrer Hilfe lassen sich Objekte verformen und animieren.*

Einen Teil dieser Möglichkeiten werden wir in den kommenden Arbeitsbeispielen nutzen.

## 1.6 Selektionslisten

Die folgenden zwei Icons dienen mehr der Übersichtlichkeit bei der Arbeit, als dass sie Werkzeuge oder Objekte zur Verfügung stellen.

Ein Mausklick auf das Icon aus Abbildung 1.32 ruft eine Liste mit diversen Objekt-Typen auf, die Sie durch Anklicken individuell aktivieren und deaktivieren können. Fortan lassen sich nur noch die dort aktivierten Objekte in der Editor-Ansicht durch Anklicken selektieren.

*Abbildung 1.32:*
*Ein Klick auf dieses Icon öffnet eine Auswahlliste, in der Objekt-Typen für die Selektion aktiviert und deaktiviert werden können.*

Diese Funktion macht eigentlich nur bei komplexeren Szenen Sinn, in denen eine große Anzahl unterschiedlicher Objekte auf engem Raum platziert sind. Es lässt sich damit verhindern, dass ungewollt Objekte ausgewählt werden können.

Das Icon in Abbildung 1.33 hat eine ähnliche Funktion, aber es geht noch einen Schritt weiter. Auch hier kann durch das Anklicken dieses Icons eine Liste mit Objekt-Typen aufgerufen und manipuliert werden. Diesmal werden die deaktivierten Objekte jedoch unsichtbar gemacht, so dass sie

*Abbildung 1.33:*
*Ein Klick auf dieses Icon öffnet eine Auswahlliste, in der Objekt-Typen für die Editor-Darstellung aktiviert und deaktiviert werden können.*

zwar noch vorhanden sind, man sich bei der Arbeit aber auf die noch sichtbaren Objekte konzentrieren kann.

Wir werden später noch andere, individuellere Möglichkeiten kennen lernen, um Objekte kurzzeitig zu deaktivieren oder unsichtbar zu machen.

## 1.7 Steuer-Elemente für Animationen

Kommen wir schließlich zur dritten Icon-Palette, die horizontal unterhalb der Editor-Ansicht verläuft. In Abbildung 1.1 war diese Palette grün unterlegt.

Prinzipiell lässt sich die Funktionalität dieser Palette mit dem Bedienfeld eines Videorekorders vergleichen. Betrachten wir die Icon-Elemente von links nach rechts.

Jede Animation, man kann dabei auch von einer Bildfolge reden, hat eine bestimmte Länge, wobei diese als Anzahl von Bildern gerechnet wird. Eine Animation kann also z. B. 101 Bilder lang sein. Sie startet dann z. B. mit dem Bild Nummer 0 und endet mit Bild 100.

*Abbildung 1.34:*
*Hier werden die zur Verfügung stehende Zeitspanne und die aktuelle Position innerhalb der Animation angezeigt.*

Diese Information wird in den Symbolen der Abbildung 1.34 grafisch aufbereitet. Sie erkennen dort einen rechteckigen Bereich, in dem ein blauer Kasten liegt. Dieser blaue Kasten ist der Zeitschieber, den Sie mit der Maus innerhalb des abgesteckten Bereichs frei nach links und rechts bewegen können. Innerhalb des Zeitschiebers wird die Zahl des Bildes eingeblendet, das aktuell in der Editor-Ansicht angezeigt wird. Bei dem Beispiel aus Abbildung 1.34 befinden wir uns also gerade bei Bild 0 einer Animation, die noch bis zu Bild 100 reicht. Diese obere Grenze entnehmen Sie dem rechten Rand des abgesteckten Bereichs.

Sobald Sie den Zeitschieber etwas weiter nach rechts verschieben, werden Sie erkennen, dass auch am linken Rand der Abgrenzung eine eingeblendete Zahl erscheint, die das untere Ende der Animation darstellt. In diesem Fall wird dies Bild 0 sein, es ist jedoch auch durchaus möglich, eine Animation mit negativen Bild-Nummern zu beginnen oder mit Nummern, die größer als 0 sind.

Um jederzeit mit einem Mausklick zum Beginn der Animation zurückkehren zu können, benutzen Sie die Taste aus Abbildung 1.35. Sie lässt sich vielleicht mit der Rückspultaste eines Videorekorders vergleichen, nur dass hier das Zurückspulen sofort geschieht. Der Zeitschieber springt dadurch also wieder auf das erste Bild des abgesteckten Bereichs aus Abbildung 1.34 zurück. Es gibt dabei keinen Unterschied zum manuellen Verschieben des Zeitschiebers auf den Startzeitpunkt.

*Abbildung 1.35: Dieses Icon spult die Animation zum ersten Bild zurück.*

Mit dem Icon aus Abbildung 1.36 springt die Animation ein Bild rückwärts. Dies lässt sich zwar auch durch das manuelle Verschieben des Zeitschiebers erreichen, aber mit dieser Funktion ist es exakter.

*Abbildung 1.36: Dieses Icon lässt die Animation ein Bild zurücklaufen.*

Sie können eine Animation auch rückwärts ablaufen lassen. Dafür ist das Icon aus Abbildung 1.37 da. Ich muss gestehen, dass ich für die Funktion noch keine Verwendung hatte, aber vielleicht finden Sie es ja einmal in einer bestimmten Situation hilfreich.

*Abbildung 1.37: Hiermit lassen Sie eine Animation rückwärts ablaufen.*

Das Stopp-Icon aus Abbildung 1.38 hält eine ablaufende Animation an. Es lässt sich also mit der Stopp-Taste an Wiedergabe-Geräten des täglichen Gebrauchs vergleichen.

*Abbildung 1.38: Hiermit stoppen Sie die Wiedergabe einer Animation.*

Abbildung 1.39 zeigt die eigentliche *Play*-Taste, also die Funktion, mit der die Darstellung einer Animation in der Editor-Ansicht gestartet wird. Je nach Komplexität der Objekte und der Anzahl an Punkten und Polygonen ist es dabei oft nicht möglich, eine 1:1 Wiedergabe zu erzielen. Die Animation wird also in den meisten Fällen sehr viel langsamer ablaufen, als dies später bei der Berechnung des fertigen Films der Fall sein wird.

*Abbildung 1.39: Mit dieser Taste starten Sie die Wiedergabe einer Animation in der Editor-Ansicht.*

Es ist keine Seltenheit, dass eine Animation im Editor nur mit einem Bild pro Sekunde wiedergegeben werden kann, wobei später der Film mit 24 oder 25 Bildern in der Sekunde ablaufen soll. Es gehört also oft eine gewisse Abstraktionsfähigkeit beim Betrachten von Animationen im Editor dazu, um das spätere Ablaufen der Animation erahnen zu können. Sie werden daher in solchen Fällen auch auf das Mittel der Probe-Berechnung zurückgreifen müssen, wobei Sie zwar die Animation rendern lassen, aber so niedrige Qualitätsstufen aktivieren, dass sich die Berechnungszeiten in erträglichen Grenzen halten.

*Abbildung 1.40: Mit diesem Icon springen Sie ein Bild in der Animation nach vorne.*

Mit dem Icon aus Abbildung 1.40 sind Sie in der Lage, exakt ein Bild in der Animation nach vorne zu springen. Auch hier gilt wieder, dass Sie dies auch durch manuelle Verschiebung des Zeitschiebers erreichen könnten.

*Abbildung 1.41: Mit dieser Funktion springen Sie zum Ende der Animation.*

Das Symbol aus Abbildung 1.41 lässt Sie auf einen Schlag zum Ende der Animation springen. Dies ist in jedem Fall schneller als das manuelle Verschieben des Zeitschiebers.

Gerade bei Animationen, in denen sich z. B. zwei Figuren miteinander unterhalten sollen oder in denen Objekt-Bewegungen exakt auf Geräusche abgestimmt sein müssen – wie z. B. das Umblättern einer Buchseite oder der dumpfe Schlag, wenn ein Beil auf einen Holzstamm trifft –, macht die folgende Option Sinn.

*Abbildung 1.42: Mit diesem Icon aktivieren oder deaktivieren Sie die Live-Wiedergabe von geladenen Tonspuren in CINEMA 4D.*

In solchen Fällen können nämlich Geräusche und andere Ton-Dateien direkt in CINEMA 4D eingelesen werden. Ist das Icon aus Abbildung 1.42 aktiviert, werden diese Ton- und Sound-Dateien während der Wiedergabe einer Animation mit abgespielt. Dies funktioniert sogar, wenn Sie den Zeitschieber manuell verschieben oder sich entgegen der normalen Zeitrichtung in der Animation bewegen.

### Keyframes

Animationen werden mit *Keyframes* definiert. Darunter versteht man Datenpakete, die z. B. die Position eines Objekts zu einem bestimmten Zeitpunkt enthalten. Hat man zwei Keyframes mit unterschiedlichen Daten zu unterschiedlichen Zeitpunkten, werden die beiden Zustände über den Zeitraum zwischen den Keyframes interpoliert. Der erste Wert wird also bis zum Erreichen des zweiten Keyframes Stück für Stück angepasst, bis der Wert des zweiten Keyframes erreicht wird.

Nehmen wir also einmal an, Sie haben ein Würfel-Grundobjekt zum Zeitpunkt Bild 0 mit einem Keyframe für die Position versehen. Dann verändern Sie den Zeitschieber z. B. auf den Zeitpunkt Bild 100 und verschieben den Würfel. Anschließend setzen Sie erneut ein Keyframe für die neue Position des Würfels.

Wenn Sie nun die Animation abspielen lassen, wird sich der Würfel zwischen den Bildern Null und Hundert zwischen den beiden Positionen bewegen, die in den Keyframes gespeichert wurden.

## 1.7 Steuerelemente für Animationen

Um eben diesen Prozess der Aufnahme von Keyframes geht es beim Icon aus Abbildung 1.43. Wird das Icon angeklickt, wird für das gerade aktivierte Objekt ein Keyframe zu dem eingestellten Zeitpunkt gesetzt. Was in diesem Keyframe gespeichert werden soll, also z. B. die aktuelle Position, Rotation oder sogar die Parameter-Werte des Objekts, wird durch die etwas später in dieser Palette folgenden Icons bestimmt.

*Abbildung 1.43: Die Betätigung dieses Icons veranlasst die Aufnahme von Keyframes für das selektierte Objekt.*

Musste mit dem Aufnahme-Icon aus Abbildung 1.43 noch jedes Keyframe manuell aufgenommen werden, so erledigt die Funktion aus Abbildung 1.44 dies automatisch. Immer wenn Sie die Zeit innerhalb der Animation verändert haben und ein Objekt verschoben oder anderweitig verändert wird, werden automatisch Keyframes gesetzt. Man nennt diese Funktion daher auch *Auto-Keyframing*.

*Abbildung 1.44: Ist dieses Icon aktiviert, werden bei jeder Veränderung eines Objekts automatisch Keyframes generiert.*

Ist eine größere Anzahl von Objekten in Bewegung, wäre es etwas mühsam und teilweise auch unmöglich, für jedes dieser Objekte manuell Keyframes zu erzeugen. Mit der Funktion aus Abbildung 1.45 können Sie deshalb definieren, welche Objekte Keyframes erhalten sollen. So lassen sich z. B. Selektions-Objekte, die mit der Funktion aus Abbildung 1.32 erstellt werden können, auswerten, um all den dort aufgelisteten Objekten gleichzeitig Keyframes zu geben. Ist dies nicht gewünscht, aktivieren Sie hier einfach die Option »Aktive Elemente«, um nur selektierten Objekten Keyframes zu geben.

*Abbildung 1.45: Mit dieser Funktion definieren Sie, welche Objekte Keyframes erhalten sollen.*

Ich hatte bereits kurz darauf hingewiesen, dass Keyframes diverse Daten eines Objekts speichern können. Welche Daten dies sein sollen, wird über die folgenden Icons dieser Palette bestimmt. So kann man z. B. über die bereits bekannten Symbole aus Abbildung 1.46 das Speichern von Position, Größe und Rotation eines Objekts aktivieren. Dies sind wohl die wichtigsten Daten, mit denen man einen Großteil seiner Animationen realisieren kann.

*Abbildung 1.46: Über diese Symbole legen Sie fest, welche Eigenschaften eines Objekts mit Keyframes gespeichert werden sollen.*

Die Icons lassen sich beliebig kombiniert aktivieren und deaktivieren. Klicken Sie also immer nur die Funktionen an, die Sie zu dem aktuellen Zeitpunkt mit einem Klick auf die Taste aus Abbildung 1.43 aufnehmen möchten.

Sie könnten zwar immer alle Icons aktiviert lassen, aber dann würden auch die Daten gespeichert, die vielleicht für Ihre Animation nicht von Bedeutung sind. Je nach Umfang Ihrer Szene kann dadurch der verfügbare Arbeitsspeicher unnötig belastet werden.

*Abbildung 1.47:
Ist dieses Icon aktiviert, werden parametrische Daten der Objekte als Keyframes gespeichert.*

Parametrische Objekte wurden schon mehrfach angesprochen. Diese Objekte lassen sich jederzeit durch Eingabe von Zahlenwerten verändern. So können solche Objekte z. B. durch einen einfachen Mausklick abgerundete Kanten erhalten. Um derartige Veränderungen an Objekten auch für Animationen nutzen zu können, kann durch das Anklicken des Parameter-Icons aus Abbildung 1.47 die Aufnahme dieser Parameter-Daten in Keyframes ausgelöst werden. Dies lässt sich beliebig mit den Icons aus Abbildung 1.46 kombinieren.

Vielleicht haben Sie schon einmal von *Morphing*, dem Verformen von Objekten in 3D-Animationen gehört. Mit der folgenden Methode haben Sie eine Möglichkeit, dies auch in CINEMA 4D durchzuführen.

*Abbildung 1.48:
Ist dieses Icon aktiviert, werden Punkt-Positionen von Objekten in Keyframes gesichert.*

Ist das Icon aus Abbildung 1.48 aktiviert, werden bei der Aufnahme von Keyframes auch die Punkt-Positionen des Objekts in Keyframes gesichert. Verändert man also die Form, z. B. durch Verschieben der Punkte, so kann diese Punkt-Bewegung mit Keyframes animiert werden.

Man nennt diese Funktion auch »PLA« (Kurzform für »Point Level Animation«). Voraussetzung für das Gelingen ist jedoch, dass das Objekt auch aus Punkten besteht. Parametrische Objekte lassen sich hierüber also nicht animieren, da Sie keine Punkte zur Verfügung stellen. Dafür müssten diese Objekte erst zu Punkt-Objekten konvertiert werden.

Animationen laufen mit einer bestimmten Anzahl an Bildern pro Sekunde ab. Grundsätzlich gilt, je mehr Bilder pro Sekunde ablaufen, desto ruckelfreier erscheint dem menschlichen Auge die Abfolge an Bildern.

Da das Auge glücklicherweise recht träge ist, reicht dazu schon eine Bildrate von 24 oder 25 Bildern pro Sekunde aus. Es gibt daher auch festgelegte Bildraten für die verschiedenen Medien, wie Video oder Kino-Film. Video- oder Fernsehfilme laufen mit 25 Bildern pro Sekunde ab, Kinofilme benutzen eine Bildrate von 24 Bildern und die amerikanische Fernsehnorm NTSC schreibt 30 Bilder pro Sekunde vor. Je nachdem für welches Medium Sie Ihre Animation erstellen wollen, müssen Sie sich also im Vorfeld Gedanken über die Bildrate machen.

*Abbildung 1.49:
Dieses Icon fasst mehrere Funktionen in einer Liste zusammen. Dort kann z. B. die Anzahl an Bildern pro Sekunde vorgegeben werden.*

Das in Abbildung 1.49 gezeigte Icon öffnet ein Menü, in dem Sie die gewünschte Anzahl an Bildern pro Sekunde auswählen können. Dieser Wert gilt dann aber nur für die Wiedergabe in der Editor-Ansicht.

> Die für die Berechnung von Keyframes wichtige Information der Bildrate wird im BEARBEITEN-Menü in der Kopfzeile von CINEMA 4D mit dem Menü-Eintrag DOKUMENT-VOREINSTELLUNGEN... vorgenommen.

Ist in dem Menü aus Abbildung 1.49 die DOKUMENT-Option selektiert, wird die Bilderrate automatisch aus den Dokument-Voreinstellungen übernommen. Sie haben dadurch die Sicherheit, dass die Wiedergabe der Animation im Editor und die Berechnung zwischen den Keyframes auf der gleichen Bildrate basiert.

Ist die ALLE BILDER-Option aktiviert, werden bei Wiedergabe der Animation im Editor immer alle Einzelbilder dargestellt, auch wenn dann die Wiedergabe durch komplexe Inhalte nicht mehr mit der vorgegebenen Bildrate pro Sekunde Schritt halten kann.

Im oberen Abschnitt der Auswahlliste des Icons aus Abbildung 1.49 sind noch einige Optionen zum Thema »Interpolation« zu finden. Damit ist die Art der Berechnung zwischen den Keyframes gemeint. Zwischenwerte lassen sich schließlich mit verschiedenen Methoden ermitteln.

Belassen Sie den Eintrag auf VORGEGEBENE INTERPOLATION, da Sie diese Einstellungen in der so genannten »Zeitleiste« gezielter vornehmen können. Dies ist ein separater Manager, der sich ausschließlich mit der Organisation von Keyframes und der Steuerung der Animationen befasst.

## 1.8 Erste Schritte

Wir haben damit unseren ersten Schnelldurchlauf durch die wichtigsten Manager und Funktionen beendet. Lassen Sie uns den bislang eher abstrakt gehaltenen Beschreibungen eine praktische Komponente hinzufügen.

Ich möchte in den folgenden Abschnitten kleinere Arbeitsbeispiele vorführen, die Ihnen als Grundlage für die folgenden Kapitel dienen sollen.

Starten Sie also jetzt Ihre Version von CINEMA 4D Rel. 8. Sie können dafür auch die Demo-Version von der Buch-CD-ROM benutzen. Beginnen Sie mit einer neuen, leeren Szene. Haben Sie bereits im Zuge der vorangegangenen Erläuterungen Objekte erzeugt, löschen Sie diese durch Anklicken der Namen im Objekt-Manager und durch nachfolgendes Betätigen der Rückschritt- oder Entf -Taste Ihrer Tastatur.

Alternativ können Sie auch im DATEI-Menü von CINEMA 4D die Befehle SCHLIEßEN (Sie werden dann noch gefragt, ob Sie Ihre vorhandene Szene speichern möchten) und danach NEU wählen.

## 1.8.1 Der Objekt-Manager

### Hierarchien erzeugen

Beginnen Sie damit, einige Objekte aus den Grundobjekte-Icon-Menüs abzurufen. Wählen Sie nacheinander einen Zylinder, einen Kegel, eine Kugel, ein Polygon und einen Würfel. Sie werden beobachten können, wie die entsprechenden Namen im Objekt-Manager auftauchen.

Rufen Sie nun noch zusätzlich aus dem Spline-Icon-Menü einen Kreis- und einen Helix-Spline ab. Auch deren Namen tauchen im Objekt-Manager auf.

Neben diesen Objekt-Arten gibt es noch Hilfsobjekte, die Sie im OBJEKTE-Menü von CINEMA 4D finden können. Wählen Sie dort einmal das NULL-OBJEKT aus.

Bislang hat der Objekt-Manager pflichtgetreu alle Objekte namentlich aufgelistet. Neue Objekte erscheinen oben in der Liste und schieben die nachfolgenden Einträge weiter nach unten. Es kann also teilweise nötig werden, den Scrollbalken am Rand des Objekt-Managers zu benutzen, um auch die Objekte am Ende der Liste zu sehen.

Das Objekte-Fenster hat aber noch viel mehr zu bieten. Klicken Sie z. B. doppelt auf einen Objekt-Namen, öffnet sich ein Eingabefenster, in dem Sie einen neuen Namen eintragen können. Wenn Sie dies mit OK bestätigen, wird das Objekt fortan unter Ihrem neu gesetzten Namen in der Liste geführt. Eine nicht zu unterschätzende Hilfe, um sich später besser in der Szene zurecht zu finden.

*Objekte selektieren*

Wenn Sie einen Objekt-Namen einmal anklicken, wird dieser in roter Farbe dargestellt. Das Objekt ist dadurch aktiviert bzw. selektiert worden. Sie müssen also nicht unbedingt mit einem Selektions-Werkzeug arbeiten, um ein Objekt auszuwählen. Diese Methode der Selektion im Objekt-Manager ist zudem genauer, da sie auch problemlos funktioniert, wenn sich mehrere Objekte überlagern oder verdecken und eine Auswahl in der Editor-Ansicht somit schwierig würde.

Merken Sie sich also, dass Sie fortan das genannte Objekt im Objekt-Manager einmal anklicken müssen, wenn ich in den Arbeitsbeispielen davon rede, ein Objekt zu selektieren oder auszuwählen.

*Objekte gruppieren*

Eine weitere wichtige Aufgabe, die nur der Objekt-Manager zu erfüllen vermag, ist das so genannte *Gruppieren* von Objekten. Darunter versteht man ein Zusammenfassen von mehreren Objekten in einem einzigen Objekt. Dies hat einmal den großen Vorteil, dass Sie dadurch im Objekt-Manager mehr Platz schaffen können. Es ist dann nämlich nur noch ein Objekt sichtbar, unter dem andere Objekte gruppiert wurden. Zudem lassen sich solche Gruppen bewegen, als würden Sie nur aus einem einzigen Objekt bestehen.

Denken Sie beispielsweise an ein Auto, das Sie konstruiert haben. Es wird wahrscheinlich aus einer großen Anzahl von Einzelteilen bestehen, wie z. B. den Rädern, den Türen, den Fenstern, den Sitzen usw. Es wäre sicherlich ein ziemlich ernüchterndes Unterfangen, jedes einzelne Teil des Autos separat verschieben zu müssen, nur um das Auto an einer anderen Stelle zu platzieren. Sind jedoch alle Teile des Autos gruppiert, braucht nur das oberste Objekt der Gruppe verschoben zu werden und alle darunter gruppierten Objekte folgen automatisch mit.

Um solche Gruppen zu erzeugen, gehen Sie wie folgt vor. Klicken Sie den Namen des Objekts, das Sie einem anderen Objekt unterordnen wollen, einmal an und halten Sie die Maustaste dann gedrückt. Verschieben Sie den Mauszeiger mit weiterhin gehaltener Maustaste auf den Namen des Objekts, das fortan als Oberobjekt fungieren soll.

Um bei unserem Beispiel zu bleiben, ziehen Sie im Objekt-Manager das Wort *Kugel* auf das Wort *Zylinder*. Sobald Sie die Maustaste gelöst haben, springt die Kugel von ihrer vorherigen Position unter das Zylinder-Objekt. Zudem werden Sie erkennen können, dass vor dem Zylinder ein kleiner Kasten eingezeichnet wird. Mit einem Klick auf diesen Kasten können Sie die Darstellung der untergeordneten Objekte an- und ausschalten.

Ordnen Sie nun den Würfel unter dem Kegel ein. Sie klicken also das Wort *Würfel* einmal an und halten die Maustaste gedrückt. Verschieben Sie den Mauszeiger mit gehaltener Taste auf das Wort *Kegel* und lösen Sie die Maustaste. Auch hier können Sie durch einen Klick auf den Kasten vor dem Kegel den Würfel im Objekt-Manager sichtbar und unsichtbar machen.

Ordnen Sie nun nach dem bekannten Schema den Kegel unter dem Zylinder unter. Es ist also auch möglich, Gruppen in andere Gruppen zu verschieben.

*Objekte sortieren*

Die Reihenfolge der Objekte in den Gruppen kann durch *Drag&Drop* verändert werden. Klicken Sie also die Kugel einmal an, halten Sie die Maustaste und verschieben Sie den Mauszeiger knapp über das Wort *Kegel*. Lösen Sie die Maustaste und die Reihenfolge der Objekte in der Zylinder-Gruppe hat sich umgedreht.

Auf die gleiche Weise können Objekte auch wieder aus Gruppen entfernt werden. Dazu klicken und halten Sie die Maustaste auf den entsprechenden Objekt-Namen und verschieben diesen knapp über den Namen des Objekts, über dem Sie das Objekt im Objekt-Manager einordnen möchten.

In unserem Beispiel könnten Sie also die Kugel durch das Ziehen über den Zylinder wieder aus der Gruppe entfernen.

Versuchen Sie nun einmal selbst die Struktur der Objekte aus Abbildung 1.50 umzusetzen. Die Zylinder-Gruppe sollte ja schon so vorhanden sein. Ordnen Sie also die übrigen Objekte unter dem Null-Objekt ein und verändern Sie deren Reihenfolge durch *Drag&Drop*.

*Hierarchien*

Um diese Beziehungen zwischen den Gruppen und Objekten besser beschreiben zu können, gibt es einige Begriffe, die ich ebenfalls fortan verwenden möchte. Grundsätzlich spricht man bei solchen Gruppierungen von Objekten von *Hierarchien*. Hierarchien bestehen immer aus Oberobjekten und Unterobjekten, wobei ein Oberobjekt auch wieder ein Unterobjekt sein kann.

Ein gutes Beispiel dazu ist die zuvor erstellte Hierarchie des Zylinders. Der Zylinder selbst ist ein Oberobjekt für alle darunter eingeordneten Objekte. Dies gilt auch für den Kegel, wobei der Kegel gleichzeitig Oberobjekt für den Würfel ist.

Das verwendete Null-Objekt eignet sich immer besonders gut zum Gruppieren von Objekten, da es selbst weder parametrisch ist noch aus Punkten oder Flächen besteht. Es ist also bei der späteren Berechnung der Animation oder des Bildes völlig unsichtbar. Sie könnten folglich die bereits beispielhaft erwähnten Teile eines Autos unter so einem Null-Objekt einordnen und fortan nur noch das Null-Objekt bewegen, um das gesamte Auto zu verschieben.

## Multi-Selektion von Objekten

Eine weitere Möglichkeit, Objekte kurzfristig zusammen bewegen zu können, bietet die *Multi-Selektion*.

Sie wissen bereits, dass Sie Objekte durch einmaliges Anklicken des Objekt-Namens im Objekt-Manager selektieren können. Das selektierte Objekt lässt sich dann z. B. im Modell-bearbeiten-Modus mit dem Bewegen-Werkzeug verschieben. Nun kann es aber vorkommen, dass Sie noch andere Objekte zusammen mit diesem einen Objekt verschieben möchten. Dafür jedes Mal eine Gruppe zu erzeugen und diese nach der Bewegung wieder aufzulösen ist doch recht umständlich. Es ist daher auch möglich, mehrere Objekte gleichzeitig auszuwählen, ohne dass diese in einer Gruppe organisiert sein müssen. Dazu halten Sie einfach die Shift-Taste Ihrer Tastatur gedrückt und Klicken nacheinander alle Objekt-Namen im Objekt-Manager an, die kurzfristig zusammen bewegt werden sollen. Man spricht hierbei auch von einer Multi-Selektion.

Der Vorteil daran ist der, dass diese Objekte auch in unterschiedlichen Hierarchien liegen können, also ansonsten keinerlei Verbindung zueinander haben müssen.

Sollten Sie sich beim Shift-Klicken einmal vertan haben, können Sie durch einen Ctrl-/Strg-Klick auch Objekte wieder aus dieser Multi-Selektion entfernen, ohne die übrigen Objekte vorher neu auswählen zu müssen. Ich muss diese Schreibweise (Ctrl/Strg) wählen, da diese Tasten auf Apple Macintosh und Windows-PC-Rechnern unterschiedlich benannt sind.

## Typ-Bestimmung von Objekten

Neben der Möglichkeit der hierarchischen Ordnung der Objekte gibt uns der Objekt-Manager aber auch Auskunft über den Typ der Objekte. Sie erkennen bereits an den Symbolen hinter dem Würfel und der Kugel z. B., dass es sich hierbei um parametrische Objekte handelt. Die Symbole sind schließlich mit denen aus dem Icon-Menü, aus dem Sie die Objekte abgerufen hatten, identisch. Das Gleiche gilt für die Splines. Auch hier geben die Farben und Formen Auskunft darüber, dass es sich hierbei um parametrische Splines handelt.

*Abbildung 1.50:*
*Der Objekt-Manager wird für die Strukturierung Ihrer Objekt-Gruppen und für die Zuweisung von Eigenschaften benötigt.*

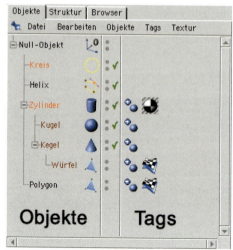

Selektieren Sie nun einmal den Helix-Spline im Objekt-Manager und benutzen Sie das *Konvertieren*-Icon aus der Betriebsarten-Palette. Sie werden beobachten können, wie sich augenblicklich das Symbol hinter dem Helix-Spline verändert.

Das neue Symbol bedeutet, dass es sich nun um einen Punkt-Spline und nicht mehr um einen parametrischen Spline handelt. Wenn Sie nun also in die Punkte-bearbeiten-Betriebsart wechseln, werden Sie bei dem Helix-Spline dessen Punkte angezeigt bekommen.

Klicken Sie nun einmal den Namen des Würfels an und benutzen Sie die Konvertieren-Funktion. Wiederholen Sie dies für das Polygon-Objekt. Im Objekt-Manager zeigt sich hinter diesen Objekten jetzt das Symbol für ein Punkt-Objekt. Sie wissen dadurch, dass diese Objekte im Punkte-, Kanten- oder Polygon-Modus bearbeitet werden können.

### Objektberechnung individuell steuern

Sie können zudem bei den konvertierten Objekten beobachten, dass der grüne Haken hinter diesen Objekten verschwunden ist. Solch ein Haken zeigt an, dass CINEMA 4D alle nötigen Berechnungen durchführt, um das parametrische Objekt darzustellen. Sie wissen ja, dass sich parametrische Objekte durch Zahlenwerte und Optionen verändern lassen. Diese Werte müssen natürlich durch Berechnungen zu einem sichtbaren Objekt umgewandelt werden. Wird ein parametrisches Objekt durch Konvertierung zu einem Punkt-Objekt, müssen diese Berechnungen nicht mehr durchgeführt werden und der Haken kann verschwinden.

*Grüne Haken / rote Kreuze*

Klicken Sie einmal auf einen der grünen Haken hinter einem der verbliebenen parametrischen Objekte. Sie werden beobachten können, dass ein rotes Kreuz den Platz des Hakens einnimmt. Die Berechnung dieses parametrischen Objekts wurde also gestoppt. Die Konsequenz daraus ist, dass das Objekt nicht mehr in den Editor-Darstellungen angezeigt wird. Zudem hat CINEMA 4D nun weniger zu berechnen. Dies wird bei solch einfachen Objekten wie einem Würfel nicht weiter ins Gewicht fallen, aber wir werden noch andere Objekte kennen lernen, die sehr viel rechenintensiver sind.

Ein erneuter Klick auf ein rotes Kreuz aktiviert die Berechnung des Objekts wieder. Es gehen also keine Daten verloren.

Vielleicht erinnern Sie sich noch an meine Ausführungen zu den Render-Pipelines in der Betriebsarten-Palette. Auch dort konnte die Berechnung parametrischer Objekte – mit der Generatoren-Pipeline – aktiviert und deaktiviert werden. Diese Funktion beeinflusste jedoch immer alle parametrischen Objekte in Ihrer Szene gleichzeitig, wobei Sie über die grünen Haken nun Objekte individuell ansteuern können.

## Sichtbarkeiten steuern

In der gleichen Spalte finden Sie hinter jedem Objekt zwei graue Punkte. Der obere der beiden steuert die Sichtbarkeit des Objekts in der Editor-Ansicht, der untere die Sichtbarkeit bei der Berechnung des Bildes oder der Animation.

Klicken Sie einmal den oberen grauen Punkt hinter dem Null-Objekt an. Er verändert daraufhin seine Farbe zu Grün. Dies bedeutet, dieses Objekt wird in jedem Fall im Editor sichtbar sein. Da alle Unterobjekte des Null-Objekts einen grauen Punkt haben, übernehmen diese automatisch die Einstellung des Oberobjekts. Was dies bedeutet, werden Sie gleich erfahren.

Klicken Sie zuerst nochmals auf den nun grünen Punkt und dieser wird seine Farbe erneut wechseln, diesmal zu Rot. Dies bedeutet, das Objekt ist auf jeden Fall unsichtbar in der Editor-Ansicht. Sie können dies leicht in der Editor-Ansicht überprüfen.

Klicken Sie nun einmal auf den obersten Punkt hinter dem Kegel. In der Editor-Ansicht wird nun der Kegel samt untergeordnetem Würfel wieder sichtbar werden.

*Grüne und rote Punkte*

Daran erkennen Sie die Funktionsweise der grauen Punkte, die ich zuvor schon erwähnt hatte. Objekte mit grauen Punkten übernehmen die Punkt-Einstellungen der Oberobjekte. Da das Null-Objekt einen roten Punkt hat, überträgt es diese Eigenschaft automatisch auf alle Unterobjekte mit grauem Punkt. Da der Kegel einen grünen Punkt hat, überschreibt er den roten Punkt des Null-Objekts und gibt die Sichtbarkeit im Editor an seine Unterobjekte mit grauem Punkt – in diesem Fall ist dies nur der Würfel – weiter.

Sie können auf diese Weise also sehr schnell Objekte kurzfristig ausblenden, wenn Ihnen diese z. B. im Editor die Sicht versperren.

Nach dem gleichen System funktionieren die unteren Punkte. Dort werden jedoch die Sichtbarkeiten während der Berechnung eingestellt. Es ist also durchaus möglich, dass Sie Objekte im Editor sehen, diese aber aufgrund eines roten Punktes nicht im berechneten Bild dargestellt werden. Achten Sie also gerade bei den unteren Punkten darauf, nicht Objekte unsichtbar zu schalten, die später im Bild sichtbar sein sollen.

### Objekt-Eigenschaften und Tags

Rechts neben dem abgetrennten Bereich mit den Punkten und Haken finden sich noch weitere Symbole neben den Objekten. Hierbei handelt es sich um so genannte *Tags*. Man könnte diese als *Objekt-Eigenschaften* umschreiben.

Einige dieser Tags werden bereits automatisch mit den Objekten erzeugt, andere lassen sich manuell hinzufügen.

Mit Hilfe dieser Tags kann z. B. ein Material auf ein Objekt gelegt, die Schattierung der Oberfläche gesteuert oder eine XPresso-Expression Berechnungen durchführen. Letzteres sind kleine Programme, die sich grafisch oder als Programm-Code zusammenstellen lassen, um die Bewegungen von Objekten zu überprüfen – z. B. um zu verhindern, dass der Fuß einer Figur durch den virtuellen Fußboden tritt – oder um das Verhalten von Objekten zu automatisieren.

Wofür genau diese Tags sinnvoll sind und wie Sie diese für Ihre Objekte nutzen können, werden Sie etwas später erfahren. Werfen wir vorher einen Blick auf den Struktur-Manager, der hinter dem Objekt-Manager verborgen liegt.

## 1.8.2 Der Struktur-Manager

Selektieren Sie den konvertierten Helix-Spline im Objekt-Manager und bringen Sie den Struktur-Manager durch einen Klick auf den STRUKTUR-Reiter am oberen Fenster-Rand in den Vordergrund.

Sie sehen auf der linken Seite eine fortlaufende Nummerierung in der Spalte PUNKT. Sie können daran erkennen, dass jeder Punkt eines Punkt-Objekts – sei es ein Spline oder ein Objekt mit Polygonen – einen festen Platz in dieser Liste hat. Wenn Sie die Nummer eines Punktes in der PUNKT-Spalte anklicken, wird dieser Punkt gleichzeitig in der Editor-Ansicht selektiert. Sie können dies an dem orangefarbenen Farbton des Punktes erkennen, wenn Sie den Punkte-bearbeiten-Modus aktiviert haben.

Die drei folgenden Spalten zeigen die Positionen der Punkte auf der X-, Y- und Z-Achse. Dabei werden diese Koordinaten mit Bezug auf das Objekt-System angegeben und nicht in Relation zum Welt-System. Die dort gezeigten Werte bleiben also konstant, auch wenn Sie das Objekt verschieben oder rotieren. In Abbildung 1.51 sind die Koordinaten-Spalten mit einem dunklen Rahmen hervorgehoben.

| Punkt | X | Y | Z | <- X | <- Y | <- Z | X -> | Y -> | Z -> |
|---|---|---|---|---|---|---|---|---|---|
| 0 | 200 | 0 | 0 | 0.394 | -6.267 | 0.5 | -0.394 | 6.267 | -0.5 |
| 1 | 198.423 | 25.067 | -2 | 0.787 | -6.229 | 0.501 | -0.787 | 6.229 | -0.501 |
| 2 | 193.717 | 49.738 | -4 | 1.562 | -6.082 | 0.501 | -1.562 | 6.082 | -0.501 |
| 3 | 185.955 | 73.625 | -6 | 2.311 | -5.838 | 0.501 | -2.311 | 5.838 | -0.501 |
| 4 | 175.261 | 96.351 | -8 | 3.025 | -5.502 | 0.501 | -3.025 | 5.502 | -0.501 |
| 5 | 161.803 | 117.557 | -10 | 3.691 | -5.08 | 0.501 | -3.691 | 5.08 | -0.501 |
| 6 | 145.794 | 136.909 | -12 | 4.298 | -4.577 | 0.501 | -4.298 | 4.577 | -0.501 |
| 7 | 127.485 | 154.103 | -14 | 4.838 | -4.002 | 0.501 | -4.838 | 4.002 | -0.501 |
| 8 | 107.165 | 168.866 | -16 | 5.302 | -3.364 | 0.501 | -5.302 | 3.364 | -0.501 |
| 9 | 85.156 | 180.965 | -18 | 5.681 | -2.673 | 0.501 | -5.681 | 2.673 | -0.501 |
| 10 | 61.803 | 190.211 | -20 | 5.972 | -1.94 | 0.501 | -5.972 | 1.94 | -0.501 |
| 11 | 37.476 | 196.457 | -22 | 6.168 | -1.177 | 0.501 | -6.168 | 1.177 | -0.501 |
| 12 | 12.558 | 199.605 | -24 | 6.267 | -0.394 | 0.501 | -6.267 | 0.394 | -0.501 |
| 13 | -12.558 | 199.605 | -26 | 6.267 | 0.394 | 0.501 | -6.267 | -0.394 | -0.501 |
| 14 | -37.476 | 196.457 | -28 | 6.168 | 1.177 | 0.501 | -6.168 | -1.177 | -0.501 |

*Abbildung 1.51: Der Struktur-Manager erlaubt den Zugriff auf Punkte, Tangenten und Polygone.*

Ist wie in diesem Fall ein Spline ausgewählt, werden in den nachfolgenden Spalten noch die Endpunkte der Tangenten an jedem Punkt angegeben. Diese Information ist jedoch weniger von Bedeutung, da Tangenten eher selten numerisch eingestellt werden. Wofür diese Tangenten interessant sind, erfahren Sie etwas später.

Erwähnenswert zum Thema Struktur-Manager ist zudem, dass Sie durch einen Doppelklick auf eine Zelle das Zahlenfeld auch durch direkte Ein-

Abbildung 1.52:
Mit dem Browser können Verzeichnisse nach Bildern und Szenen durchforscht werden. Diese werden als Thumbnails dargestellt.

gabe über die Tastatur verändern können. In Abbildung 1.51 habe ich dies bei der X-Position des Punktes 0 vorgeführt. Sie können also den Struktur-Manager benutzen, um z. B. Punkte auf neue Positionen zu verschieben.

Der Struktur-Manager hat noch weitere Betriebsarten, die über das MODUS-Menü abgerufen werden können. Diese sind jedoch eher für Programmierer interessant. So können Sie z. B. in den Polygon-Modus schalten und sich auflisten lassen, welches Polygon welche Eckpunkte hat. Die Eckpunkte der Polygone werden tabellarisch aufgelistet, wobei die Zahlenangaben den Punkt-Nummern aus der Struktur-Liste im Punkte-Modus entsprechen. Für die normale Modellier- und Animier-Arbeit ist dies weniger von Belang.

### 1.8.3 Der Browser

Ebenfalls über einen Kartei-Reiter bringen Sie den BROWSER in den Vordergrund. Dieser Manager lässt sich wie ein Dateibrowser verwenden. Sie können damit Ordner und Verzeichnisse nach Bildern und lesbaren Dateien durchsuchen lassen. Dies kann z. B. recht sinnvoll sein, wenn Sie ein bestimmtes Bild als Hintergrund für Ihr Projekt suchen und den Namen der Datei vergessen haben.

*Verzeichnisse laden*

In einem solchen Fall wählen Sie DATEI → VERZEICHNIS HINZULADEN... aus dem Menü des Browser-Fensters. Wählen Sie dann das Verzeichnis aus, in dem Sie das Bild oder die gesuchte Datei vermuten. CINEMA 4D wird dann das Verzeichnis nach allen lesbaren Dateien durchforsten und diese als kleine Vorschaubilder – oftmals auch als *Thumbnails* bezeichnet – darstellen. Die Abbildung 1.52 gibt ein mögliches Ergebnis wieder.

*Einen Katalog erstellen*

Benutzen Sie ein eigenes Verzeichnis für Bilder oder CINEMA-Dateien, die Sie öfter benutzen, lohnt es sich auch, das derart durchsuchte Verzeichnis als so genannten *Katalog* zu sichern. Dies hat den Vorteil, dass CINEMA 4D nicht nach jedem Neustart das Verzeichnis erneut durchsuchen und die Thumbnails erstellen muss. Dieser Vorgang kann ja durchaus etwas länger dauern, je nach Anzahl der zu durchsuchenden Dateien.

Über den Befehl DATEI → KATALOG SPEICHERN ALS.... im Browser-Fenster speichern Sie die vorhandenen Thumbnails als Katalog ab, der sich recht schnell auch über das DATEI-Menü wieder laden lässt.

## 1.8.4 Der Attribute-Manager

Der bereits im Schnelldurchlauf angesprochene Attribute-Manager ist das Kernstück des CINEMA-4D-Layouts. Dort werden zentral alle wichtigen Eigenschaften des aktiven Objekts dargestellt. Handelt es sich dabei um ein parametrisches Objekt, können Sie im Attribute-Manager die Werte des Objekts einsehen und auch verändern.

In Abbildung 1.53 habe ich einige hervorstechende Merkmale dieses Managers mit Ziffern hervorgehoben. Bei Ziffer »1« können Sie den Typ des gerade aktiven Objekts und dessen Namen ablesen. Wenn Sie – wie in dem in der Abbildung dargestellten Fall – ein Kugel-Grundobjekt im Objekt-Manager angeklickt haben, erscheinen dort also die Benennung *Kugel-Objekt* und der Name *Kugel*. Sie können dadurch auch nach einer Umbenennung der Kugel noch feststellen, welchen Typ das Objekt hat.

Unter Ziffer »2« finden Sie je nach ausgewähltem Objekt-Typ diverse Daten-Felder.

Der Attribute-Manager stellt die Daten in geordneten Gruppen dar, die Sie über diese Tastenfelder in der Kopfzeile des Managers aktivieren können.

Mehrfach-Selektionen sind durch Rechtsklick bzw. ⌘-Klick bei Macintosh-Computern mit der Standard Ein-Tasten-Maus, oder durch Shift-Klick möglich. Sie können sich so je nach vorhandenem Platz auf Ihrem Monitor auch mehrere Datenpakete gleichzeitig anzeigen lassen.

*Basis*

Allen Objekt-Typen gemein sind die Datenfelder *Basis* und *Koordinaten*. In *Basis* haben Sie die Möglichkeit einen neuen Namen für ein Objekt zu vergeben oder die Sichtbarkeit im Editor oder bei der Berechnung zu definieren. Dies ließe sich auch noch direkt im Objekt-Manager durchführen.

Zusätzlich lässt sich dort jedoch auch die Farbe des Objekts vorgeben, damit nicht alle Objekte in einheitlichem Grau erscheinen.

*Koordinaten*

Im *Koordinaten*-Bereich bekommen Sie auf einen Blick die Position, Größe und Rotation des Objekts angezeigt. Diese Werte sind mit »P« für *Position*, »G« für *Größe* und »W« für *Winkel* gekennzeichnet.

Mit *Größe* ist nicht die Abmessung eines Objekts, sondern die Länge seiner Achsen gemeint. Daher lesen Sie dort auch die Werte 1,1,1, obwohl das Objekt u. U. viel größere Abmessungen als nur eine Einheit auf jeder Achse hat. Sollte die hier angezeigte Größe einmal ungleich »1« sein, wissen Sie sofort, dass eine Skalierung im Objekt-bearbeiten-Modus stattgefunden hat, denn dabei werden – wie bereits mehrfach erwähnt – die Achsen verlängert oder verkürzt. Dies ist in der Regel zu vermeiden.

*Objekt*

Handelt es sich bei dem aktiven Objekt um ein parametrisches Objekt, können Sie im Datenbereich *Objekt* diese Parameter einsehen und verändern. Wie Sie in der Abbildung 1.53 beispielhaft für ein Kugel-Grundobjekt erkennen können, können dort direkt ein Radius und eine Anzahl an Segmenten eingetragen werden. Mit Segmenten meint man hier Polygone, also Flächen, mit denen die Kugeloberfläche dargestellt wird.

Sie können sich vorstellen, dass mehr Flächen zu einer runderen Oberfläche führen. Da für Nahaufnahmen dafür sehr hohe Werte notwendig wären, die den Arbeitsspeicher stark belegen würden, gibt es auch eine Option namens PERFEKTE KUGEL. Ist diese aktiviert, wird die Kugel auch dann noch perfekt rund dargestellt, wenn eine sehr niedrige Anzahl an

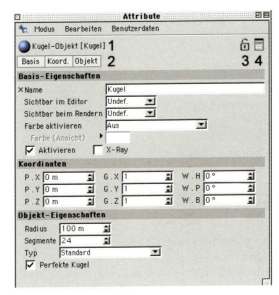

Abbildung 1.53:
Der Attribute-Manager verschafft Zugriff auf die wichtigsten Parameter und Werte eines Objekts.

Segmenten verwendet wird. Diese perfekte Kugel ist jedoch erst bei der Berechnung des Bildes sichtbar und nicht auch in den Editor-Ansichten.

Über ein weiteres TYP-Menü lassen sich verschiedene mathematische Konstrukte auswählen, die alle an eine Kugelform annähern, aber die Flächen unterschiedlich anordnen.

Solche und ähnliche Parameter werden bei jedem parametrischen Objekt angeboten. Da es jedoch so viele unterschiedliche Objekte gibt, macht es wenig Sinn, alle Objekte an dieser Stelle vorzustellen und die Parameter im Einzelnen zu besprechen. Die Werte sind immer recht eindeutig benannt, z. B. *Höhe* bei einem Zylinder für dessen Länge oder *Radius*, wenn es um Krümmungen oder Rundungen an Kanten geht. Sie werden die Bedeutung der Werte daher recht intuitiv erkennen können.

*Den Attribute-Manager schützen*

Die Symbole bei den Ziffern »3« und »4« sind thematisch miteinander verwandt. Das Symbol bei Ziffer »4« öffnet einen neuen Attribute-Manager. Dies gibt Ihnen die Möglichkeit, die Parameter verschiedener Objekte im direkten Vergleich zu beurteilen. Das Symbol bei Ziffer »3« sperrt den Inhalt des Attribute-Managers. Der Inhalt bleibt dadurch auch dann sichtbar, wenn Sie ein anderes Objekt auswählen. Ein Klick auf dieses »Schloss«-Symbol schaltet zwischen dem geschützten und dem sich ständig aktualisierenden Modus hin und her.

Sobald Sie einen neuen Attribute-Manager öffnen, erscheint dieser automatisch im geschützten Modus. Sie können also sofort ein anderes Objekt auswählen, ohne die Darstellung der Werte im neuen Attribute-Manager zu verändern.

Über das Kontext-Menü des Attribute-Managers – Sie erinnern sich, dass damit das Menü gemeint ist, das sich bei einem Rechtsklick (bzw. ⌘-Klick) in das Fenster öffnet – können auch Keyframes für Parameter oder Koordinaten gesetzt werden. Sie sehen also, dass sich über den Attribute-Manager eine ganze Reihe wichtiger Einstellungen vornehmen lassen.

### 1.8.5 Snapping

Direkt hinter dem Attribute-Manager gelegen, finden Sie ein Fenster mit Snapping-Einstellungen (siehe Abbildung 1.54). Sind diese über die Option SNAPPING AKTIV in Betrieb, rasten Punkte und Objekte bei Verschiebung an anderen Elementen ein. So können Sie z. B. die Punkte eines Objekts auf einem separaten Spline einrasten lassen. Dazu müsste in diesem Fall nur die SPLINE-Option aktiviert werden. Die Art der Snapping-Berechnung wird im TYP-Menü vorgegeben. Je nachdem, ob Sie 2D-, 2.5D- oder 3D-SNAPPING aktivieren, werden die verschobenen Punkte entweder nur innerhalb einer Dimension oder »echt« dreidimensional an die Position des anderen Objekts geheftet. Der Radius gibt die um das verschobene Element überprüfte Region an. Je größer der Radius, desto früher wird ein verschobener Punkt bei Annäherung an einen Element-Typ, dessen Option im Snap-Fenster aktiv ist, einrasten.

Diese Funktionen werden zu selten benötigt, als dass ich Sie hier mit den Einzelheiten belasten möchte. Bei der maßgenauen Konstruktion, z. B. in der Architektur, mag diese Funktion mehr Sinn machen als bei den oft intuitiven Konstruktionen, die CINEMAs Stärke sind.

Wichtig ist jedoch der Hinweis, dass Sie – wenn Sie Snapping verwenden – auch darauf achten, es wieder zu deaktivieren. Sie können ansonsten Ihre Objekte nicht mehr frei bewegen.

Abbildung 1.54: Mit Snapping-Funktionen lassen sich Verschiebungen von Objekten oder Punkten auf Bezugspunkte einrasten.

## 1.8.6 Der Werkzeug-Manager

Kommen wir mit dem Werkzeug-Manager wieder zu einem der wichtigeren Einstellungs-Fenster. Hier bekommen Sie alle verfügbaren Optionen zum aktuell selektierten Werkzeug angezeigt.

Es gibt Werkzeuge, die sich nur mit Hilfe des Werkzeug-Managers effizient einsetzen lassen. Dazu gehört z. B. die bereits besprochene Live-Selektion. Die Abbildung 1.55 stellt die Optionen bei aktiver Live-Selektion dar.

Die beiden wichtigsten Parameter stehen gleich oben an, denn dort kann der RADIUS der Selektion angegeben werden. Besonders, wenn es um die Auswahl von Punkten geht, ist die Wahl des passenden Radius entscheidend. Sie können sich vorstellen, dass die Auswahl bestimmter Punkte bei einem Objekt mit sehr vielen, nahe beieinander liegenden Punkten mit einem zu großen Radius recht aussichtslos sein dürfte. Dieser Radius steht also für den Kreis um die Spitze des Live-Selektion-Werkzeugs herum, in dem Elemente selektiert werden.

*Optionen der Live-Selektion*

Ebenfalls sehr wichtig ist die NUR SICHTBARE ELEMENTE SELEKTIEREN-Option. »Sichtbar« in diesem Zusammenhang meint »nicht verdeckt«.

Stellen Sie sich eine Kugel vor, an der Sie einige Punkte an der Vorderseite auswählen möchten. Sie wählen die Live-Selektion und überstreichen mit gehaltener Maustaste im Punkte-bearbeiten-Modus die gewünschten Punkte in der Editor-Ansicht. Woher soll das Programm wissen, ob Sie nicht auch die Punkte auf der Rückseite der Kugel selektieren möchten? Diese liegen ebenfalls unter dem überstrichenen Gebiet, jedoch auf der Rückseite der Kugel.

Ist die Option NUR SICHTBARE ELEMENTE SELEKTIEREN aktiv, werden daher nur die Punkte an der Vorderseite ausgewählt, die nicht von anderen Flächen des Objekts verdeckt sind. Ist die Option deaktiviert, werden alle Punkte des Objekts ausgewählt, die unter dem Auswahl-Werkzeug liegen, egal ob verdeckt oder nicht.

Dies ist eine häufige Fehlerquelle. Achten Sie also beim Auswählen von Elementen immer auf den Zustand dieser Option, damit auch tatsächlich nur die Elemente ausgewählt werden, die Sie benötigen.

Diese Option findet sich im Übrigen auch bei den anderen Selektionsmethoden, wie z. B. der Rahmen-Selektion, wieder.

Abbildung 1.55:
Das Werkzeug-Fenster stellt Ihnen alle Optionen zum gerade aktiven Werkzeug zur Verfügung.

Die Option PUNKTE-WICHTUNG MALEN wird ausschließlich im Zusammenhang mit Deformatoren benötigt. Sie können damit Punkte nicht nur selektieren, sondern ihnen auch noch Werte zwischen 0% und 100% zuweisen. Dabei spricht man von *Wichtungen*. Je nachdem wie stark ein Punkt gewichtet ist, kann dieser mehr oder weniger stark auf Deformation reagieren.

Daran erkennen Sie schon, dass diese Option fast nur für die Animation von Bedeutung ist.

Die HYPERNURBS WICHTUNG hat da schon eher Bedeutung für die Modellierung von Objekten. Ich werde etwas später im Zusammenhang mit den Erläuterungen zum HyperNURBS-Objekt darauf zurückkommen. Für die eigentliche Selektion von Objekten hat diese Funktion keine Bedeutung.

Achten Sie also bei jedem Werkzeug auch auf die zusätzlichen Funktionen und Optionen in diesem Manager.

### 1.8.7 Der Koordinaten-Manager

Bereits der Attribute-Manager verschaffte Ihnen Einblick in die Koordinaten eines Objekts, aber der Koordinaten-Manager vermag Ihnen noch mehr Kontrolle über diese Daten zu geben.

Der Manager (siehe Abbildung 1.56) gliedert sich grob in drei Spalten, die die Position, die Größe und die Rotation des aktiven Objekts anzeigen.

*Das HPB-System*

Es ist dabei gerade für Anfänger etwas schwer verständlich, was es mit dem HPB-System auf sich hat, das von CINEMA 4D für Rotationen von

Abbildung 1.56:
Der Koordinaten-Manager erlaubt Ihnen die Kontrolle über selektierte Elemente und die direkte Eingabe von Position, Größe und Rotation derselben.

Objekten verwendet wird (Sie erkennen diese Kürzel auch vor den Winkel-Feldern in der rechten Spalte des Koordinaten-Managers).

Dieses Dreh-System ist aus der Luftfahrt entliehen und steht für die Begriffe *Heading*, *Pitch* und *Banking*. Damit wird die Neig- und Kipp-Bewegung um die drei Achsen eines Flugzeugs beschrieben. *Heading* steht für die horizontale Flugrichtung, der *Pitch* umschreibt das Steigen oder Sinken des Flugzeugs, das durch die Auf- oder Abwärtsneigung der Flugzeugnase bestimmt wird. *Banking* steht für das Rollen des Flugzeugs um die Längsachse.

Der Vorteil an diesem System ist, dass alle Rotationen austauschbar in der Reihenfolge sind. Eine Erhöhung des Pitch gefolgt von einem Banking führt zu der gleichen End-Rotation, wie eine umgekehrte Reihenfolge der Rotationen. Dies macht es jedoch oft für den Benutzer etwas schwierig, den Überblick zu behalten.

*Bezugssysteme umschalten*

Besondere Bedeutung innerhalb des Koordinaten-Managers kommt den beiden Menüs am unteren Rand des Fensters zu. Das in Abbildung 1.56 mit Ziffer »1« markierte Menü lässt Sie das Bezugssystem für die Darstellung der Werte auswählen. Sie haben die Wahl zwischen dem Objekt- und dem Welt-System. Ihnen sollte diese Unterscheidung schon aus vorangegangenen Erläuterungen bekannt vorkommen.

Je nachdem, ob das selektierte Objekt Unterobjekt eines anderen Objekts ist oder nicht, kann die Umschaltung dieses Modus zu völlig anderen Werten führen. Im Objekt-Modus wird nämlich die Position relativ zum Oberobjekt dargestellt. Liegt das Oberobjekt nicht exakt im Welt-Nullpunkt, weichen also dadurch schon die Positionswerte ab.

Auf der anderen Seite hat dieses System jedoch den Vorteil, dass es einfach ist, ein Unterobjekt z. B. exakt 20 Einheiten auf der X-Achse neben dem Oberobjekt zu platzieren. Sie wechseln im Koordinaten-Manager einfach in den Objekt-Modus und geben »20« für den X-Positionswert ein.

Der Koordinaten-Manager bietet nämlich auch die Möglichkeit, die Werte direkt zu editieren. Ein Klick auf die ANWENDEN-Schaltfläche im gleichen Fenster überträgt diese Veränderungen dann auf das Objekt. Alternativ dazu können Sie auch einfach die Enter-Taste nach jeder Veränderung eines Wertes betätigen.

### Abmessungen und Größe

Das Menü unter der Ziffer »2« beeinflusst die Anzeige der Größe-Werte. Im ABMESSUNG-Modus werden die maximalen Ausdehnungen des aktiven Objekts – oder der selektierten Elemente, denn auch für selektierte Punkte oder Flächen können Abmessungen angezeigt werden – entlang der drei Achsen angezeigt.

Der ABMESSUNG+-Modus geht noch einen Schritt weiter, denn er rechnet auch die Positionen und Abmessungen eventuell vorhandener Unterobjekte mit ein. Haben Sie also diverse Autoteile unter einem Null-Objekt gruppiert, können Sie im ABMESSUNG+-Modus bei aktivem Null-Objekt die Gesamtgröße des Autos abfragen.

Der GRÖSSE-Modus bezieht sich dagegen ausschließlich auf die Längen der Objekt-Achsen. Diese sollten immer die Länge »1« haben. Ist dies nicht der Fall, wurde das Objekt in der Objekt-bearbeiten-Betriebsart skaliert. Wie bereits mehrfach erwähnt sollte dies vermieden werden. Benutzen Sie zum Skalieren immer die Modell-bearbeiten-Betriebsart.

### Die Größe korrigieren

Um so einen Fehler zu korrigieren, müssen die Objekt-Achsen wieder auf die Länge »1« gebracht werden. Dazu wechseln Sie in den Objekt-Achsen-bearbeiten-Modus und geben den Wert »1« für die X-, Y- und Z-Größe des Objekts im Koordinaten-Manager ein. Hat das Objekt Unterobjekte, müssen Sie dann deren Achsen-Längen ebenfalls überprüfen und ggf. korrigieren.

## 1.8.8 Der Materialien-Manager

Objekte können nur dann realistisch berechnet werden, wenn es gelingt, z. B. die Farbe, das Glanzverhalten oder die Oberflächen-Rauigkeit einer natürlichen Oberfläche zu simulieren. Dafür werden in CINEMA 4D Materialien und Shader benutzt.

## Materialien

Materialien sind aus mehreren Komponenten bestehende Beschreibungen von Oberflächen-Eigenschaften. Sie können sich das so vorstellen, als wenn man eine Oberfläche in ihre physikalischen und optischen Eigenschaften aufspalten würde. So kann man in Materialien z. B. die Transparenz einer Oberfläche ebenso separat steuern wie die spiegelnden Eigenschaften oder die Farbe eines Glanzpunktes. Je exakter diese Komponenten abgestimmt werden, desto realistischer wird das Material sein, bzw. desto ähnlicher wird das 3D-Material einer realen Oberfläche werden.

## Shader

Unter Shadern versteht man mathematisch generierte Materialien oder Material-Eigenschaften. Shader haben den Vorteil, dass sie oft auf spezielle Materialien spezialisiert sind und sich daher schneller und auch besser realistische Ergebnisse erzielen lassen. So gibt es z. B. Metall-Shader, die besonders gut die spiegelnden und glänzenden Eigenschaften von Metallen rekonstruieren können. Andere Shader automatisieren die Berechnung von Holz-Maserung oder die Darstellung von Wolken.

Nachteil dieser Spezialisierung ist, dass Shader sich oft nicht sehr flexibel einsetzen lassen. Kommt man z. B. auf die Idee ein Shader-Holz-Material mit einer grünen Spiegelung versehen zu wollen, wird man bei derart spezialisierten Shadern schnell an die Grenzen stoßen, da spiegelndes Holz bei deren Entwicklung nicht vorgesehen wurde.

Nutzen Sie also die Vorteile dieser Shader, wo es möglich ist, und weichen Sie auf Materialien mit ihren flexiblen Kanälen aus, sofern dies nötig ist.

## Neue Materialien erzeugen

CINEMA 4D unterstützt sowohl normale Materialien also auch Shader und vermag diese sogar zu vermischen. Sie können so auf die Vorteile beider Systeme zugreifen, ohne eingeengt zu werden.

Neue Materialien erzeugen Sie im Menü DATEI → NEUES MATERIAL direkt im Materialien-Manager. Es erscheint eine graue Vorschaukugel im Materialien-Fenster. Darunter ist der Name *Neu* eingeblendet. Jedes Material kann nämlich mit einem Namen belegt werden, der es bei einer größeren Anzahl vorhandener Materialien leichter auffindbar macht (siehe Abbildung 1.57).

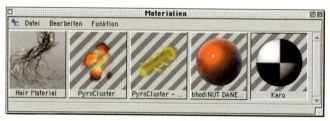

Abbildung 1.57:
Das Materialien-Fenster stellt kleine Vorschaubilder Ihrer Materialien zur Verfügung und erlaubt die Erstellung und Verwaltung der Materialien.

Wenn Sie doppelt auf den Namen des Materials klicken, können Sie diesen jederzeit verändern. Ein Klick auf die Vorschaukugel eines Materials öffnet im Attribute-Manager einen Material-Dialog, in dem alle Eigenschaften dieses Materials editiert werden können.

Mit Hilfe der bekannten Daten-Schaltflächen im oberen Teil des Attribute-Managers können Sie die verschiedenen Kanäle des Materials anzeigen lassen und beliebig manipulieren.

Wir werden im Zuge der Arbeitsbeispiele noch den Umgang mit diesen Kanälen und mit Shadern besprechen.

## 1.8.9 Die Editor-Ansichten

Ein Kernstück von CINEMA 4D ist sicherlich die Editor-Ansicht. Dort werden die Objekte konstruiert, platziert und schließlich auch in Szene gesetzt. Grundsätzlich haben alle Programme, die sich mit der Erstellung dreidimensionaler Objekte beschäftigen, das Problem, dreidimensionale Objekte auf einem zweidimensionalen Monitor nicht nur darstellen, sondern dem Benutzer auch noch die Möglichkeit geben zu müssen, diese Objekte möglichst komfortabel editieren zu können.

*Tri-View-Ansichten*

Dabei hat sich die so genannte *Tri-View* bei nahezu allen 3D-Programmen durchgesetzt. Diese bietet standardisierte Ansichten in den 3D-Raum an. Es handelt sich dabei um eine Ansicht von vorne, eine Ansicht von der Seite und eine Ansicht von oben.

Diese Ansichten lassen sich jedoch nicht mit normalen Perspektiven vergleichen, denn es handelt sich vielmehr um Ebenen, auf die alle Objekte projiziert werden. Dies mag zuerst verwirren, hat jedoch den Vorteil, dass die Objekt-Geometrien ohne den Einfluss verzerrender oder täuschender Perspektive bearbeitet werden können.

## 1.8 Erste Schritte

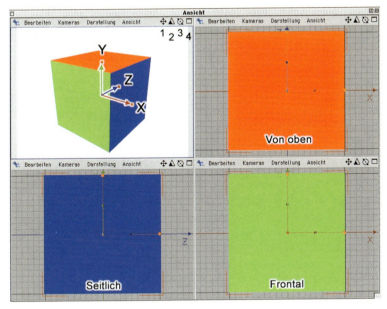

Abbildung 1.58:
Die Standard-Editor-Ansichten erlauben das Erstellen und Editieren von dreidimensionalen Objekten auf einem zweidimensionalen Bildschirm.

Um diese zusätzlichen Ansichten sichtbar zu machen, klicken Sie einmal auf das kleine Fenster-Symbol oben rechts in der Editor-Ansicht. In Abbildung 1.58 ist dieses Symbol mit der Ziffer »4« gekennzeichnet.

Ein Klick auf dieses Fenster-Icon bringt Ihnen entweder das Ansicht-Fenster in die bildfüllende Darstellung, oder es schaltet von der Darstellung einer Ansicht wieder auf die so genannte *4T-Ansicht* (steht für *4-Tafel-Ansicht*) zurück, die sich aus der perspektivischen Kamera-Ansicht oben links und den drei *Tri-View*-Ansichten zusammensetzt.

Die Abbildung 1.58 zeigt also diese 4T-Ansicht, nachdem Sie das Fenster-Icon in der Kamera-Ansicht betätigt haben.

Wie Sie dort erkennen können, habe ich ein Würfel-Grundobjekt in meiner Szene. Stören Sie sich nicht an der unterschiedlichen Färbung der Würfel-Flächen. Diese habe ich nachträglich hinzugefügt, um Ihnen den Zusammenhang zwischen den Ansichten leichter erklären zu können.

### Navigation-Icons in den Ansichten

Sie erkennen oben links die vom Programmstart her bekannte Kamera-Ansicht. Sie können dort mit den Symbolen bei den Ziffern »1« bis »3« navigieren.

Benutzen Sie das Symbol »1«, um den sichtbaren Ausschnitt vertikal oder horizontal zu verschieben. Sie gehen dabei so vor, dass Sie den Mauszeiger auf dem Symbol platzieren und die Maus dann mit gehaltener Maustaste in die gewünschte Richtung verschieben. Wollen Sie näher an ein Objekt heran, oder sich von diesem entfernen, benutzen Sie statt der linken die rechte Maustaste bzw. halten Sie die ⌘-Taste zusätzlich zur Maustaste gedrückt. Dies funktioniert übrigens in den anderen drei Ansichten ebenfalls.

Das Zoom-Symbol bei Ziffer »2« mag auf den ersten Blick in der Kamera-Ansicht wie das Bewegen auf das Objekt zu oder von diesem weg wirken. Tatsächlich wird dadurch jedoch die Brennweite der virtuellen Kamera verändert. Wenn Sie schon einmal fotografiert haben, wissen Sie, dass größere Brennweiten zum Heranzoomen benutzt werden und kleinere Brennweiten, um ein größeres Sichtfeld zu erhalten. Es wird dabei jedoch nicht nur das Sichtfeld verändert, sondern die Brennweite wirkt auch auf die Linien, die in die Tiefe weisen. Bei großen Brennweiten wirkt ein Objekt sehr viel flacher als bei kleinen Brennweiten, wo der Effekt bis zum so genannten »Fischauge« reicht, bei dem Objekte unnatürlich verzerrt werden.

Verwenden Sie also den Zoom in der Kamera-Ansicht mit Bedacht und benutzen Sie zum normalen Vor- und Zurück-Bewegen der Kamera besser die Bewegen-Funktion unter Ziffer »1«. In den übrigen Ansichten ist keine Perspektive vorhanden. Deshalb kann dort auch diese Zoom-Funktion bedenkenlos zum Vergrößern und Verkleinern des sichtbaren Bereichs benutzt werden.

Mit dem Rotieren-Symbol unter Ziffer »3« können Sie sich um Objekte herumbewegen. Verwechseln Sie dies nicht mit einer Rotation des Objekts. Das Objekt bleibt in jedem Fall unbeweglich an Ort und Stelle, nur der Standpunkt des Betrachters verändert sich. Auch hier verändert sich die Wirkungsweise in Verbindung mit der rechten Maustaste bzw. dem ⌘-Klick. Die Rotationsachse liegt dann in Blickrichtung und neigt die Kamera zur Seite.

Diese Rotieren-Funktion steht Ihnen ausschließlich in der Kamera-Ansicht zur Verfügung. Lassen Sie sich also nicht von dem auch in den übrigen Ansichten vorhandenen Symbol verunsichern. Dort hat diese Funktion keine Wirkung. Dies liegt an den strengen Regeln, denen diese Ansichten unterliegen.

## Die Tri-View-Ansichten

Die Tri-View-Ansichten bieten Ansichten auf die drei Ebenen, die von den Achsen des Welt-Systems gebildet werden. Die Ebene, die von der X- und der Y-Achse definiert wird, ist mit einer frontalen Ansicht zu vergleichen.

Die Z-/Y-Ebene steht für eine seitliche Sicht und die X-/Z-Ebene für einen Blick von oben auf den 3D-Raum. In Abbildung 1.58 erkennen Sie die jeweiligen Ansichten an meiner Beschriftung und an den Farben der Würfelseiten.

Daran lässt sich – wie ich meine – auch recht gut erkennen, welche Ansicht auf welche Würfel-Seite blickt.

### Ansichten umschalten

Jede Ansicht hat eine eigene Menüzeile, in der Sie die Blickrichtung nochmals verändern können. So können Sie über das KAMERAS-Menü z. B. die Blickrichtung in der X-/Z-Ansicht (von oben) auf UNTEN schalten, um ein Objekt auch direkt von unten betrachten zu können. Dieses Umschalten der Richtungen ist notwendig, da die Rotieren-Funktion in den Tri-Views ja nicht funktioniert. Bei einem so einfachen Objekt wie einem Würfel mag dies noch nicht so interessant sein, aber oft ist es sinnvoll, verschiedene Darstellungsmethoden zu mischen, um die Form besser beurteilen zu können.

### Darstellungen vorgeben

Ihnen steht dafür ein DARSTELLUNG-Menü in jeder Ansicht zur Verfügung. Sie können dort zwischen mehreren Modi auswählen, wobei Sie wohl schon mit zwei davon sehr gut auskommen werden. Dabei handelt es sich um den QUICK-SHADING-Modus und um den DRAHTGITTER-Modus.

QUICK-SHADING sorgt für eine flächige Schattierung der Objekt-Oberfläche. Der Vorteil daran ist, dass Sie schon ein recht exaktes Abbild des Objekts betrachten können. Nachteilig kann daran sein, dass Ihnen der Blick durch das Objekt, z. B. auf Punkte an der Rückseite oder auf Objekte, die verdeckt werden, verwährt bleibt. In vielen Fällen ist dies jedoch die geeignete Darstellungsart. Das GOURAUD-SHADING arbeitet ähnlich, aber noch etwas exakter, denn es kann – vorausgesetzt es sind Lichtquellen in Ihrer Szene vorhanden – die Schattierung und das Verhalten von Licht auf der Oberfläche noch exakter abbilden. Der Nachteil daran ist die längere Berechnungsdauer, die ein flüssiges Arbeiten in den Editor-Ansichten bremsen kann. Ansonsten hat dieser Modus keine weiteren Vorteile.

Der DRAHTGITTER-Modus ignoriert die Flächen eines Objekts völlig und stellt nur die Kanten und Punkte dar. Dies erlaubt Ihnen, durch die Flächen auf alle Punkte eines Objekts schauen zu können. Nachteilig daran ist jedoch, dass – besonders bei näherem Heranzoomen an ein komplexes Objekt – die Orientierung und das räumliche Vorstellungsvermögen stark strapaziert werden können. Sie werden also oftmals nicht darum herumkommen, die Darstellung der Situation anzupassen oder verschiedene Darstellungs-Modi in den vorhandenen Ansichten zu mischen. Sie können schließlich jeder Ansicht eine andere Darstellungsart zuweisen.

*Fenster skalieren*

Bleibt nur noch zu erwähnen, dass Sie bei Bedarf die Größenverhältnisse aller Ansichtsfenster mit der Maus verändern können. Bewegen Sie dazu den Mauszeiger an die Grenze zwischen zwei Ansichten oder direkt in die Mitte des Ansichten-Fensters. Der Mauszeiger wechselt dort sein Aussehen zu einem Doppelpfeil oder einem Vierfachpfeil. Mit gehaltener Maustaste können Sie dann die Grenzen der Fenster verschieben, um unsymmetrische Größen zu erhalten. Das gleiche Prinzip funktioniert übrigens auch zwischen allen Managern. So können Sie den Objekt-Manager z. B. breiter machen, indem Sie die Grenze zwischen Editor-Ansichten und Objekt-Manager verschieben.

Sie haben nun einen groben Überblick über die wichtigsten Fenster und Layout-Elemente von CINEMA 4D erhalten. Im nächsten Kapitel werden wir uns näher mit Objekten und deren Erzeugung bzw. Modellierung beschäftigen. Danach sind Sie gerüstet, erste eigene Modelle zu konstruieren.

# Objekte erzeugen 2

**KAPITEL**

Nachdem Sie nun eine Vorstellung davon gewonnen haben, welche Information in welchem Fenster bzw. Manager zu finden ist, können wir uns intensiver mit den Objekten und deren Manipulation beschäftigen.

Sie werden dabei nicht nur lernen, fertige Objekte abzurufen, sondern auch eigene Objekte zu modellieren bzw. bestehende Formen mit Werkzeugen zu verändern. Dabei werden Sie mit Punkten und Flächen, aber auch mit Splines und NURBS-Objekten umgehen.

Wie bereits im ersten Kapitel, werde ich auch hier nur die wichtigeren Funktionen näher ansprechen, die für Sie später von praktischem Nutzen sind. CINEMA 4D weist einfach zu viele Funktionen und Werkzeuge auf, als dass alle Erwähnung finden könnten.

## 2.1 Manipulation von Grundobjekten

Lassen Sie uns nun etwas tiefer in die Praxis eintauchen. Wenn Sie einmal ein Grundobjekt – wie z. B. einen Würfel – etwas genauer betrachten, fallen Ihnen sicherlich die kleinen, orangefarbenen Punkte an einigen Seiten der Grundobjekte auf. Es handelt sich dabei um so genannte *Anfasser*, die ein typisches Merkmal von Grundobjekten sind. Über das Verschieben dieser Anfasser lassen sich Grundobjekte direkt in den Editor-Ansichten verändern.

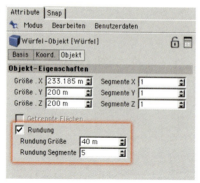

Abbildung 2.1:
Parameter eines
Würfel-Grund-
objekts im
Attribute-Manager

Nahezu jedes Grundobjekt hat jedoch noch verborgene Anfasser, die erst im Attribute-Manager aktiviert werden müssen.

Erzeugen Sie ein Würfel-Grundobjekt und werfen Sie einen Blick auf die *Objekt*-Seite im Attribute-Manager. Sie finden dort die RUNDUNG-Option (siehe Abbildung 2.1).

Sie können dort direkt einen Radius für die Rundung (Rundung Größe) und eine Anzahl an Flächen vorgeben, mit der diese Rundung gebildet werden soll. Wie bereits bei der Besprechung des Kugel-Grundobjekts angespro-

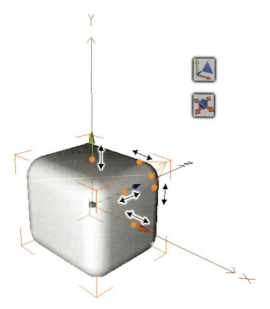

Abbildung 2.2:
Mit Hilfe von
Anfasser-Punkten
kann die
Geometrie von
Grundobjekten
direkt in den
Editor-Ansichten
gesteuert werden.

chen, erlauben höhere Anzahlen an Segmenten auch eine weichere Darstellung von Rundungen, wobei jedoch gleichzeitig der Speicherbedarf für dieses Objekt ansteigt und in vielen Fällen auch mit einer längeren Berechnungszeit zu rechnen ist. Es gilt also auch hier, Maß zu halten.

Sie können nach der Aktivierung der RUNDUNG-Option aber auch beobachten, dass in den Editor-Ansichten zusätzliche Anfasser erschienen sind (siehe Abbildung 2.2).

## Mit den Anfassern arbeiten

Sofern Sie sich im Modell-bearbeiten-Modus befinden und das Bewegen-Werkzeug ausgewählt ist, können Sie diese Anfasser bewegen, um entweder die Seitenverhältnisse des Würfels oder den Radius der Rundung zu verändern. Sie müssen zugeben, dass dies sehr viel intuitiver ist als die Eingabe numerischer Werte, die Ihnen im Attribute-Manager zusätzlich noch zur Verfügung steht. Falls sich die Anfasser nicht wie gewünscht bewegen lassen, überprüfen Sie, ob auch tatsächlich alle Achsen freigegeben sind.

Der Attribute-Manager bleibt jedoch für eine Vielzahl an Parametern unentbehrlich. So können Sie z. B. an dem Würfel nur dort die Rundung aktivieren und auch die Anzahl der Segmente vorgeben.

Lassen Sie uns einen Moment bei diesen Segmenten verbleiben. Wechseln Sie bitte in den Punkte-bearbeiten-Modus und betrachten Sie den Würfel erneut. Trotz Umschalten des Modus sind keine Punkte am Würfel zu erkennen. Dies liegt daran, dass Punkte und Flächen bei Grundobjekten nur innerhalb von Rechenoperationen bestehen. Nur dieser Trick macht es CINEMA 4D möglich, sofort z. B. auf eine Veränderung der vorgegebenen Segment-Anzahl zu reagieren.

## Den Würfel konvertieren

Sollen die Punkte des Objekts selbst sichtbar werden, muss das Grundobjekt zuerst konvertiert werden. Es verliert dadurch alle parametrischen Eigenschaften und kann daher auch nicht mehr über die Anfasser verändert werden.

Wählen Sie an dem Würfel einen beliebigen Rundungs-Radius und stellen Sie eine Segment-Anzahl für die Rundung von »5« ein. Konvertieren Sie den Würfel über die bekannte Funktion aus der Betriebsarten-Palette. Schalten Sie in den Punkte-bearbeiten-Modus, um die Punkte des Würfels zu sehen (siehe Abbildung 2.3). Diese werden als kleine braune Flächen

*Abbildung 2.3:
Grundobjekte enthalten erst nach der Konvertierung editierbare Punkte und Flächen.*

auf den Ecken der türkis eingerahmten Polygone eingezeichnet.

Wie Sie der Abbildung entnehmen können, wurden tatsächlich fünf Flächen für die Rundung der Kanten benutzt. An den Ecken werden die Flächen dann immer kleiner, da dort Rundungen aus drei verschiedenen Richtungen zusammenlaufen und umgesetzt werden müssen. Es bleibt also bei dem Grundsatz, dass sich Rundungen nur mit einer größeren Anzahl an Flächen umsetzen lassen.

Eine dieser Flächen habe ich an der Ecke in der Abbildung rot markiert. Sie erkennen den gewaltigen Unterschied zu der Größe einer der Seitenflächen des Würfels. Die obere Deckfläche des Würfels habe ich zum direkten Vergleich ebenfalls rot eingefärbt.

*Abbildung 2.4:
Die Punkte von konvertierten Grundobjekten können beliebig weiter verarbeitet werden.*

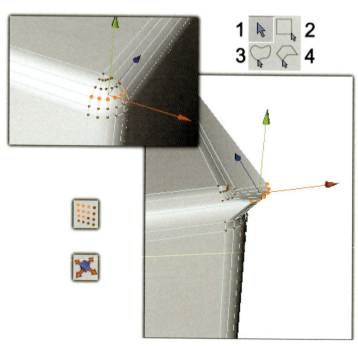

Wählen Sie nun eine Ihnen geeignet erscheinende Selektionsmethode – Ihnen stehen die Modi »Live Selektion« (Abbildung 2.4, Ziffer »1«), »Rahmen-Selektion« (Ziffer »2«), »Freihand-Selektion« (Ziffer »3«) und »Lasso-Selektion« (Ziffer »4«) zur Verfügung – mit aktiver »Nur sichtbare Elemente selektieren«-Option aus, und stellen Sie die Kamera-Ansicht so ein, dass Sie einen guten Blick auf eine Ecke des konvertierten Würfels haben. Selektieren Sie im Punkte-bearbeiten-Modus eine Punktreihe an der Ecke, so wie es die Abbildung 2.4 zeigt.

*Punkte bearbeiten*

Sie werden beobachten können, dass das Objekt-System in die Mitte der selektierten Punkte springt. Dies soll Ihnen z. B. das Rotieren um das Zentrum einer selektierten Flächen- oder Punkt-Gruppe erleichtern. Zudem haben Sie die Achsen dann immer im Blick, auch wenn ein Großteil des Objekts nicht in der Ansicht zu sehen ist. Sobald Sie wieder in den Modell-bearbeiten-Modus zurückkehren, oder die Selektion aufheben, springt das Objekt-System wieder an seinen alten Platz zurück.

*Selektionen bearbeiten*

Sollten Sie sich beim Selektieren der Punkte vertan haben, können Sie einzelne Punkte durch das zusätzliche Halten der [Shift]-Taste zur bestehenden Selektion hinzufügen bzw. mit gehaltener [Strg]-/[Ctrl]-Taste selektierte Punkte wieder deselektieren, ohne die bestehende Selektion zu beeinflussen.

Benutzen Sie das Bewegen-Werkzeug, um die selektierten Punkte entlang der Objekt-X-Achse zu verschieben. Sie können dazu entweder auf das Objekt-System schalten und die Y- und die Z-Achse sperren oder die Bewegung dadurch auf die X-Achse begrenzen, dass Sie mit aktivem Bewegen-Werkzeug die Pfeilspitze der roten Objekt-X-Achse anklicken, die Maustaste weiterhin halten und die Maus dabei bewegen (siehe Abbildung 2.4 rechts unten).

Dieses Prinzip der Punkt-Manipulation wird sich im Lauf der folgenden Beispiele immer wieder wiederholen. Zuerst werden die Punkte oder Flächen selektiert, dann wird das geeignete Werkzeug ausgewählt – ggf. müssen Sie auf die dazu angebotenen Optionen im Werkzeug-Fenster achten – und schließlich bewegen Sie die selektierten Elemente, wobei Sie auf Achsen-Beschränkungen als Hilfsmittel zurückgreifen können.

## 2.2 Punkte und Flächen selbst erzeugen

Bislang haben wir Punkte und Flächen in Form kompletter Objekte fertig abgerufen, aber es gibt auch Situationen, in denen Punkte selbst erzeugt und Flächen selbst erstellt werden müssen. Nicht jedes Objekt lässt sich schließlich durch Punktverschiebung aus den Grundkörpern entwickeln.

Um Punkte selbst erzeugen zu können, wird in jedem Fall ein Objekt benötigt. Dies ist schon aus dem Grund nötig, damit ein Objekt-System vorhanden ist und das Punkt-Objekt im Objekt-Manager auftaucht.

Gehen Sie wie folgt vor: Sorgen Sie für eine neue, leere Szene, indem Sie alle alten Objekte löschen oder die Szene über den gleich lautenden Befehl aus dem Datei-Menü von CINEMA 4D schließen.

Wählen Sie dann ein Polygon-Objekt aus dem Objekte-Menü von CINEMA 4D. Dadurch erzeugen Sie eine Art Container für Punkte und Flächen, der nun gefüllt werden muss.

Wechseln Sie in den Punkte-bearbeiten-Modus und wählen Sie den Befehl Punkt hinzufügen aus dem Struktur-Menü von CINEMA 4D. Halten Sie die Strg-/Ctrl-Taste gedrückt, während Sie z. B. in die frontale Ansicht (X/Y-Ansicht) mehrfach hineinklicken. Mit jedem Mausklick erzeugen Sie dadurch einen neuen Punkt. Erzeugen Sie auf diese Weise ca. acht bis zehn gleichmäßig verteilte Punkte (siehe linke Seite der Abbildung 2.5).

Sie müssen sich Punkte als eine Art Gerüst vorstellen, in dessen Zwischenräumen noch Flächen eingesetzt werden müssen. Auch diese lassen sich manuell erstellen. Bleiben Sie dazu im Punkte-bearbeiten-Modus und wählen Sie den Befehl Polygone erzeugen aus dem Struktur-Menü aus.

*Flächen erzeugen*

Klicken Sie nun nacheinander die Punkte an, die mit einer Fläche verbunden werden sollen. Es ist dabei sehr wichtig, dass Sie die Punkte nicht durcheinander, sondern in der Reihenfolge anklicken, in der die Punkte auch untereinander mit Kanten verbunden werden sollen.

Flächen können maximal vier und minimal drei Eckpunkte haben. Je nachdem, wie viele Ecken Ihre Fläche bekommen soll, klicken Sie auf den dritten oder auf den vierten Punkt doppelt. Wenn Sie beispielhaft meine

## 2.2 Punkte und Flächen selbst erzeugen

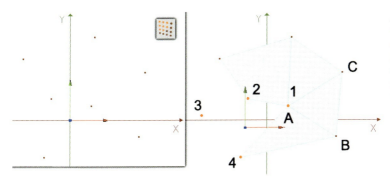

Abbildung 2.5:
Punkte können ebenso manuell erzeugt werden wie die Flächen, die zwischen den Punkten liegen.

Anordnung der Punkte aus Abbildung 2.5 betrachten, dann klicken Sie die Punkte »A« und »B« je einmal und Punkt »C« doppelt an, um die dreieckige Fläche dazwischen zu generieren. Um die viereckige Fläche zwischen den Punkten »1« bis »4« zu schließen, klicken Sie die Punkte »1« bis »3« je einmal und Punkt »4« dann doppelt an.

Diese selbst erstellte Form ist nun auch eine gute Gelegenheit, das Zusammenspiel der verschiedenen Editor-Ansichten zu beobachten. Da die Punkte alle in der frontalen Ansicht erzeugt wurden, liegen die Punkte auch alle exakt in einer Ebene. Dies bedeutet, dass ein Blick von oben oder von der Seite auf dieses Objekt nichts zeigen wird. Das Objekt ist schließlich völlig flach und die Tri-Views haben keine Perspektive. Sie können das Objekt also nur in der frontalen Ansicht und in der Kamera-Ansicht sehen.

### Flächen-Normalen

Schalten Sie nun in den Polygone-bearbeiten-Modus, um sich die gerade erzeugten Flächen zwischen den Punkten genauer ansehen zu können. Überstreichen Sie die Flächen mit der Live-Selektion, um sie alle zu selektieren.

### *Objekte einfärben*

Es wird sich Ihnen etwas wie in Abbildung 2.6 zeigen. Beachten Sie dabei nicht die Einfärbung der Flächen. Ich habe diese mit dem FARBE (ANSICHT)-Feld auf der *Basis*-Seite des Attribute-Managers hinzugefügt, um das Objekt für die nächsten Arbeitsschritte hervorzuheben. Wollen Sie auch eine eigene Farbe vergeben, müssen Sie dort zusätzlich nur die FARBE AKTIVIEREN-Option auf *Automatisch* schalten. Diese Art der Einfärbung hilf Ihnen – vornehmlich beim Umgang mit vielen Objekten – den Überblick zu behalten.

*Abbildung 2.6:
Die Selektion von
Flächen macht
auch »Normalen«
sichtbar.*

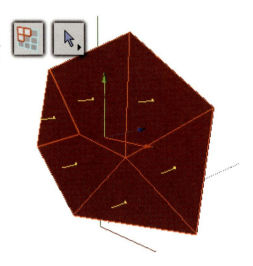

### Normalen-Vektoren

Viel interessanter sind die kurzen gelben Striche auf den Flächen. Dabei handelt es sich um *Normalen*. Darunter versteht man in der Mathematik Einheitsvektoren, also Vektoren mit der Länge eins, die senkrecht auf einer Fläche stehen. In diesem Fall stehen also die Normalen senkrecht auf den von uns erstellten Flächen.

Mit Hilfe dieser Normalen ist CINEMA 4D in der Lage, den Einfallwinkel von Licht auf der Oberfläche zu berechnen und so die Schattierung realistisch anzupassen. Sind also diese Normalen nicht korrekt ausgerichtet, kann die Schattierung nicht korrekt berechnet werden.

### Backface-Culling

Eine weitere Funktion dieser Normalen ist die Festlegung, wo bei einer Fläche vorne und wo hinten ist. Dort wo der gelbe Strich der Normalen auf der Fläche zu erkennen ist, ist die Vorderseite dieser Fläche. Diese Information kann CINEMA 4D z. B. nutzen, um Materialien nur auf einer Seite von Flächen anzuzeigen oder um die Innenseite von Polygonen unsichtbar zu machen. Dazu gibt es die BACKFACE-CULLING-Funktion in den DARSTELLUNG-Menüs der Ansichten. Dieser Modus ist vor allem im Drahtgitter-Modus interessant, um die Punkte und Kanten auf der Rückseite von Objekten unsichtbar zu machen. Wenn Sie beispielhaft an eine Kugel denken, dann sieht man im Drahtgitter-Modus ja durch die vorne liegenden Flächen auf die Hinterseiten der hinteren Polygone. Sind diese durch Backface-Culling unsichtbar gemacht, kann auch die Drahtgitter-Ansicht etwas übersichtlicher gestaltet werden.

*Normalen ausrichten*

In den meisten Fällen brauchen wir uns um die Ausrichtung der Normalen jedoch nicht zu kümmern, da alle Objekte automatisch korrekte Normalen haben. Werden Objekte jedoch wie in diesem Fall manuell durch das Setzen und Erzeugen von Punkten und Flächen erzeugt, können die Normalen im Einzelfall in eine falsche Richtung zeigen. Sie können dies leicht durch das Selektieren der Flächen überprüfen, da dann alle Normalen eingezeichnet werden. Weisen alle Normalen z. B. nach vorne und nur eine in die entgegengesetzte Richtung, können Sie davon ausgehen, dass diese Normale nicht richtig ausgerichtet wurde.

Sollten Sie solche falsch ausgerichteten Normalen entdecken, gibt es zwei Möglichkeiten, dies zu beheben. Sie können die Fläche mit der falsch ausgerichteten Normalen selektieren und im STRUKTUR-Menü von CINEMA 4D den Befehl NORMALEN UMDREHEN auswählen. Die Normale wird dann um 180° gedreht und zeigt somit exakt in die andere Richtung.

Die zweite Möglichkeit hilft Ihnen, wenn Sie gleich mehrere Normalen bemerken, die nicht richtig ausgerichtet erscheinen. Deselektieren Sie dann alle Flächen, indem Sie im SELEKTION-Menü von CINEMA 4D den Befehl ALLES DESELEKTIEREN auswählen. Aktivieren Sie dann im STRUKTUR-Menü den Unterpunkt NORMALEN AUSRICHTEN. Das Programm wird dann alle Normalen, die nicht zu den Normalen-Richtungen der Nachbar-Flächen passen, neu ausrichten. In vielen Fällen sind damit die Probleme schon gelöst. Falls nicht, müssen Sie einzelne Normalen mit der zuerst beschriebenen Prozedur manuell umdrehen.

**Schattierung der Objekt-Oberfläche**

Bislang haben wir es bei dem selbst erstellten Objekt noch mit einem absolut flachen Körper zu tun. Dies lag daran, dass alle Punkte ausschließlich in einer Ansicht erstellt wurden.

Lassen Sie uns durch das Verschieben von Punkten aus dieser Ebene heraus etwas Dreidimensionalität in das Objekt bringen. Wechseln Sie dazu in den Punkte-Modus zurück (ich werde ab jetzt nur noch die verkürzte Schreibweise *Punkte-Modus*, *Polygon-Modus* und *Modell-Modus* für die besprochenen Betriebsarten verwenden) und selektieren Sie z. B. mit Hilfe der Live-Selektion einige Punkte, wie in Abbildung 2.7 zu sehen.

Aktivieren Sie das Bewegen-Werkzeug und ziehen Sie damit die selektierten Punkte etwas entlang der Objekt-Z-Achse aus der Ebene der übrigen Punkte und Flächen heraus. Sie können dabei beobachten, wie sich

## Objekte erzeugen

*Abbildung 2.7 (links): Erst wenn nicht alle Punkte in einer Ebene liegen, kann von einem dreidimensionalen Objekt gesprochen werden.*

*Abbildung 2.8 (rechts): Ohne weitere Vorkehrungen bleiben die einzelnen Flächen bei der Berechnung eines Objekts optisch voneinander getrennt.*

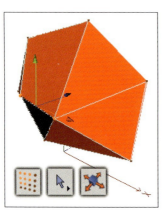
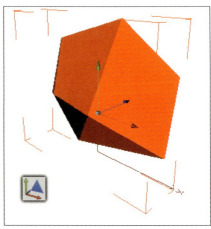

die Schattierung auf der Oberfläche verändert. Es entstehen hellere und dunklere Flächen, da sich die Normalen automatisch mit den Flächen bewegen und drehen.

Wenn Sie – wie in Abbildung 2.8 dargestellt – in den Modell-Modus schalten, werden die Punkte und Kanten ausgeblendet und Sie können die entstandene Schattierung noch besser beurteilen.

### Die Schattierung der Polygone

Sie erkennen, dass zwischen den Flächen recht harte Übergänge zwischen den unterschiedlichen Helligkeiten entstanden sind. Für mechanische Objekte mit harten Ecken und Kanten ist dies sicher nicht so störend, für organische Oberflächen ist diese Schattierung jedoch kaum zu gebrauchen.

Wir hatten zuvor schon mehrfach festgestellt, dass Rundungen nur durch eine höhere Anzahl vorwiegend kleiner Flächen umgesetzt werden können. Dies kann jedoch bei manuell erstellten Objekten wie diesem keine Lösung sein. Wohl niemand hat die Zeit und Motivation, Punkt für Punkt und Fläche für Fläche manuell zu erzeugen, um eine gekrümmte Oberfläche zu modellieren.

Für diese Zwecke gibt es eine elegantere Lösung, bei der noch nicht einmal die Anzahl der Flächen erhöht werden muss. Sie erinnern sich vielleicht noch, dass im Objekt-Manager auch ein Bereich für Objekt-Eigenschaften vorhanden war. Diese werden mit so genannten *Tags* abgerufen und zugewiesen. Eines dieser Tags kann die Normalen der Flächen an den

## 2.2 Punkte und Flächen selbst erzeugen

Abbildung 2.9:
Die Kanten zwischen Flächen können optisch mit einem Phong-Tag ausgeglichen werden.

Kanten zwischen den Flächen so manipulieren, dass eine kontinuierliche Schattierung der Oberfläche auch über die Kanten hinweg möglich wird.

Aktivieren Sie dazu das Polygon-Objekt im Objekte-Fenster, öffnen Sie das Kontext-Menü durch einen Rechts-Klick bzw. ⌘-Klick auf den Namen des Objekts und wählen Sie dort den Punkt NEUES TAG → PHONG-TAG. Es erscheint ein kleines Tag-Symbol hinter dem Objekt.

### Die Glättung begrenzen

Im Attribute-Manager wird zu diesem Tag eine zusätzliche Option angeboten. Ist dort WINKELBESCHRÄNKUNG aktiviert, wird nicht über jede Kante hinweg geglättet, sondern es kann ein Winkel in dem GLÄTTEN BIS-Feld eingegeben werden, bis zu dem Kanten noch geglättet werden. Tragen Sie dort also z. B. einen Winkel von 89,5° ein, werden alle Kanten und Flächen geglättet dargestellt, die in einem Winkel kleiner oder gleich 89,5° zueinander stehen. Sobald zwei Flächen einen spitzeren Winkel zueinander haben – z. B. eine 90°-Ecke –, wird dieser Bereich nicht geglättet und die Ecke bleibt hart sichtbar, so wie wir es bei unserem Objekt bislang beobachten konnten.

Wir können mit Hilfe dieses Tags also eine Menge an Arbeit und Arbeitsspeicher sparen, wenn wir es dort verwenden, wo Rundungen nicht unbedingt mit vielen Flächen dargestellt werden können.

Der wohl einzige Nachteil dieses Tags ist an den Kanten des Objekts sichtbar (siehe Abbildung 2.9). Die Übergänge zwischen den Flächen sind zwar organisch weich schattiert, die äußeren Ränder der Polygone bleiben jedoch bestehen und offenbaren damit, dass das Objekt tatsächlich nur aus wenigen Flächen besteht. Es gilt also, eine Kombination aus tatsächlich vorhandenen Flächen und durch das Phong-Tag vorgetäuschten Rundungen zu nutzen, um auch die Kontur eines Objekts gerundet darstellen zu können.

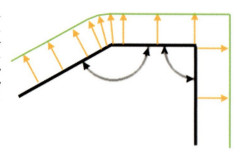

Abbildung 2.10:
Wird ein Grenzwinkel für das Phong-Tag vorgegeben, kann die optische Glättung begrenzt werden.

Die Abbildung 2.10 stellt nochmals schematisch das Prinzip der Phong-Rundung dar. Die Normalen werden auf den Kanten so ineinander überführt, dass der Eindruck einer durch mehrere Flächen gerundeten Struktur entsteht. Wird ein Grenzwinkel vorgegeben, wird bei Überschreitung dieses Winkels nicht mehr gerundet. Dies ist in der Darstellung am rechten Winkel der Fall.

## 2.3 Das HyperNURBS-Objekt

Wir haben im vergangenen Abschnitt gelernt, dass Rundungen zwar durch das Phong-Tag vorgetäuscht werden können, diese Illusion einer gerundeten Oberfläche jedoch nicht perfekt sein kann. Der Trick arbeitet schließlich nur mit der Veränderung der Schattierung auf der Oberfläche. Die Flächen treten an den Konturen des Objekts unverändert als gerade Kanten auf.

Mit der Hilfe des HyperNURBS-Objekts können wir jedoch selbst dies vermeiden, denn das HyperNURBS vermag Objekte tatsächlich zu glätten. Es werden also echte, zusätzliche Flächen erzeugt, um das Objekt zu runden.

Zur Demonstration benutze ich wieder das manuell erstellte Polygon-Objekt aus dem vergangenen Abschnitt. Rufen Sie zusätzlich ein HyperNURBS-Objekt aus dem NURBS-Icon-Menü ab. Wir hatten dieses Menü bereits bei der Besprechung der horizontalen Werkzeug-Palette angesprochen.

Ordnen Sie das Polygon-Objekt dem HyperNURBS im Objekt-Manager unter (siehe Abbildung 2.11). Sie werden augenblicklich bemerken, wie das Polygon-Objekt gerundet wird. Selbst die Außenkanten werden jetzt geglättet dargestellt.

## 2.3.1 HyperNURBS-Unterteilungen

Wie Sie bereits wissen, ist dies nur möglich, wenn zusätzliche Flächen verwendet werden. Genau dies ist die Aufgabe von HyperNURBS. Es erzeugt ein völlig neues Objekt, das die Form des untergeordneten Objekts als Referenz benutzt. Wenn Sie das HyperNURBS selektieren, können Sie im Attribute-Manager zwei Optionen erkennen, die ebenfalls im unteren Teil der Abbildung 2.11 festgehalten sind. Dort können Sie die Anzahl der neu generierten Flächen für die Darstellung des Objekts in den Editor-Ansichten und im berechneten Ergebnis separat vorgeben. Lassen Sie sich nicht von den niedrig erscheinenden Werten verunsichern.

Abbildung 2.11: Das HyperNURBS kann aus wenigen Flächen eine komplexe Struktur erzeugen, die auch die Kontur eines Objekts rundet.

*Unterteilungen wählen*

Die Basis dieser Werte ist eine Fläche. Ein Wert von »2« bedeutet also, dass jede vorgegebene Fläche im HyperNURBS-Objekt zwei Mal horizontal und zwei Mal vertikal unterteilt wird.

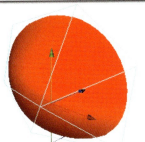

Ein einzelnes Polygon wird also bei dieser Einstellung zu neun neuen Flächen. Je nachdem wie viele Flächen Ihr Objekt hat, steigt die Anzahl der HyperNURBS-Flächen also sehr schnell an. Sie sollten deshalb nur in Extremfällen, wenn Sie z. B. sehr nahe an eine Kontur heranzoomen wollen, Werte größer als drei oder vier benutzen.

Durch die Unterscheidung in UNTERTEILUNG EDITOR und UNTERTEILUNG RENDERER können Sie in den Editor-Ansichten eine geringere Unterteilung wählen, um weiterhin möglichst flüssig in den Ansichten arbeiten zu können. Bei der Berechnung des Bildes – also dem *Rendern* – wird dann automatisch die Unterteilung der Rendern-Einstellung benutzt.

*Phong-Tag und HyperNURBS kombinieren*

Beachten Sie, dass selbst bei einer derart gestiegenen Anzahl an Flächen noch immer ein Phong-Tag für die Glättung der Schattierung benötigt

*Abbildung 2.12: Das Prinzip des HyperNURBS basiert auf den Tangenten zwischen gesetzten Punkten. Sind mehrere Punkte und Flächen vorhanden, schmiegt sich das HyperNURBS mehr der vorgegebenen Struktur an, als wenn nur wenige Punkte und Flächen vorhanden sind.*

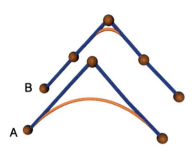

wird. Sie können den Unterschied selbst einmal begutachten, wenn Sie das Phong-Tag durch einmaliges Anklicken und durch Betätigen der Rückschritt- oder Löschen-Taste Ihrer Tastatur entfernen.

Die Abbildung 2.12 verdeutlicht, was überhaupt bei der Benutzung eines HyperNURBS-Objekts passiert. Die blauen Strukturen sind Kanten und die braunen Kugeln sollen Punkte darstellen.

Wie Sie in der Abbildung erkennen können, schmiegt sich das rötliche HyperNURBS umso stärker an die vorgegebenen Kanten, je mehr Punkte und Kanten vorhanden sind. Die Konsequenz daraus ist also, dass dort die Übergänge in der Oberfläche am weichsten dargestellt werden, wo weniger Flächen verwendet wurden. Bereiche mit vielen Flächen ziehen das HyperNURBS stärker an und lassen die Oberfläche dort weniger gerundet erscheinen.

### 2.3.2 HyperNURBS wichten

Nun wäre es jedoch recht kontraproduktiv, ein Objekt aus relativ wenigen Flächen zu konstruieren und diese Flächen-Dichte dann wieder erhöhen zu müssen, nur weil in bestimmten Bereichen die vorgegebene Form exakter abgebildet werden soll. Der Hauptvorteil des HyperNURBS ist schließlich, eine gerundete Fläche bereits aus sehr wenigen Polygonen erzeugen zu können.

Um die organisch weichen Übergänge zwischen den Flächen ebenso umsetzen zu können wie härtere bzw. betontere Kanten und Ecken, gibt es in CINEMA 4D die *Wichtung*-Funktion für HyperNURBS.

Darunter kann man sich eine Art Magnetismus zwischen Punkten, Kanten und Polygonen einerseits und HyperNURBS-Flächen andererseits vorstellen. Je nachdem wie stark dieser Magnetismus ist, wird das HyperNURBS in dem Bereich stärker angezogen oder sogar abgestoßen.

Die Abbildung 2.13 zeigt exemplarisch an dem bekannten Polygon-Objekt, wie eine starke Anziehung zwischen den Kanten des Polygon-Objekts und dem HyperNURBS aussehen könnte. Das HyperNURBS entspricht fast den wenigen Flächen des Ausgangsobjekts.

Wichtungen können separat für jedes Element eines Polygon-Objekts eingestellt werden, Sie können also Punkte und Kanten separat wichten. Wenn Sie Polygone wichten, entspricht das Ergebnis dem, als wenn Sie Punkte und Kanten einer Fläche zusammen gewichtet hätten.

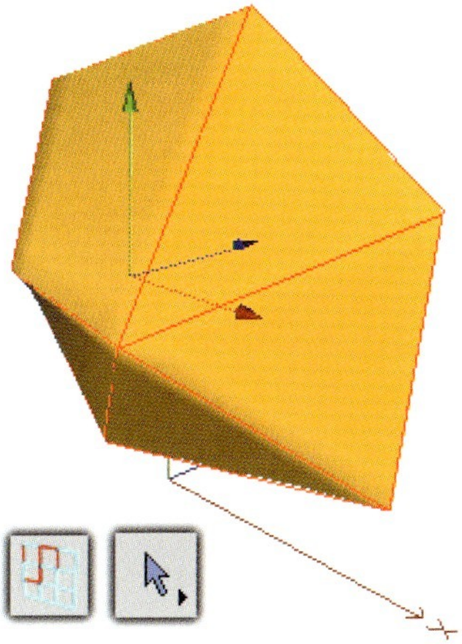

*Abbildung 2.13: Durch Wichtung von Elementen im HyperNURBS können auch härtere Kanten erzeugt werden, wenn nur wenige Elemente vorhanden sind.*

*Arbeitsabläufe beim Wichten*

Sie gehen, um bei dem Beispiel einer Kanten-Wichtung aus Abbildung 2.13 zu bleiben, dabei so vor, dass Sie das Polygon-Objekt unter dem HyperNURBS auswählen und dann in den Modus wechseln, dessen Elemente Sie wichten wollen. In diesem Fall wählen Sie also den Kanten-Modus. Benutzen Sie eine beliebige Selektionsmethode, um alle Kanten zu selektieren, deren Wichtung Sie verändern wollen. Sollen alle Kanten – wie in diesem Beispiel – gewichtet werden, können Sie auch im SELEKTION-Menü von CINEMA 4D den Eintrag ALLES SELEKTIEREN auswählen.

Halten Sie nun die .-Taste (Punkt) auf Ihrer Tastatur gedrückt und bewegen Sie die Maus mit gehaltener Maustaste nach links und nach rechts. Sie werden beobachten können, wie das HyperNURBS von den veränderten Wichtungen mehr oder weniger stark angezogen wird.

Sobald Sie die Maustaste lösen, bleibt der Zustand des HyperNURBS stabil und die selektierten Elemente des Polygon-Objekts bekommen – für Sie unsichtbar – die eingestellte Wichtung zugewiesen. Hinter dem Polygon-Objekt erscheint im Objekt-Manager ein neues Tag, auf das wir etwas später in diesem Abschnitt noch zu sprechen kommen. Dort werden die Wichtungen aller Elemente gespeichert.

**Punkte wichten**

Es lassen sich mit dieser Technik noch weitere Effekte erzielen, die ich Ihnen an einem Würfel demonstrieren möchte. Unser Polygon-Objekt hat also ausgedient. Löschen Sie dies aus dem HyperNURBS und rufen Sie ein Würfel-Grundobjekt auf. Konvertieren Sie dies, ohne weitere Veränderungen an dessen Parameter durchzuführen, und ordnen Sie es dem HyperNURBS unter. Wenn Sie möchten, können Sie dem Würfel eine

Abbildung 2.14:
Das Wichten eines
Punktes formt eine
Spitze im
HyperNURBS.

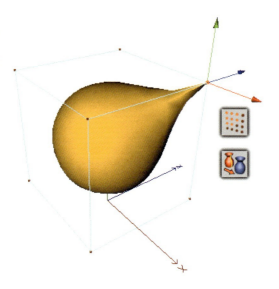

andere Farbe im Attribute-Manager geben. Wie Sie den folgenden Abbildungen entnehmen können, habe ich meinen Würfel gelblich eingefärbt. Die Farbe des untergeordneten Polygon-Objekts geht dabei automatisch auf das HyperNURBS über.

Selektieren Sie im Punkte-Modus einen Eckpunkt des Würfels und halten Sie die ⌘-Taste zusammen mit der Maustaste gedrückt, während Sie die Maus nach rechts verschieben. Mit der maximalen Wichtung des selektierten Punktes erhalten Sie eine scharfe Spitze am HyperNURBS, die an dem selektierten Eckpunkt endet (siehe Abbildung 2.14). Das HyperNURBS bleibt also unter allen Umständen innerhalb des Polygon-Objekts. Der Umkehrschluss bedeutet daher, dass ein HyperNURBS-Objekt immer etwas kleiner als das Ausgangsobjekt ist. Sie müssen darauf also schon bei der Erstellung des Polygon-Objekts achten.

Wiederholen Sie das Halten von ⌘ und Maustaste bei gleichzeitiger Mausbewegung nach links, um das HyperNURBS schließlich wieder in seine ursprüngliche Kugelform zu bringen. Es scheint also so, dass wir nur zwischen den Wichtungen 0% und 100% wählen können. Wie diese Grenzen verändert werden können, wird etwas später in diesem Abschnitt erläutert.

Zuvor möchte ich noch die verbleibenden Wichtungs-Möglichkeiten mit Ihnen durchgehen.

## 2.3 Das HyperNURBS-Objekt

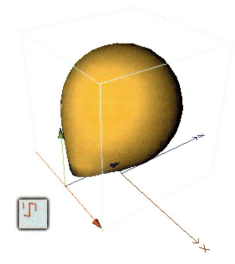

Abbildung 2.15:
Das Wichten einer Kante formt eine weichere Auswölbung im HyperNURBS.

### Kanten wichten

Haben wir gerade noch einen Punkt gewichtet, so lässt sich dies ebenso mit einer Kante durchführen. Wechseln Sie dazu in den Kanten-Modus, selektieren Sie eine Kante wie in Abbildung 2.15 gezeigt. Beeinflussen Sie das HyperNURBS wieder mit der ⌘-Taste und der Mausbewegung.

Dieses Beispiel zeigt, dass eine Kanten-Wichtung weniger spitze Strukturen erzeugt als eine Punkt-Wichtung. Es bildet sich mehr eine »Nase« als ein »Dorn«.

Nachdem Sie damit etwas experimentiert haben, belassen Sie die Wichtung der Kante auf 100%, also auf der maximal erzielbaren Auslenkung des HyperNURBS.

### Punkte und Kanten wichten

Bei HyperNURBS-Wichtungen lassen sich Wichtungen von Punkten und Kanten auch kombinieren. Dadurch können komplette Flächen-Kanten gewichtet werden – eine Kante besteht schließlich aus zwei Punkten und einer Verbindungslinie dazwischen.

Kehren Sie also abermals in den Punkte-Modus zurück und wählen Sie die beiden Eckpunkte der bereits maximal gewichteten Kante aus. Erhöhen Sie die Wichtung der beiden Punkte auf den maximal möglichen Wert. Es sollte sich Ihnen ein Resultat wie in Abbildung 2.16 zeigen.

Abbildung 2.16:
Werden Punkte
und Kanten gleichzeitig gewichtet,
kann sich das
HyperNURBS der
Kante komplett
anpassen.

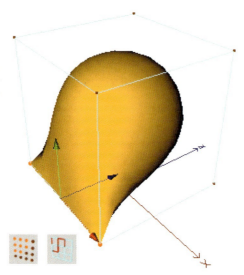

Als Zusatzfunktion ist die gleichzeitige Wichtung von Punkten und Kanten möglich, wenn statt der linken Maustaste die rechte benutzt wird (bzw. die ⌘-Taste zusätzlich zur ⌡- und Maustaste).

Ist eine Kante selektiert, werden dann bei der Wichtung gleichzeitig alle Punkte mitgewichtet, die Bestandteil dieser Kante sind. Das Ergebnis bei 100% Wichtung ist dann mit dem aus Abbildung 2.16 identisch, obwohl nur einmal gewichtet wurde.

Das HyperNURBS schmiegt sich vollkommen an die gesamte Kante an.

Machen Sie die Wichtung der Punkte wieder ungeschehen und kehren Sie in den Kanten-Modus zurück. Selektieren Sie die übrigen drei – noch ungewichteten – Kanten der Fläche, und wichten Sie diese maximal. Es entsteht ein Kreis, der in der Ebene der von den Kanten eingerahmten Fläche liegt (siehe Abbildung 2.17).

Wenn Sie nun an den Effekt einer Eckpunkt-Wichtung von Kanten zurückdenken, dann haben Sie also zwei Extreme, wie die Fläche eines viereckigen Polygons im HyperNURBS interpretiert werden kann: entweder als Kreisfläche oder – wenn zusätzlich zu den vier Kanten auch die vier Punkte gewichtet wurden – als Viereck.

Die Abbildung 2.18 deutet dies am unteren Rand an. Dort hat sich eine viereckige Fläche gebildet, während im oberen Teil nur die Kanten gewichtet wurden und ein Halbkreis entsteht.

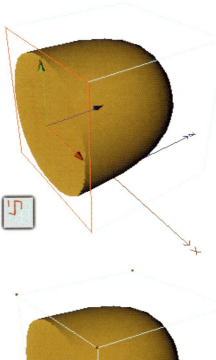

*Abbildung 2.17:
Das Wichten aller
vier Kanten einer
Fläche formt einen
Kreis.*

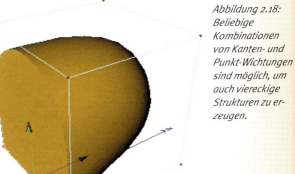

*Abbildung 2.18:
Beliebige
Kombinationen
von Kanten- und
Punkt-Wichtungen
sind möglich, um
auch viereckige
Strukturen zu erzeugen.*

**Polygone wichten**

Eine letzte Möglichkeit ist das Wichten kompletter Polygone. Sie gehen dabei exakt wie beim Wichten von Punkten oder Kanten vor. Wechseln Sie in den Polygon-Modus, selektieren Sie die Polygone, die Sie wichten möchten, und benutzen Sie die bekannte Tastenkombination zum interaktiven Wichten der selektierten Elemente.

*Abbildung 2.19: Das Wichten eines Polygons entspricht dem gleichzeitigen Wichten aller beteiligten Punkte und Kanten.*

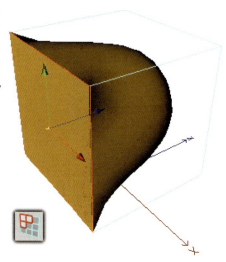

Das Wichten von Polygonen hat exakt das gleiche Resultat, als würden Sie alle an dem Polygon beteiligten Kanten und Punkte gleichzeitig wichten. Dies bedeutet, dass nach der Wichtung des Polygons alle beteiligten Punkte und Kanten die gleiche Wichtungsstärke haben (siehe Abbildung 2.19).

### Wichtungs-Grenzen vorgeben

Wie Sie sicher auch selbst festgestellt haben, lassen sich nur Wichtungen zwischen 0% (der Standardzustand des HyperNURBS) und 100% (die maximale Anziehungskraft zwischen gewichtetem Element und HyperNURBS) einstellen. Dies mag in nahezu allen Fällen auch ausreichend sein.

Wenn Sie jedoch einmal bei aktiver Live-Selektion einen Blick in den Werkzeug-Manager werfen, entdecken Sie dort im unteren Teil Parameter für die HyperNURBS-Wichtung (siehe Abbildung 2.20).

Dort sind standardmäßig exakt die Grenzwerte 0% und 100% eingetragen, die wir auch schon in der praktischen Ausführung ermittelt hatten (INTERAKTIVES MIN. und INTERAKTIVES MAX.). Die 100% für den maximalen Wert lassen sich zwar nicht weiter erhöhen, aber die 0% für die minimale Wichtung lassen sich auch in den negativen Bereich verlegen. So können Sie dort z. B. -100% für INTERAKTIVES MIN. eintragen, um bei einer Mausbewegung nach links das HyperNURBS sogar über den ursprünglichen Betrag hinaus abzustoßen.

Wie Sie in der Abbildung 2.20 erkennen können, können dadurch Beulen in das HyperNURBS gedrückt werden.

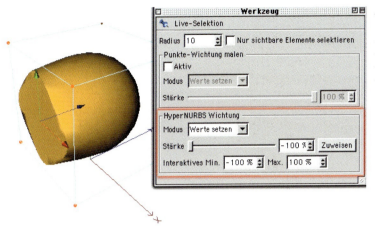

Abbildung 2.20: Wichtungen können auch negativ sein, um das HyperNURBS abzustoßen.

*Wichtungen numerisch eingeben*

Neben der interaktiven Wichtung, die wir bislang über die Punkt-Taste ausgelöst hatten, können selektierte Elemente auch direkt über das Werkzeug-Fenster gewichtet werden. Dies ist z. B. sehr hilfreich, wenn Sie Elemente exakt auf einen bestimmten Wert einstellen möchten.

Dafür stehen Ihnen bei aktiver Live-Selektion im Werkzeug-Manager mehrere Betriebsarten im Modus-Menü zu Wahl. Sie können dort Werte absolut setzen (Werte setzen) sowie Werte abziehen oder addieren.

Wählen Sie die gewünschten Elemente am Objekt aus, aktivieren Sie z. B. den Werte setzen-Modus und verschieben Sie den »Stärke«-Schieber auf den gewünschten Wert. Dieser Schieber lässt sich zwischen den vorgegebenen Grenzwerten frei einstellen. Achten Sie also ggf. auf die Minimal- und Maximal-Werte, wenn Sie den gewünschten Wert über den »Stärke«-Schieber nicht auswählen können.

Danach betätigen Sie die »Zuweisen«-Schaltfläche und die eingestellte Wichtungs-Stärke wird auf die selektierten Elemente übertragen. Dies ist natürlich weniger intuitiv, aber dafür sehr exakt, wenn Sie z. B. immer exakt die gleiche Kanten-Abrundung an verschiedenen Objekten benötigen.

## Das HyperNURBS-Wichtungs-Tag

Ich bin bereits kurz darauf eingegangen, dass schon nach der ersten Wichtung eines Elements ein neues Tag-Symbol hinter dem gewichteten Polygon-Objekt im Objekt-Manager erscheint.

*Abbildung 2.21:
Das HyperNURBS-
Wichtungs-Tag
kann die
Unterteilung des
Objekts individuell
steuern.*

In diesem Tag werden die Wichtungen der Punkte und Kanten gespeichert. Als funktionellen Bonus können Sie – das Tag muss dafür durch einmaliges Anklicken aktiviert sein – im Attribute-Manager zusätzlich die HyperNURBS-Unterteilung für den Editor und das Rendern des Objekts verändern (siehe Abbildung 2.21).

Welchen Sinn macht dies? Man könnte doch direkt andere Werte im HyperNURBS eintragen.

Nun, sofern Sie nur ein einziges Polygon-Objekt unter einem HyperNURBS eingeordnet haben, stimmt dies natürlich. HyperNURBS können jedoch mehrere Objekte gleichzeitig glätten, sofern diese hierarchisch geordnet sind. Es wird dabei immer das oberste Objekt unter dem HyperNURBS komplett geglättet, d. h. auch unter diesem Objekt – das auch ein Null-Objekt sein kann – eingeordnete Objekte werden mit geglättet.

Auf diese Weise lassen sich auch komplexe Objekte, die aus mehreren Teilen bestehen, mit einem einzigen HyperNURBS glätten.

In diesem Zusammenhang macht das HyperNURBS-Wichtungs-Tag dann Sinn, denn es erlaubt das unterschiedlich starke Unterteilen eines jeden Objekts, das von dem HyperNURBS geglättet wird.

Um das beliebte Beispiel des Autos zu benutzen, dessen Einzelteile in einem Null-Objekt gruppiert sind, kann dort also die Motorhaube dreimal unterteilt werden und das versteckt angebrachte Objekt einer Schraube in der Beifahrertüre benötigt gar keine Unterteilung. In diesem Fall bekommt das Objekt der Schraube den Wert »0« für die Unterteilung beim Rendern und im Editor, um das HyperNURBS für dieses Objekt komplett zu deaktivieren.

*Wichtungs-Tags manuell erzeugen*

Sie müssen die HyperNURBS-Wichtungs-Tags nicht jedes Mal durch Anlegen einer Wichtung für das Objekt erzeugen, sondern können das Tag auch separat aus dem Kontext-Menü abrufen, wenn Sie die Unterteilung eines Objekts individuell und unabhängig von den Einstellungen des HyperNURBS vorgeben möchten.

Abschließend zu dem Themenkomplex *HyperNURBS* sehen Sie in Abbildung 2.22, dass ein HyperNURBS tatsächlich neue Flächen generiert, um ein Objekt zu runden. Um auf diese generierten Flächen und Punkte direkt zugreifen zu können, muss ein HyperNURBS – wie die übrigen parametrischen Objekte auch – zuerst konvertiert werden. Sie selektieren dazu das HyperNURBS-Objekt (also nicht das Polygon-Unterobjekt) und führen die bekannte KONVERTIEREN-Funktion aus.

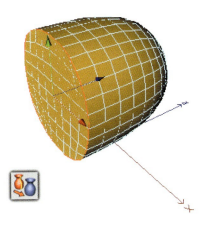

*Abbildung 2.22: Nach der Konvertierung werden die Flächen des HyperNURBS sichtbar.*

Wie bei den parametrischen Grundobjekten auch, verliert das HyperNURBS dadurch jedoch alle interaktiven Fähigkeiten. Somit lassen sich nach dieser Konvertierung keine Wichtungen mehr verändern oder die Unterteilungen für den Editor und das Rendern getrennt voneinander vorgeben. Das HyperNURBS übernimmt bei seiner Konvertierung die Unterteilungs-Einstellungen für die Editor-Darstellung.

## 2.4 Polygon-Modellierung

Wir haben gerade die faszinierenden Möglichkeiten des HyperNURBS-Objekts kennen gelernt, mit deren Hilfe selbst einfachste Objekte ansehnlich gerundet werden können. Mit dem Wichtungs-Werkzeug kann individuell auf das HyperNURBS eingewirkt werden.

Ausgangspunkt für die Manipulationen bleibt jedoch immer ein einfaches Polygon-Objekt, das zuerst erstellt werden muss. Man kann dabei auf fertige Grundobjekte zurückgreifen, die dann konvertiert werden, oder selbst Punkte und Flächen setzen. Komplexere oder individuellere Formen, die von den Grundobjekten abweichen, müssten jedoch noch immer mühsam manuell erstellt werden.

Für solche Zwecke gibt es die so genannten *Polygon-Werkzeuge*, die allesamt im STRUKTUR-Menü von CINEMA 4D zu finden sind. Mit deren Unterstützung lassen sich nahezu beliebige Formen aus einfachen Grundkörpern – wie einem Würfel – entwickeln.

Abbildung 2.23:
Das Ausgangsobjekt für die folgenden Werkzeug-Demonstrationen ist ein konvertierter Würfel.

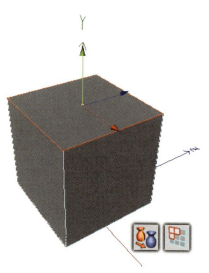

In diesem Abschnitt möchte ich Ihnen an kurzen Beispielen die wichtigsten dieser Polygon-Werkzeuge vorstellen.

Ausgangspunkt für diese Demonstrationen ist ein einfacher Würfel, der als Grundobjekt abgerufen und unverändert konvertiert wurde. Wie der Sammelbegriff *Polygon-Werkzeuge* schon beinhaltet, arbeiten die folgenden Werkzeuge – mit wenigen Ausnahmen – nur mit Polygonen zusammen. Wechseln Sie also in den Polygon-Modus und selektieren Sie z. B. die obere Deckfläche des Würfels, wie in Abbildung 2.23 zu sehen.

## 2.4.1 Das »Bevel«-Werkzeug

Rufen Sie das *Bevel*-Werkzeug im STRUKTUR-Menü auf und verschieben Sie dann den Mauszeiger in eine Editor-Ansicht. Theoretisch können Sie dafür eine beliebige Ansicht wählen, die Ansicht von oben ist jedoch eher ungeeignet, da Sie dort Verschiebungen der selektierten Fläche nach oben oder unten nicht erkennen können.

Halten Sie jetzt die Maustaste gedrückt, während Sie die Maus nach links und rechts bewegen. Sie werden erkennen können, wie sich die selektierte Deckfläche von ihrer ursprünglichen Position entfernt und – abhängig von der Bewegung des Mauszeigers – gleichzeitig an Größe ab- oder zunimmt. Es entstehen an den Rändern der Fläche neue Polygone, die eine Fase (englisch: *Bevel*) am Rand bilden.

Die Verschiebung der selektierten Fläche steht im direkten Zusammenhang zu der Skalierung der Fläche. Es entstehen daher immer Fasen, die einen Winkel von 45° gegenüber den ursprünglichen Flächen aufweisen.

Sobald Sie die Maustaste lösen, bleibt die Fläche in ihrer neuen Position fixiert. Beachten Sie, dass das »Bevel«-Werkzeug weiterhin aktiv ist. Sie können also erneut die Maustaste gedrückt halten und die weiterhin

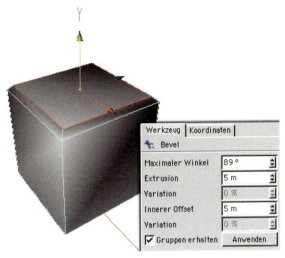

*Abbildung 2.24: Das »Bevel«-Werkzeug extrudiert und verkleinert die selektierten Flächen. Eine Fase entsteht.*

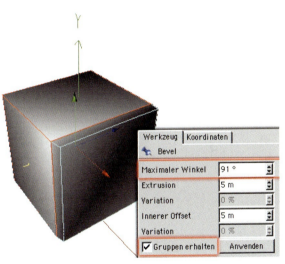

*Abbildung 2.25: Mit aktiver GRUPPEN ERHALTEN-Funktion können auch mehrere Flächen gleichzeitig bearbeitet werden.*

selektierte Fläche erneut beeinflussen. Das Werkzeug wird erst durch die Auswahl eines anderen Werkzeugs wieder deaktiviert.

Neben der interaktiven Arbeit mit diesem Werkzeug können Sie Werte auch numerisch im Werkzeug-Manager eingeben (siehe Abbildung 2.24). Mit EXTRUSION ist die senkrechte Entfernung zwischen alter und neuer Fläche gemeint. INNERER OFFSET beschreibt die Verkleinerung (oder auch die Vergrößerung, da auch negative Werte erlaubt sind) der Fläche.

Sind mehrere Flächen gleichzeitig selektiert, kann mit aktiver GRUPPEN ERHALTEN-Option vorgegeben werden, dass diese Flächen – sollten sie zueinander nicht steiler als MAXIMALER WINKEL stehen – zusammenhängend behandelt werden. Kanten zwischen selektierten Flächen bleiben dann bestehen (siehe Abbildung 2.25).

Eher weniger interessant sind die VARIATION-Werte, die bei mehreren Flächen eine prozentuale Abweichung von den vorgegebenen Werten berechnen. Damit können Sie eher zufällig erscheinende Strukturen erzeugen.

Ein Klick auf die ANWENDEN-Schaltfläche löst die Berechnung mit den eingestellten Werten aus.

## 2.4.2 Das »Brücke«-Werkzeug

Um das nächste Werkzeug erläutern zu können, muss etwas Vorarbeit geleistet werden. Nehmen Sie daher die letzten Arbeitsschritte mit dem *Rückschritt*-Icon wieder zurück, bis der ursprüngliche Polygon-Würfel vor Ihnen steht.

*Objekte duplizieren*

Duplizieren Sie nun den Würfel. Sie haben dafür zwei Optionen:

- Selektieren Sie den Würfel im Objekt-Manager und wählen Sie nacheinander die Befehle KOPIEREN und EINFÜGEN im BEARBEITEN-Menü des Objekte-Fensters. Das eingefügte Objekt erscheint als erster Eintrag im Objekt-Manager.

- Bewegen Sie den Mauszeiger auf den Namen des Würfels, und halten Sie dann die Strg-/Ctrl-Taste gleichzeitig mit der Maustaste gedrückt. Verschieben Sie den Mauszeiger mit weiterhin gehaltenen Tasten an eine leere Stelle über dem Namen des ursprünglichen Würfels und lösen Sie dann die Maustaste. Eine Kopie ist entstanden.

Verschieben Sie einen der beiden Würfel so entlang der Welt-Y-Achse, dass zwischen beiden Würfeln eine Lücke klafft.

*Objekte verbinden*

Selektieren Sie nun beide Würfel im Objekt-Manager mit Shift-Klicks (die Objekt-Namen werden als Bestätigung in roter Farbe dargestellt) und wählen Sie dann im FUNKTIONEN-Menü von CINEMA 4D den Befehl VERBINDEN aus.

Im Objekte-Fenster erscheint als oberster Eintrag ein neues Objekt, das jetzt die beiden Würfel in sich vereint. In Abbildung 2.26 habe ich die letzten beiden Schritte dokumentiert. Die Objekte sind dort von mir zur leichteren Orientierung leicht umbenannt worden (Doppelklicken Sie auf die Namen von Objekten, um eigene Namen vorgeben zu können, oder benutzen Sie dafür das Eingabefeld auf der *Basis*-Seite im Attribute-Manager).

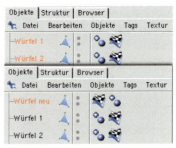

Abbildung 2.26: Separate Objekte des gleichen Typs lassen sich zu einem einzigen Objekt verbinden.

Löschen Sie die Kopie des Würfels und machen Sie den ursprünglichen Würfel durch das zweimalige Anklicken des oberen Sichtbarkeits-Punktes – dieser Punkt wird dann in roter Färbung dargestellt – unsichtbar in den Editor-Ansichten. Es bleibt also nur das Objekt sichtbar, das durch die Verbindung aus den beiden Würfeln entstanden ist.

Selektieren Sie jetzt die obere Fläche des unteren Würfels und die untere Fläche des oberen Würfels. Dafür wird es notwendig sein, in der perspektivischen Kamera-Ansicht zu arbeiten. Rotieren Sie die Ansicht so, dass Sie zuerst den unteren Würfel gut einsehen können. Selektieren Sie dort die bezeichnete Fläche, rotieren Sie dann in eine geeignete Position für die Selektion am oberen Würfel, halten Sie die [Shift]-Taste gedrückt, um der vorhandenen Selektion diese Fläche hinzuzufügen, und wählen Sie das Boden-Polygon des oberen Würfels aus.

Achten Sie bei Benutzung des Selektions-Werkzeugs – es bietet sich hier die Live-Selektion an – darauf, dass im Werkzeug-Fenster NUR SICHTBARE ELEMENTE SELEKTIEREN aktiviert ist. Ansonsten würden auch die Flächen an der Rückseite der Würfel mit ausgewählt.

Die Abbildung 2.27 zeigt Ihnen auf der linken Seite das Resultat dieser Selektionen.

### Objekt-Flächen miteinander verbinden

Wählen Sie nun das BRÜCKE-Werkzeug aus dem STRUKTUR-Menü und klicken Sie danach mit dem Mauszeiger auf eine der Ecken des oberen Würfels. Halten Sie die Maustaste gedrückt und ziehen Sie die Maus in Richtung des unteren Würfels. Sie sollten dabei eine Linie erkennen können, die sich zwischen den selektierten Flächen spannt. Bewegen Sie den Mauszeiger zu der Ecke am unteren Würfel, die der Ecke am oberen Würfel gegenüberliegt (siehe Abbildung 2.27 links).

**Objekte erzeugen**

*Abbildung 2.27: Das Brücke-Werkzeug vermag Verbindungsflächen zwischen selektierten Polygonen zu erstellen.*

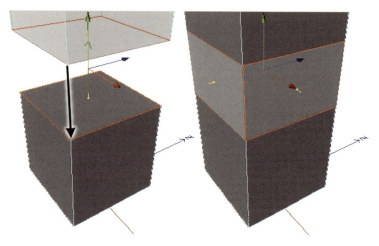

Lösen Sie schließlich die Maustaste, wenn das untere Ende der Verbindungslinie am gewünschten Eckpunkt eingerastet ist. Es sollten sich neue Flächen wie im rechten Teil der Abbildung 2.27 bilden.

Mit dem »Brücke«-Werkzeug können Sie also Flächen – dieses Prinzip funktioniert übrigens auch, wenn mehrere Flächen selektiert sind – miteinander verbinden. Die ursprünglich selektierten Flächen werden dabei gelöscht. Voraussetzung ist, dass die zu verbindenden Flächen alle im gleichen Objekt liegen. Deswegen mussten wir zuvor die Objekte zu einem Objekt verbinden.

### 2.4.3 Das »Extrudieren«-Werkzeug

Für die Demonstration des »Extrudieren«-Werkzeugs starten wir wieder mit einem einfachen Würfel. Sie können daher das mit dem Brücke-Werkzeug erstellte Objekt aus dem vergangenen Abschnitt löschen und den unsichtbaren Würfel mit einem Klick auf den oberen Sichtbarkeits-Punkt – dieser sollte dann grau sein – wieder sichtbar machen. Ansonsten können Sie natürlich auch einen neuen Würfel als Grundobjekt abrufen und diesen konvertieren.

Selektieren Sie im Polygon-Modus die obere Deckfläche und wählen Sie das EXTRUDIEREN-Werkzeug aus dem STRUKTUR-Menü aus. Mit gehaltener Maustaste können Sie nun durch Rechts-/Links-Bewegungen des Mauszeigers in den Editor-Ansichten die selektierte Fläche entlang der Normalen der Fläche verschieben. Sie erinnern sich, dass die Normale einer Fläche ein senkrecht auf der Fläche stehender Vektor war.

## 2.4 Polygon-Modellierung

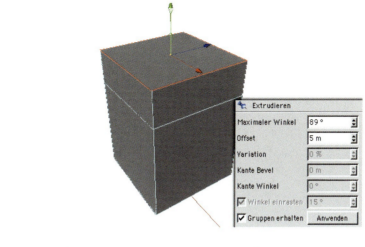

Abbildung 2.28: Das Extrudieren einer Fläche verlängert die vorhandene Struktur.

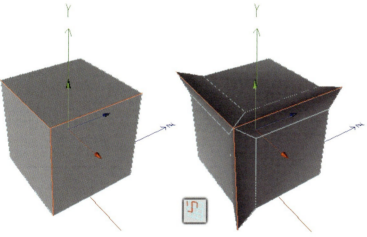

Abbildung 2.29: Nicht nur Polygone, sondern auch Kanten lassen sich extrudieren.

An den Rändern der extrudierten Fläche entstehen neue Polygone, die die verschobene Fläche mit den alten Nachbar-Flächen verbinden. Auch hier können Sie alternativ den Wert OFFSET für die Entfernung der neuen Fläche von der ursprünglichen und die Option GRUPPEN ERHALTEN in Verbindung mit MAXIMALER WINKEL im Werkzeug-Fenster benutzen, wenn Sie die Eingabe numerischer Werte bevorzugen (siehe Abbildung 2.28).

Die übrigen, noch ausgegrauten Optionen sind nur in Verbindung mit Kanten interessant. Dieses Werkzeug ist nämlich eine der wenigen Ausnahmen an *Polygon*-Werkzeugen, die auch mit Kanten umgehen können. Wechseln Sie also in den Kanten-Modus und wählen Sie einige Kanten aus (siehe Abbildung 2.29).

Abbildung 2.30:
Extrudierte Kanten
an offenen Rändern vergrößern
die Oberfläche.

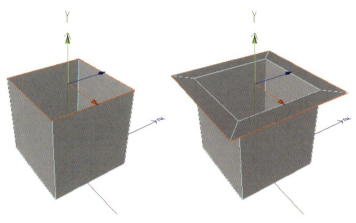

Sie können diese nun nach dem gleichen Prinzip extrudieren, wie zuvor die Flächen (siehe Abbildung 2.29 rechts).

*Tastenkombinationen*

Es gibt dabei jedoch noch die Option, über die zusätzlich gehaltene [Shift]-Taste das Verschieben der Kanten-Abfasung in die Objekt-Flächen hinein zu unterdrücken. Die selektierten Kanten werden dann ohne sichtbare Veränderungen am übrigen Objekt extrudiert. Dieser Modus erzeugt jedoch doppelte Flächen zwischen ursprünglichen und extrudierten Kanten, die zu Darstellungsproblemen führen können. In solchen Fällen sollten Sie jeweils eine dieser doppelten Flächen löschen.

Werden Kanten an einem offenen Rand eines Objekts mit der [Shift]-Taste extrudiert – in Abbildung 2.30 habe ich einfach die Deckfläche eines Würfels gelöscht –, gibt es dieses Problem nicht.

Wird statt der [Shift]- die [Alt]-Taste gehalten und nach der Extrudierung der Kanten wieder gelöst – die Maustaste muss weiterhin gedrückt bleiben –, kann die extrudierte Kante um die ursprüngliche Kante rotiert werden, um einen Winkel einzustellen.

Bei »[Alt]-Extrudierungen« wird die extrudierte Fläche zudem in dem eingestellten KANTE WINKEL angelegt.

Ansonsten lassen sich über die Werte im Werkzeug-Fenster auch feste Entfernungen für die Extrudierung und Winkel für die Richtung der Kanten-Verschiebung vorgeben.

## 2.4.4 Das »Innen-extrudieren«-Werkzeug

Im Gegensatz zum Extrudieren-Werkzeug werden die selektierten Flächen hier nicht entlang der Normalen verschoben, sondern senkrecht dazu (siehe Abbildung 2.31). Die neuen Flächen entstehen also entweder innerhalb oder außerhalb der ursprünglichen Fläche. Dies hängt von der Richtung der Mausbewegung bzw. dem Vorzeichen des OFFSET-Wertes im Werkzeug-Manager ab.

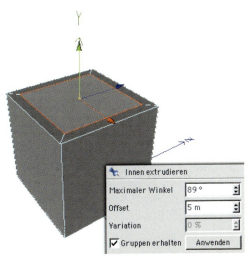

Abbildung 2.31: Flächen können nach innen extrudiert werden, um den Querschnitt des Objekts zu ' verändern oder um innerhalb einer Fläche neue Polygone zu erzeugen.

Dies lässt sich hervorragend dazu benutzen, um eine Fläche feiner zu unterteilen oder um – als Vorbereitung für das »Extrudieren«-Werkzeug – eine kleinere Ausgangsfläche zu erzeugen.

Auch hier kann gleichzeitig mit mehreren selektierten Flächen gearbeitet werden, wenn die GRUPPEN ERHALTEN-Option aktiv ist. Über den mittlerweile bekannten Grenzwinkel MAXIMALER WINKEL kann das Verhalten der Flächen an den Kanten bestimmt werden.

INNEN EXTRUDIEREN funktioniert nur mit Flächen.

## 2.4.5 Das »Messer«-Werkzeug

Oft steht man vor der Aufgabe, dass man neue Flächen oder Kanten benötigt, ohne die bereits vorhandene Form des Objekts verändern zu wollen. Für solche Fälle gibt es das MESSER-Werkzeug, mit dem Objekte durchschnitten werden können. Entlang der Schnittlinie entstehen neue Kanten und Punkte und die vorhandenen Flächen werden entsprechend der Schnittführung geteilt.

Das Werkzeug kennt nur eine zusätzliche Option, nämlich ob ein Schnitt auf eine vorhandene Flächen-Selektion begrenzt werden soll oder nicht.

*Abbildung 2.32:
Messer-Schnitte
sollten immer
außerhalb eines
Objekts beginnen
und auch außerhalb des Objekts
enden, damit keine zusätzlichen
Flächen entstehen.*

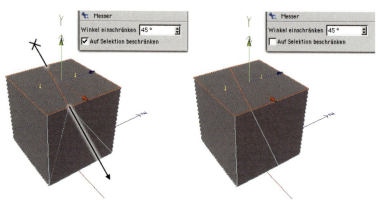

Die Abbildung 2.32 stellt beide Arten nebeneinander dar. Links sehen Sie das Resultat eines Messer-Schnitts, wobei dieser auf die selektierte obere Deckfläche begrenzt wurde (die Option AUF SELEKTION BESCHRÄNKEN ist aktiviert). Auf der rechte Seite der Abbildung sehen Sie exakt den gleichen Schnitt, jedoch ohne die Beschränkung auf die Selektion.

Die Bedienung dieses Werkzeugs ist nur mit der Maus möglich. Wählen Sie zuerst den Modus im Werkzeug-Manager aus, also ob mit oder ohne Beschränkung auf Selektionen geschnitten werden soll, und ziehen Sie dann mit gehaltener Maustaste eine Schnittlinie durch das Objekt.

 Sie sollten dabei darauf achten, dass sowohl der Startpunkt dieser Schnittführung als auch die Position, bei der Sie die Maustaste wieder lösen und somit den Schnitt auslösen, außerhalb des Objekts liegen.

Die Abbildung 2.32 deutet dies auf der linken Seite mit dem schwarzen Pfeil an. Dort sehen Sie auch den Unterschied zwischen den beiden Modi dieses Werkzeugs besonders deutlich. Bei der Beschränkung auf die vorhandene Selektion werden an den Rändern der selektierten Flächen neue Punkte erzeugt, die mit den umliegenden Flächen nicht übereinstimmen.

Sie erinnern sich vielleicht daran, dass CINEMA 4D nur Dreiecke und Vierecke als Polygone akzeptiert. Die neuen Punkte können also nicht ohne weiteres in die bestehenden Polygone der Seitenflächen integriert werden. Es entstehen daher neue Flächen auch in den nicht selektierten Flächen, die an den Schnitt angrenzen.

## 2.4 Polygon-Modellierung

*Die Richtung eines Schnitts begrenzen*

Das Messer-Werkzeug bietet noch eine Hilfestellung bei der Schnittführung an, denn Sie können beim Ziehen der Schnittlinie gleichzeitig die [Shift]-Taste gedrückt halten und der Schnitt kann nur entsprechend der Winkel-Vorgabe im Werkzeug-Manager ausgerichtet sein. Im Fall der vorgegebenen 45° kann ein Schritt also nur exakt horizontal (0°), diagonal (45°) und exakt senkecht (90°) ausgeführt werden. Dies erleichtert die Schnittführung, wenn es auf diese Genauigkeit ankommt.

### 2.4.6 Verschieben (entlang Normalen)

Die zu den Polygonen gehörenden Normalen wurden bereits mehrfach erläutert. Diese kleinen Richtungsanzeiger werden vorwiegend für die Berechnung der Schattierung einer Oberfläche benötigt. Da die Normalen jedoch auch immer senkrecht auf den Polygonen stehen, können diese auch für Werkzeuge Verwendung finden.

So bewirkt die VERSCHIEBEN (ENTLANG NORMALEN)-Funktion eine Verschiebung der selektierten Flächen in Richtung der Normalen (siehe Abbildung 2.33). Dies mag auf den ersten Blick wie eine einfache Vergrößerung oder Verkleinerung des Objekts wirken, unterscheidet sich jedoch davon grundlegend.

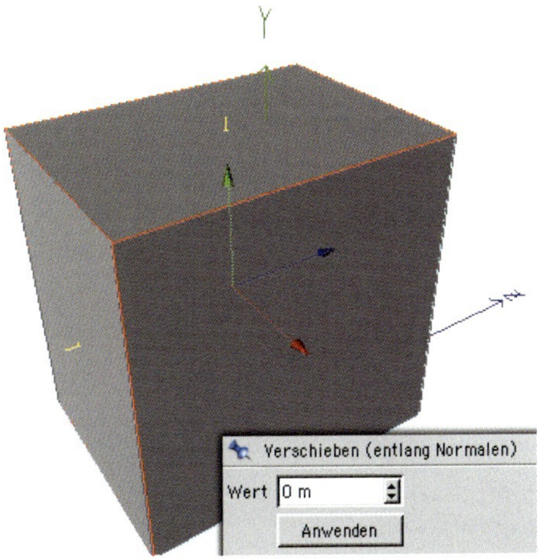

Bei Skalierungen wird das Objekt-System als Bezugspunkt benutzt. Die Punkte des Objekts werden also relativ zum Zentrum des Objekt-Systems verschoben. Je nach Lage des Objekt-Systems fällt das Resultat also anders aus.

*Abbildung 2.33: Das Verschieben entlang der Normalen vergrößert Objekte unabhängig von der Lage ihres Achsen-Systems.*

Bei einer Verschiebung entlang von Normalen hat jede Fläche ja ihr eigenes System, nämlich die Richtung der Normalen. Das Resultat ist also unabhängig vom Objekt-System.

**91**

Diese Funktion kann sehr gut dafür benutzt werden, um eine Form gleichmäßig zu vergrößern oder zu verkleinern. Stellen Sie sich beispielhaft ein Hemd vor, das Sie für eine 3D-Figur modellieren möchten. Mit der VERSCHIEBEN (ENTLANG NORMALEN)-Funktion könnten Sie einfach eine Kopie des Oberkörpers der Figur anfertigen und die Flächen der Kopie leicht nach außen verschieben.

Wollen Sie exakt arbeiten, können Sie im Werkzeug-Fenster einen Wert für die Verschiebung angeben. Negative Werte verschieben die selektierte Flächen entgegen der Richtung der Normalen.

## 2.4.7 Skalieren (entlang Normalen)

Eigentlich müsste dieser Befehl »Skalieren (*senkrecht* zu Normalen)« heißen, denn entlang der Normalen haben die Flächen ja keine Ausdehnung, die skaliert werden könnte.

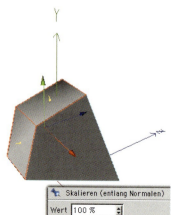

*Abbildung 2.34: Das Skalieren entlang von Normalen vergrößert oder verkleinert Flächen unabhängig von der Lage des Objekt-Systems.*

Es geht bei dieser Funktion also darum, die Abmessungen der selektierten Flächen ausgehend von den Normalen zu verändern. Auch hier ist also die Lage des Objekt-Systems irrelevant für das Resultat.

Selektieren Sie die gewünschten Flächen, aktivieren Sie die SKALIEREN (ENTLANG NORMALEN)-Funktion im STRUKTUR-Menü und bewegen Sie die Maus mit gehaltener Maustaste nach links und rechts.

Alternativ dazu können Sie auch numerisch eine prozentuale Skalierung im Werkzeug-Manager vornehmen (siehe Abbildung 2.34). Auch negative Werte sind dort erlaubt.

## 2.4.8 Drehen (um Normale)

Das DREHEN (UM NORMALEN)-Werkzeug benutzt die Normalen der selektierten Flächen als Rotations-Achsen für die Polygone. Ist nur eine Fläche oder sind nur nicht zusammenhängende Flächen selektiert, ist das Ergebnis auch recht vorhersehbar. Bei größeren Gruppen selektierter

Flächen kann eine Rotation mit diesem Werkzeug jedoch schnell zu sehr merkwürdigen Ergebnissen führen, die nur schwer vorhersehbar sind.

Gehen Sie so vor, dass Sie eine oder mehrere Flächen an Ihrem Objekt selektieren, das »Drehen (um Normale)«-Werkzeug auswählen und dann auf die bekannte Weise mit der Maus die interaktive Umsetzung auslösen.

Sie haben auch hier die Alternative, Werte direkt im Werkzeug-Manager einzutragen (siehe Abbildung 2.35).

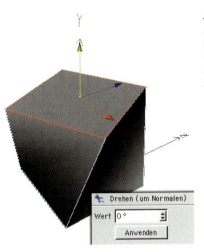

Abbildung 2.35:
Das Drehen um Normalen rotiert die selektierten Flächen um deren Normale herum.

## 2.4.9 Der Magnet

Das Selektieren und Verschieben von Punkten ist wohl eine der elementarsten Methoden, um die Form eines 3D-Objekts zu verändern. Geht es um das Verformen größerer Bereiche, stößt diese Technik jedoch schnell an ihre Grenzen. Die Punkte müssten individuell verschoben werden, um einen Übergang zum Rest des ursprünglichen Objekts zu schaffen. Mit Hilfe des Magnet-Werkzeugs lässt sich diese Aufgabe leichter lösen (siehe Abbildung 2.36).

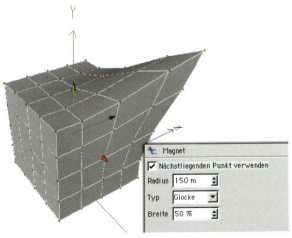

Abbildung 2.36:
Das Magnet-Werkzeug kann zum Verzerren von Bereichen benutzt werden.

Dieses Werkzeug funktioniert sowohl im Polygon- als auch im Punkt-Modus, wobei letzterer zu bevorzugen ist. Das gesamte Potenzial des Magneten schöpfen Sie dann aus, wenn Ihr Objekt keine selektierten Punkte enthält. Wählen Sie also ggf. ALLES DESELEKTIEREN aus dem SELEKTION-Menü von CINEMA 4D aus. Ansonsten wird der Magnet nur auf die selektierten Elemente wirken.

## Den Magneten steuern

Ist das MAGNET-Werkzeug im STRUKTUR-Menü aktiviert, können Sie im Werkzeug-Manager einen Aktionsradius eingeben, in dem die Anziehungskraft des Werkzeugs wirken soll. Dafür kann ich Ihnen keinen Anhaltspunkt geben, denn dieser Radius hängt ausschließlich von der Größe Ihres Objekts ab bzw. von den Entfernungen der Punkte in dem Objekt.

Ist die Option NÄCHSTLIEGENDEN PUNKT VERWENDEN aktiviert, können Sie mit dem Mauszeiger in den Bereich klicken, in dem Sie etwas verformen möchten. Halten Sie die Maustaste gedrückt, während Sie durch Bewegungen der Maus die Punkte im Einflussbereich des Magneten bewegen. Der Vorteil daran ist also, dass Sie nicht genau einen Punkt anklicken müssen, um den Magneten benutzen zu können. Der Magnet sucht sich als Ausgangspunkt automatisch den nächsten Punkt im Umkreis des Mauszeigers als Startpunkt für die Berechnung aus. Nachteilig daran ist, dass dadurch – eventuell ungewollt – keine Unterscheidung zwischen der Vorderseite und der Rückseite eines Objekts gemacht wird. Vielleicht wollen Sie vorne an dem Modell etwas verändern, es werden aber die Punkte auf der Rückseite des Objekts verschoben, da diese in der verwendeten Ansicht näher am Mauszeiger lagen.

Diese Problematik können Sie durch Deaktivierung der NÄCHSTLIEGENDEN PUNKT VERWENDEN-Option entschärfen. Nun müssen Sie direkt einen Punkt anklicken, um den Magneten zu aktivieren. Klicken und Ziehen der Maus mit gehaltener Maustaste in einem leeren Bereich des Objekts bewirkt also keine Reaktion mehr.

Die Auswahl im TYP-Menü im Werkzeug-Fenster definiert zusammen mit dem BREITE-Wert die verwendete Funktion für die Abnahme der Magnet-Kraft innerhalb des eingestellten Radius. Wie diese Funktionen grafisch aussehen, können Sie im Handbuch zu CINEMA 4D nachsehen, Sie werden jedoch den Großteil Ihrer Aufgaben mit der voreingestellten *Glocke*-Kurve meistern können, solange Sie den Radius individuell wählen.

## 2.4 Polygon-Modellierung

> Der Radius kann übrigens auch interaktiv mit den +- und --Tasten während der Arbeit in einer Editor-Ansicht vergrößert und verkleinert werden.

### 2.4.10 Das »Smooth-Shift«-Werkzeug

Kommen wir zum letzten noch interessanten Polygon-Werkzeug im STRUKTUR-Menü. Mit SMOOTH SHIFT können selektierte Flächen zusammenhängend extrudiert werden. Es besteht also fast kein Unterschied zum normalen »Extrudieren«-Werkzeug.

Bei »Smooth Shift« werden die Flächen jedoch immer zusammenhängend behandelt. Es gibt dafür also auch keine separate Option mehr im Werkzeug-Manager. Der dort zu findende MAXIMALER WINKEL-Wert kontrolliert, ab wann eine Fase zwischen zwei angrenzenden Flächen entsteht. Sie können dies in Abbildung 2.37 beobachten. Dort ist zwischen den selektierten Flächen ein Winkel, der größer als die Vorgabe des maximalen Winkels von 89° ist. Daher wird dort eine Abfasung mit einer zusätzlichen Fläche erzeugt. Läge die Neigung der beiden Flächen unterhalb der 89°, wäre eine harte Kante ohne diese zusätzliche Fläche entstanden.

Wie bei fast allen Werkzeugen zuvor, kann auch hier das Werkzeug interaktiv mit der Maus oder durch numerische Eingabe im Werkzeug-Fenster gesteuert werden.

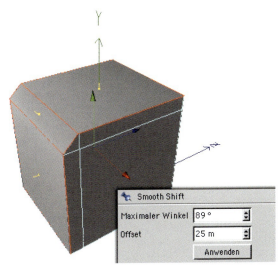

Abbildung 2.37: Der Smooth Shift ähnelt dem Extrudieren, verschiebt jedoch zusammenhängende Selektionen immer als Gruppe und kann ggf. Fasen dafür benutzen.

## 2.5 Splines und NURBS-Objekte

Bis jetzt haben Sie gelernt, wie man entweder Grundobjekte abruft oder manuell eigene Punkte und Flächen setzt. Mit Hilfe der Polygon-Werkzeuge und des HyperNURBS-Objekts lassen sich einfache Formen relativ schnell erstellen und abrunden.

Wie sieht es jedoch aus, wenn man etwas exakter arbeiten muss und z. B. einen Schriftzug darstellen oder ein Objekt aus präzisen Querschnitten aufbauen will?

Für derartige Fälle bieten sich Splines und NURBS-Objekte an. Das HyperNURBS haben Sie ja bereits kennen gelernt. Die nun vorgestellten NURBS arbeiten jedoch nur mit Splines zusammen und nicht mit Polygon-Objekten.

Wenn Sie sich die Abbildung 2.38 ansehen, dann werden Sie erkennen, wie wichtig das exakte Setzen von Punkten und Flächen sein kann, wenn es um die Abbildung von Rundungen geht. Schon ein einziger etwas unsauber positionierter Punkt würde an dieser Kugel sicherlich sofort auffallen.

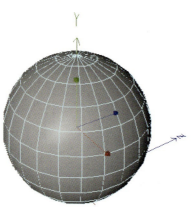

Abbildung 2.38: Exakte Rundungen wie an dieser Kugel sind nur durch eine hohe Anzahl exakt gesetzter Punkte und Flächen umzusetzen.

Für derartige Aufgaben gibt es daher Splines, die wir bereits kurz angesprochen hatten. Sie finden in dem Icon-Menü der oberen, horizontalen Werkzeug-Palette von CINEMA 4D (siehe Abbildung 2.39) sowohl Spline-Arten als auch Spline-Grundobjekte.

Abbildung 2.39: Links die Spline-Typen zur manuellen Erzeugung von Splines, rechts Spline-Grundobjekte, die fertig abgerufen werden können

In der Abbildung habe ich die Spline-Typen (links) und die Spline-Grundobjekte (rechts) durch eine rote Linie voneinander abgetrennt.

Spline-Grundobjekte können, wie andere Grundobjekte auch, durch einfaches Anklicken abgerufen werden. Wie bei anderen Objekten, wie z. B. dem Würfel-Grundobjekt, haben auch Spline-Grundobjekte Parameter, die im Attribute-Manager eingesehen und verändert werden können. Dort lässt sich dann z. B. der Radius eines Kreis-Splines oder die Anzahl der Zähne an einem Zahnrad-Spline verändern.

Um auf die Punkte zugreifen zu können, die einen jeden Spline definieren, muss das Spline-Grundobjekt ebenfalls konvertiert werden. Es verliert dadurch aber die parametrischen Komponenten.

## 2.5.1 Spline-Typen

Es stehen Ihnen neben den Spline-Grundobjekten auch diverse Spline-Typen zur Wahl, mit deren Hilfe Sie selbst beliebige Pfade erzeugen können. Tatsächlich werden Sie wohl in den meisten Fällen mit dem Bezier-Spline auskommen, da dieser die meisten Kontrollmöglichkeiten bietet.

Ich erwähne daher an dieser Stelle nur eine kleine Auswahl von Spline-Typen, die eventuell noch interessant sein könnten. Wenn Sie Splines selbst erstellen wollen, müssen Sie sich im Punkte-Modus befinden.

**Der Freihand-Spline**

Wie der Name schon treffend beschreibt, können Sie mit diesem Spline-Typen Kurven mit einer freien Bewegung der Maus generieren. Wählen Sie dazu das entsprechende Spline-Icon aus (siehe Abbildung 2.40) und zeichnen Sie mit gehaltener Maustaste die gewünschte Kurve in eine beliebige Editor-Ansicht hinein. Eventuell ist dieser Modus auch für die Benutzung mit einem Grafiktablett interessant, wenn Sie eine Form abpausen möchten.

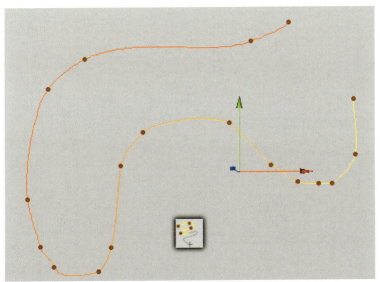

Abbildung 2.40:
Ein Freihandspline wird mit gehaltener Maustaste »gezeichnet«.

Nachdem Sie die Maustaste wieder gelöst haben, erscheint eine Spline-Kurve, die mehr oder weniger exakt Ihrer Zeichnung entspricht. Die Genauigkeit des Freihand-Splines hängt dabei von den Einstellungen im Werkzeug-Manager ab.

Dort können Sie eine Toleranz vorgeben, mit der Ihre Maus-Zeichnung in einen Spline konvertiert werden soll. Kleinere Werte führen zu exakteren Splines, wobei damit auch die Anzahl an Spline-Punkten drastisch ansteigen kann.

Alles in allem ist dies keine besonders zu empfehlende Art, Splines zu erstellen. Es fehlt einfach an der notwendigen Kontrolle bei der Erstellung.

### Der Bezier-Spline

Ganz anders verhält es sich bei dem Bezier-Spline. Dies wird wohl die Spline-Art werden, mit der Sie hauptsächlich arbeiten werden.

Der Bezier-Spline kann durch die Möglichkeit der Steuerung mit Tangenten sehr exakt gesteuert werden. Harte Ecken und gerundete Abschnitte lassen sich beliebig kombinieren.

Gehen Sie dabei so vor: Wählen Sie den Bezier-Spline aus (siehe Abbildung 2.41) und klicken Sie diesmal die Punkte des Splines separat. Der Spline wird also nicht in einem Stück gezeichnet, so wie zuvor noch der Freihand-Spline, sondern er entsteht Punkt für Punkt.

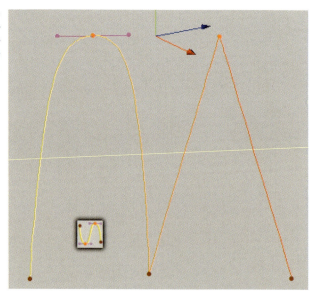

*Abbildung 2.41: Ein Bezier-Spline kann Punkte mit Tangenten benutzen.*

## 2.5 Splines und NURBS-Objekte

*Tangenten erzeugen*

Beim Klicken der Punkte haben Sie zwei Optionen, nämlich einfach den Punkt zu klicken oder mit gleichzeitigem Klicken und Ziehen der Maus einen Punkt samt Tangente zu erzeugen.

Solange Sie die Maustaste noch gedrückt halten, können Sie die Tangente mit der Maus drehen und skalieren. Auf diese Weise können Sie schon bei der Erstellung des Splines harte Ecken durch einfaches Klicken und abgerundete Bereiche mit Tangenten durch Klicken und Ziehen definieren.

Sind Sie mit dem Spline fertig, wechseln Sie z. B. zum Bewegen-Werkzeug und korrigieren dort eventuell die Lage einzelner Punkte oder die Richtung von Tangenten. Hat ein Punkt eine Tangente, so wird diese automatisch angezeigt, wenn Sie den Punkt selektieren. Dazu reicht übrigens auch ein einfacher Klick auf einen Punkt aus. Sie brauchen also nicht immer zwischen einem Selektions-Werkzeug und dem Bewegen-Werkzeug zu wechseln.

*Tangenten modifizieren*

Die Tangenten selbst verändern Sie an den leicht verdickten Endpunkten der Tangenten-Linien. Klicken Sie darauf und halten Sie die Maustaste gedrückt, während Sie die Tangente verändern. Benutzen Sie zusätzlich die [Shift]-Taste, dann können Sie die beiden Enden einer Tangente separat bewegen und skalieren. Dies ist eine weitere Möglichkeit, harte Ecken in der Kurve zu erzeugen.

*Tangenten nachträglich hinzufügen*

Haben Sie bei der Erstellung des Splines an einem Punkt vergessen eine Tangente zu erzeugen, ist dies auch kein Problem. Selektieren Sie den entsprechenden Punkt und wählen Sie im STRUKTUR-Menü den Unterpunkt SPLINE BEARBEITEN → WEICHE INTERPOLATION aus. Die selektierten Punkte erhalten dadurch eine Tangente, die Sie wie gewohnt verändern können. Der Unterpunkt HARTE INTERPOLATION im gleichen Menü entfernt dagegen Tangenten von selektierten Spline-Punkten.

*Tangentenausrichtung angleichen*

Über den Befehl SPLINE BEARBEITEN → TANGENTENAUSRICHTUNG ANGLEICHEN im STRUKTUR-Menü kann eine Tangente, die mit der [Shift]-Taste *gebrochen* wurde, wieder in ihren ursprünglichen Zustand gebracht werden.

*Punkte hinzufügen*

Sollten Ihnen in dem Spline noch Punkte fehlen, können Sie diese mit der bekannten Funktion PUNKTE HINZUFÜGEN aus dem STRUKTUR-Menü auch nachträglich noch hinzufügen. Ist diese Funktion aktiviert, klicken Sie einfach an die Stelle des Splines, an der Ihnen ein Punkt fehlt. Im Gegenzug können Punkte durch Anklicken und Benutzen der Rückschritt-/Löschen-Taste auch aus dem Spline gelöscht werden, ohne den gesamten Spline neu anlegen zu müssen.

Sollen Punkte an einen Spline angefügt werden, also soll ein Spline z. B. verlängert werden, benutzen Sie ebenfalls die PUNKTE HINZUFÜGEN-Funktion, aber Sie müssen gleichzeitig die [Strg]-/[Ctrl]-Taste gedrückt halten.

*Die Spline-Richtung bearbeiten*

Die neuen Punkte werden dann mit dem Ende des Splines verbunden. Das Ende eines Splines erkennen Sie an der roten Färbung. Der Anfang dagegen ist gelblich gefärbt.

Sollen also die Punkte am Anfang des Splines hinzugefügt werden, muss zuerst die Reihenfolge des Splines umgedreht werden. Das Ende wird dann zum Anfang und umgekehrt. Den entsprechenden Befehl finden Sie auch wieder im »Struktur«-Menü unter SPLINE BEARBEITEN → REIHENFOLGE UMKEHREN.

### Der B-Spline

Neben dem universellen Bezier-Spline ist eventuell noch der B-Spline interessant. Er arbeitet nach den gleichen Prinzipien wie das HyperNURBS-Objekt, indem die Verbindungen zwischen den Punkten als Tangenten interpretiert werden. Sie haben hier also nicht wie beim Bezier-Spline die Möglichkeit, die Tangenten unabhängig von den Punkten zu steuern.

Der Vorteil bei diesem Spline-Typ ist die immer organisch weich verlaufende Form der Kurve, selbst wenn die Punkte sehr unterschiedlich gesetzt sind (siehe Abbildung 2.42). Nachteilig hierbei ist jedoch, dass es so gut wie unmöglich ist, harte Ecken und Kanten zu erzeugen. Der B-Spline wird immer für weiche Übergänge sorgen. Zudem ist ein gewisses Abstraktionsvermögen notwendig, da die Kurve nur durch die Punkte gesteuert wird, diese aber nicht zwingend auch durchläuft.

Auf eine nähere Beschreibung der anderen Spline-Typen möchte ich hier verzichten. Diese arbeiten nach den gleichen Prinzipien wie der B-Spline – auch dort sind keine Tangenten vorhanden. Die Kurven unterliegen nur

## 2.5 Splines und NURBS-Objekte

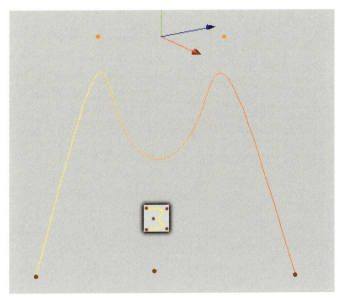

Abbildung 2.42: Ein B-Spline verhält sich wie ein HyperNURBS, da er die Verbindungen zwischen den Punkten als Steigungen interpretiert. Dies garantiert einen organischen Verlauf, macht jedoch die Umsetzung harter Ecken nahezu unmöglich.

anderen mathematischen Interpolationen und verhalten sich dadurch an Krümmungen und in Punkten etwas anders. Ich empfehle Ihnen jedoch, sich vorerst mit den Möglichkeiten des Bezier-Splines vertraut zu machen. Dann sollten kaum noch Wünsche offen bleiben.

### 2.5.2 Spline-Optionen

Nicht nur die parametrischen Spline-Grundobjekte, sondern auch die manuell erstellten Splines haben Parameter, die Sie im Attribute-Manager abrufen können (siehe Abbildung 2.43).

Dabei sind besonders die SPLINE SCHLIEẞEN-Option und der TYP-Umschalter interessant. Mit aktivierter SPLINE SCHLIEẞEN-Option wird der letzte Spline-Punkt automatisch mit dem ersten Punkt des Splines verbunden.

*Spline-Typ umschalten*

Die Umschaltung des Typs lässt Sie die Art des Splines jederzeit wechseln, wenn Sie sich nach der Erstellung eines Splines dazu entschließen sollten, dass z. B. doch ein B-Spline oder Bezier-Spline besser geeignet sein sollte als der Spline-Typ, den Sie ursprünglich verwendet hatten.

Die Punkte des Splines bleiben dabei zwar erhalten, aber durch die doch recht unterschiedlichen Interpolationsmethoden der Spline-Typen kann

*Abbildung 2.43: Splines lassen sich über eine Option im Attribute-Manager automatisch schließen.*

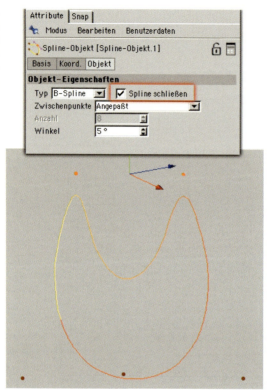

bei der Umschaltung des Typs das Aussehen des Splines nicht immer erhalten bleiben. Es ist also ratsam, sich noch vor Erzeugung eines Splines Gedanken über den passenden Typ zu machen.

### Zwischenpunkte

Sie finden noch weitere Parameter im Attribute-Manager, wie z. B. ZWISCHENPUNKTE. Je nach dort ausgewählter Funktion werden die darunter liegenden Felder ANZAHL und WINKEL von Bedeutung.

Mit *Zwischenpunkten* sind die Punkte gemeint, die CINEMA 4D selbst zwischen den von Ihnen geklickten Punkten eines Splines anlegt, um die Form des Splines möglichst exakt abbilden zu können. Wie bei gekrümmten Oberflächen ist es nämlich auch bei Splines notwendig, Krümmungen durch eine hohe Anzahl an geraden Abschnitten umzusetzen. Je mehr Zwischenpunkte, desto weicher und exakter wirken also die Kurven eines Splines.

Es gilt jedoch auch hier den Speicherbedarf von Punkten zu beachten und in Relation zum Nutzen zu sehen. Um die Anzahl der notwendigen Punkte in rationalen Grenzen zu halten stehen Ihnen verschiedene Modi zur Verfügung, wobei aus meiner Sicht zwei besonders oft benutzt werden.

*Angepasste Interpolation*

Dies ist einmal der Modus ANGEPAßT, bei dem das WINKEL-Eingabefeld ausgewertet wird. Es werden immer dann Zwischenpunkte gesetzt, wenn der Verlauf des Splines an einer Stelle um den Winkel-Wert von dem vorangegangenen Abschnitt des Splines abweicht. Praktisch kann man sich dabei z.B. einen Kreis vorstellen, der einer Krümmung von 360° entspricht. Benutzt man hier einen Winkel-Wert von 5°, bedeutet dies für die Zwischenpunkte, dass alle 5° ein zusätzlicher Punkt gesetzt wird. Der Kreis würde in diesem Fall also aus 72 Punkten (360° geteilt durch 5°) zusammengesetzt werden, obwohl Sie vielleicht selbst nur 4 Punkte in dem Spline sehen können.

Zwischenpunkte sind also Punkte, die das Programm selbst einsetzt und die nicht manuell von Ihnen beeinflusst werden können.

*Gleichmäßige Unterteilung*

Neben dem beschriebenen ANGEPAßT-Modus für die Zwischenpunkte ist auch noch GLEICHMÄßIG interessant. Hierbei wird keine Rücksicht auf den Verlauf des Splines genommen, sondern die im ANZAHL-Feld vorgegebenen Punkte werden gleichmäßig zwischen den von Ihnen vorgegebenen Punkten verteilt.

Dies kann in einigen Fällen recht hilfreich sein, wenn Sie z.B. Punkte in gleichen Abständen auf einem Spline verteilen möchten.

*Zwischenpunkte sichtbar machen*

Es ist zwar so, dass Sie normalerweise nicht direkt auf die so gesetzten Zwischenpunkte zugreifen können, aber über einen kleinen Trick kann CINEMA 4D dennoch dazu gebracht werden, dass die Zwischenpunkte zu *echten* Spline-Punkten werden. Dazu klicken Sie den Spline einmal im Objekt-Manager an, um diesen zu aktivieren, und wählen dann den Befehl AKT. ZUSTAND IN OBJEKT WANDELN aus dem FUNKTIONEN-Menü aus.

Es entsteht ein neuer Spline, der nun die Zwischenpunkte als echte Spline-Punkte enthält. War Ihr Ausgangs-Spline ein Grundobjekt-Spline, wird das Ergebnis gleichzeitig auch zu einem Punkt-Objekt konvertiert.

### 2.5.3 Das Extrude-NURBS-Objekt

Splines sind für sich gesehen in berechneten Bildern und Animationen unsichtbar. Sie können jedoch zusammen mit den bereits angesprochenen NURBS-Objekten benutzt werden, um Objekte zu formen.

Abbildung 2.44:
Die NURBS-Objekte von CINEMA 4D erleichtern die Modellierung von gekrümmten Oberflächen.

Die Abbildung 2.44 zeigt Ihnen die vorhandenen NURBS-Objekte, wobei das HyperNURBS unter der Ziffer eins nicht mit Splines, sondern nur mit Polygon-Objekten zusammenarbeiten kann. Dies wurde bereits ausführlich auch im Zusammenhang mit Polygon-Werkzeugen besprochen.

Die NURBS-Objekte unter den Ziffern zwei bis fünf in Abbildung 2.44 werden nachfolgend besprochen. Diese arbeiten ausschließlich mit Splines zusammen. Das Bezier-NURBS unter Ziffer sechs ist ein eigenständiges Objekt, das jedoch nur einen eingeschränkten Nutzen hat.

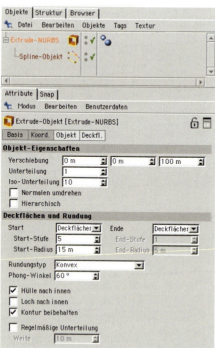

Abbildung 2.45:
Mit dem Extrude-NURBS können Splines als Umriss für eine dreidimensionale Form dienen. Ein typisches Beispiel ist ein Text, der mit einem Extrude-NURBS zu einem massiven Objekt wird.

Beginnen wir mit dem so genannten EXTRUDE-NURBS. Mit dessen Hilfe kann ein untergeordneter Spline in eine Richtung verschoben werden. Es entstehen dadurch Flächen entlang der Verschiebung, die die Kontur des Splines abbilden. Damit daraus ein massiv wirkendes Objekt entsteht, können bei geschlossenen Splines auch Deckflächen aktiviert werden. Sie gehen dazu wie in Abbildung 2.45 vor.

Erzeugen Sie zuerst einen beliebigen Spline entweder durch Abrufen eines Spline-Grundobjekts oder durch manuelles Erzeugen einer beliebigen Splineform. Beachten Sie dabei nur, dass das Extrude-

NURBS nur dann Deckflächen erzeugen kann, wenn der Spline geschlossen ist. Zudem sollte darauf geachtet werden, dass der Spline möglichst in einer Ebene liegt, also alle Spline-Punkte z. B. die gleiche Z-Koordinate haben.

Erzeugen Sie den Spline in einer der Ansichten ohne Perspektive, liegen die Spline-Punkte automatisch alle in einer Ebene.

Erzeugen Sie dann ein Extrude-NURBS-Objekt durch einen Klick auf dessen Symbol. Sie können ansonsten die NURBS-Objekte auch im OBJEKTE-Menü von CINEMA 4D abrufen. Schließlich ordnen Sie den Spline im Objekte-Fenster dem Extrude-NURBS-Objekt unter. Sie werden beobachten können, wie der Spline zur Kontur für eine Anzahl neuer Polygone wird. Mit Hilfe des Splines und des NURBS-Objekts ist also ein Polygon-Objekt entstanden.

*Die Verschiebung steuern*

Je nachdem in welcher Ebene der von Ihnen verwendete Spline liegt, muss die Richtung der NURBS-Verschiebung eventuell angepasst werden. Selektieren Sie dazu das Extrude-NURBS und aktivieren Sie im Attribute-Manager die Darstellung der *Objekt*-Parameter mit einem Klick auf die gleichnamige Schaltfläche.

Über die VERSCHIEBUNG-Werte steuern Sie sowohl Richtung als auch Betrag der Verschiebung. Die drei Zahlenwerte stehen dabei für die Richtungen X, Y und Z im Objekt-System des Extrude-NURBS. Ein Z-Wert von »100« wie in Abbildung 2.45 bewirkt also eine Verschiebung des Splines um 100 Einheiten entlang der Z-Achse des Extrude-NURBS-Objekts.

Sie können dies dadurch überprüfen, dass Sie in den Objekt-Achsen-bearbeiten-Modus schalten und die Achsen des Extrude-NURBS z. B. um die lokale Y- oder die X-Achse rotieren. Sie werden beobachten können, wie sich dadurch das Resultat der Extrudierung verändert.

*Hierarchisch extrudieren*

Ganz anders arbeitet das Extrude-NURBS, wenn Sie die HIERARCHISCH-Option im *Objekte*-Bereich des Attribute-Managers aktivieren. Jetzt werden nicht die Achsen des NURBS-Objekts, sondern die des Splines für die Verschiebung benutzt. Dies hat den großen Vorteil, dass Sie nun auch mehrere Splines gleichzeitig dem Extrude-NURBS unterordnen können. Sie steuern dann die Richtung der Verschiebung durch Rotation der untergeordneten Splines. Der Betrag der Verschiebung und die Richtung der Verschiebung bleiben jedoch für alle Splines gleich.

### Deckflächen

Ist der von Ihnen verwendete Spline geschlossen, können Sie auf der *Deckflächen*-Seite im Attribute-Manager das Schließen der offenen Spline-Flächen vorne und hinten am Extrude-NURBS separat aktivieren. START ist dabei immer die Fläche, die direkt vom untergeordneten Spline begrenzt wird. Mit ENDE ist die Fläche am Ende der Extrudierung gemeint. Aktivieren Sie in den START- und ENDE-Menüs je nach Wunsch entweder zusätzlich eine einfache Deckfläche oder eine Deckfläche mit Rundung.

### Runden der Deckflächen

Mit RUNDUNG ist der Rand der Deckflächen gemeint, bevor er sich mit dem extrudierten Teil verbindet. Es kann also ein abgerundeter Übergang zwischen den Seitenflächen und den Deckflächen erzeugt werden.

Mit den Werten für START-STUFE bzw. END-STUFE geben Sie die Anzahl der Unterteilungen vor, mit denen die Rundung berechnet werden soll. Je mehr Unterteilungen, desto exakter kann der Radius der Rundung dargestellt werden, der mit den Werten START-RADIUS, bzw. END-RADIUS definiert wird.

### Beibehalten der Kontur

Bei den darunter zu findenden Optionen ist besonders KONTUR BEIBEHALTEN von Bedeutung, da damit festgelegt wird, ob eine Rundung zur Vergrößerung der Kontur führt oder eben nicht. Soll – z. B. bei einer Schrift – die Kontur des vorgegebenen Splines unbedingt beibehalten und nicht vergrößert werden, muss diese Option aktiviert sein.

Abbildung 2.46: Ein extrudierter Spline mit einer Rundung auf der vorderen Deckfläche

Die Abbildung 2.46 zeigt Ihnen ein Beispiel für ein mit einem Extrude-NURBS extrudierten Spline samt Deckfläche und Rundung. Haben Sie also ein Objekt zu modellieren, das gerade verläuft und sein Profil nicht verändert – wie z. B bei einem Rohr, einem T-Stahlträger oder einem dreidimensionalen Text –, kommen Sie mit einem entsprechenden Spline und dem Extrude-NURBS schnell ans Ziel.

Es gibt sogar noch einen versteckten Trick, um diese Funktionalität noch zu erweitern. Sie können nämlich auch Löcher und Aussparungen in die Deckflächen einbringen. Dazu ist jedoch etwas Vorarbeit nötig.

## 2.5 Splines und NURBS-Objekte

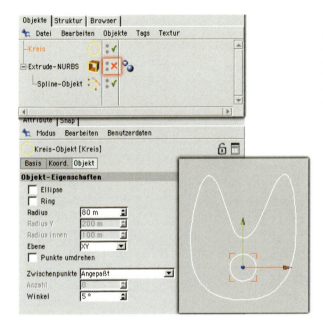

Abbildung 2.47:
Das Verbinden von Splines ermöglicht das Hinzufügen von Löchern in Extrude-NURBS-Objekten.

*Löcher in Deckflächen fräsen*

Deaktivieren Sie dafür kurzzeitig die Berechnung des Extrude-NURBS, indem Sie einmal auf den grünen Haken hinter dem Extrude-NURBS klicken. Der Haken verändert sich zu einem roten Kreuz, wie in Abbildung 2.47 dargestellt. Dies soll die Platzierung eines zweiten Splines erleichtern, da Sie nun einen unverdeckten Blick auf den Spline im Extrude-NURBS erhalten.

Wie Sie der Abbildung 2.47 entnehmen können, habe ich einen Kreis-Spline abgerufen und so skaliert und platziert, dass er die gewünschte Öffnung im Extrude-NURBS definiert. Sie haben dabei jegliche Freiheit. Der Spline sollte jedoch ebenfalls geschlossen und vollständig innerhalb des Kontur-Splines liegen.

Wichtig ist ebenfalls, dass beide Splines exakt in einer Ebene liegen. Kontrollieren Sie also ggf. die Position und Ausrichtung beider Splines. Stimmen diese nicht überein, kann kein sauberes Ergebnis berechnet werden. Wurden beide Splines in der gleichen Ansicht ohne Perspektive erzeugt, liegen die Splines automatisch in einer Ebene.

Haben Sie wie ich ein Spline-Grundobjekt verwendet, muss dieses jetzt konvertiert werden. Selektieren Sie dann den *Loch*-Spline und den *Kontur*-Spline mit [Shift]-Klicks im Objekte-Fenster und wählen Sie VERBINDEN aus

*Abbildung 2.48:
Die verbundenen
Splines können als
ein Spline verwendet werden.*

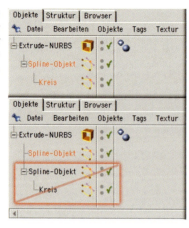

dem FUNKTIONEN-Menü von CINEMA 4D. Es entsteht daraufhin ein neuer Spline, der beide Splines enthält. Sie können dann die beiden Ausgangs-Splines löschen. Diese Arbeitsschritte sind auch nochmals in Abbildung 2.48 dargestellt.

Wenn Sie nun das Extrude-NURBS durch Anklicken des roten Kreuzes dahinter im Objekte-Fenster wieder aktivieren, wird sich an der Stelle des innerhalb der Kontur liegenden Splines eine Öffnung ergeben. Auch dort werden die Parameter für eine eventuell aktivierte Rundung berechnet, wie Sie in Abbildung 2.48 erkennen können.

### Deckflächen verbinden und optimieren

Um für eventuell folgende Arbeitsschritte auf Punkte und Flächen eines Exrude-NURBS zugreifen zu können, kann dieses wie jedes parametrische Objekt konvertiert werden. Sie erhalten dann eine Gruppe von Polygon-Objekten, wie sie die Abbildung 2.49 zeigt.

Eine derartige Aufteilung erhalten Sie bei jeder Konvertierung parametrischer Objekte, sofern das Objekt Deckflächen enthält. Dies ist z. B. auch beim Zylinder-Grundobjekt der Fall. Dort ist diese Hierarchie der konvertierten Bestandteile jedoch nicht im Objekte-Fenster sichtbar. Das Problem der doppelt vorhandenen Punkte, das nachfolgend beschrieben wird, ist jedoch dort ebenfalls zu finden. Die Lösung ist daher die gleiche.

Das Problem bei konvertierten parametrischen Objekten mit Deckflächen besteht nämlich darin, dass diese doppelt vorhandene Punkte an den Schnittstellen zwischen Mantelfläche und Deckflächen haben. Es handelt sich hierbei also nicht um ein geschlossenes Objekt, sondern um ein Objekt, das aus Einzelteilen zusammengesetzt ist.

## 2.5 Splines und NURBS-Objekte

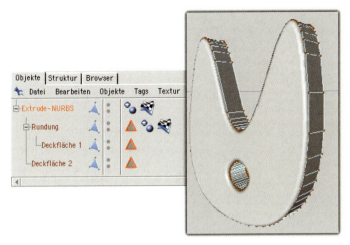

Abbildung 2.49:
Ein konvertiertes Extrude-NURBS offenbart die separaten Teile, aus denen es zusammengesetzt ist.

Bei dem Extrude-NURBS mit gerundeten Deckflächen verschärft sich dieses Problem dadurch, dass auch die Rundungen als separate Objekte vorhanden sind (siehe Abbildung 2.49).

Die Lösung bringt wieder der Verbinden-Befehl, den wir schon zuvor mit den Splines benutzt hatten. Selektieren Sie alle separaten Objekte des Extrude-NURBS mit [Shift]-Klicks im Objekte-Fenster und rufen Sie VERBINDEN aus dem FUNKTIONEN-Menü ab. Es entsteht ein neues Objekt, das alle Einzelobjekte in sich vereint (siehe Abbildung 2.50).

Das Problem der doppelten Punkte an den Kanten der diversen Objekte bleibt jedoch, da die Objekte nun zwar in einem Objekt zusammengefasst

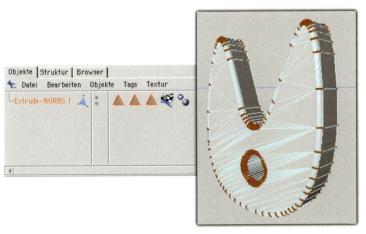

Abbildung 2.50:
Die separaten Teile des Extrude-NURBS können zu einem Objekt verbunden und optimiert werden.

**109**

sind, deren Punkte jedoch nicht verschmolzen wurden. Wie bereits erwähnt ist dies exakt das gleiche Problem wie z. B. bei einem konvertierten Zylinder-Grundobjekt. Auch dort ist nur ein Objekt sichtbar, die Deckflächen sind jedoch innerhalb des Objekts noch als vollständiges Objekt enthalten.

*Punkte weg-optimieren*

Um dieses Problem zu lösen, rufen Sie den OPTIMIEREN-Befehl aus dem STRUKTUR-Menü auf. Belassen Sie alle Werte und Optionen in dessen Dialog unverändert und bestätigen Sie den Dialog einfach über die OK-Schaltfläche. Es werden nun alle Punkte überprüft, ob eventuell andere Punkte die gleiche Position haben, bzw. innerhalb einer im Dialog eingetragenen Distanz liegen. Ist dies der Fall, werden die Punkte zu einem Punkt verschmolzen und die Flächen und Kanten können an dieser Stelle mit Hilfe eines Glätten-Tags zusammenhängend schattiert werden.

Sie müssen beim Optimieren von Objekten nur darauf achten, dass keine Punkte oder Flächen selektiert sind, da ansonsten nur die selektierten Elemente des Objekts überprüft werden. Korrigieren Sie bei sehr kleinen Objekten zudem den Toleranz-Wert im Optimieren-Dialog, damit nicht auch Punkte zusammengefasst werden, die Bestandteil der Oberfläche des Objekts sind.

Diese Arbeitsschritte sind jedoch nur nötig, wenn Sie direkt auf Punkte und Flächen von NURBS-Objekten zugreifen möchten. Ansonsten sollten Sie NURBS-Objekte grundsätzlich nicht konvertieren, um jederzeit auf deren Parameter zugreifen zu können.

## 2.5.4 Das Lathe-NURBS-Objekt

Wurde beim Extrude-NURBS eine Kontur entlang einer Achse geradlinig verschoben, so kann das Lathe-NURBS-Objekt einen Kontur-Spline um die Y-Achse des NURBS-Objekts rotieren.

Durch diese Rotation entsteht ein rotationssymmetrisches Objekt. Typische Beispiele für derartige Objekte sind Gläser, Vasen, aber auch Autoreifen oder Lampenschirme.

In Abbildung 2.51 sehen Sie z. B. einen Zahnrad-Spline, den ich als Spline-Grundobjekt fertig abgerufen und einem Lathe-NURBS untergeordnet habe. Dazu klicken Sie einmal in die frontale Editor-Ansicht (X/Y-Ansicht) und wählen dann das Zahnrad-Spline-Grundobjekt entweder aus der

## 2.5 Splines und NURBS-Objekte

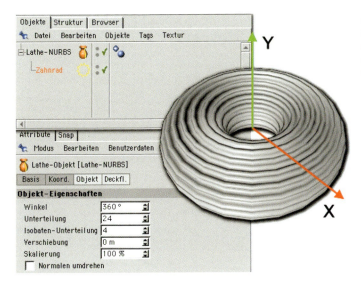

Abbildung 2.51:
Ein Lathe-NURBS-Objekt kann rotationssymmetrische Objekte erzeugen.

bekannten Spline-Icon-Gruppe oder direkt aus dem OBJEKTE-Menü von CINEMA 4D.

Da Splines immer in der Ebene des gerade aktiven Editor-Fensters erzeugt werden, wird der Zahnrad-Spline dann in der X/Y-Ebene angelegt. Rufen Sie nun ein Lathe-NURBS-Objekt ab und ordnen Sie den Spline diesem NURBS-Objekt unter. Es entsteht eine Art welliger Kugel, da der Spline sich exakt auf der Rotationsachse des Lathe-NURBS befindet.

Ziehen Sie den Spline entlang der Welt-X-Achse etwas nach außen und Sie werden sehen, wie sich eine ringförmige Struktur wie in Abbildung 2.51 ergibt.

Dies wäre also ein schneller Weg, um Autoreifen oder einen Ring zu erzeugen. Geht es um geschlossene Formen, muss anders vorgegangen werden. Löschen Sie daher den Zahnrad-Spline wieder und wählen Sie einen beliebigen Spline-Typ aus. Der Bezier-Spline ist wegen der zusätzlichen Kontrollmöglichkeit der Tangenten dabei zu bevorzugen.

Erzeugen Sie eine Kontur, die die Wanddicke eines Bechers oder einer Vase beschreibt. Beginnen Sie dabei in der Mitte innen im Objekt, arbeiten Sie sich dann die Innenwand des Objekts hinauf bis zum Rand und dann an der Außenseite wieder hinab, bis zur unteren Mitte des Bodens. Die Abbildung 2.52 zeigt Ihnen beispielhaft eine solche Form.

# Objekte erzeugen

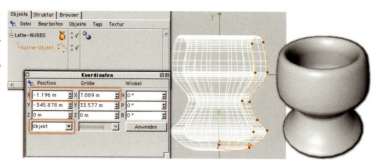

Abbildung 2.52:
Objekte, wie
Becher, Gläser
oder Vasen lassen
sich sehr schnell
mit einem Lathe-
NURBS erzeugen.

### Punkte auf der Rotationsachse platzieren

Sorgen Sie dafür, dass sowohl der erste als auch der letzte Punkt des Splines exakt auf der Y-Achse des Lathe-NURBS liegen. Sie können dies im Koordinaten-Manager überprüfen, indem Sie dort die Positionen dieser beiden Punkte vergleichen. Sowohl die X- als auch die Z-Koordinate dieser beiden Punkte muss im Objekt-Modus des Koordinaten-Managers »0« anzeigen.

Wenn Sie etwas Zeit sparen und nicht beide Punkte einzeln selektieren und deren Position überprüfen möchten, können Sie auch sowohl Anfangspunkt als auch Endpunkt des Splines zusammen selektieren und dann im Koordinaten-Manager die Abmessung in X- und Z-Richtung auf 0 setzen. Nachdem Sie die ANWENDEN-Schaltfläche betätigt haben, überprüfen Sie schließlich den Wert für die X- und die Z-Position. Auch hier muss 0 für die X- und die Z-Position der selektierten Punkte eingetragen werden. Bestätigen Sie dann abschließend auch diese Eingabe über die ANWENDEN-Schaltfläche (siehe Markierungen in Abbildung 2.52).

Da diese Punkte nun exakt auf der Rotationsachse liegen, wird das Lathe-NURBS eine geschlossene Oberfläche generieren, so wie man es von einem massiven Objekt erwartet.

Das Faszinierende an diesem NURBS-Objekt ist, dass Sie weiterhin die Punkte des Splines bewegen und dabei beobachten können, wie sich die Form sofort anpasst. Die Arbeit lässt sich also mit der an einer Töpferscheibe oder einer Drehbank vergleichen.

Wie Sie an den Parametern in Abbildung 2.51 sehen können, ist die Rotation nicht zwingend auf einen vollen Umlauf festgesetzt, sondern Sie können auch kleinere WINKEL eintragen. Der UNTERTEILUNG-Wert kontrolliert die Schrittweite während der Rotation. Mehr Schritte bedeuten eine rundere Form, aber auch mehr Flächen und somit mehr benötigter Arbeitsspeicher.

## 2.5 Splines und NURBS-Objekte

*Abbildung 2.53:
Auch Verwindungen in Verbindung mit einer Skalierung sind bei einem Lathe-NURBS möglich.*

Wenn Sie eine Rotation kleiner als 360° vorgeben, z. B. um für ein Kuchendiagramm nur einen prozentualen Ausschnitt zu erzeugen, können für das Teilstück auch Deckflächen erzeugt werden. Die Parameter dafür entsprechen denen beim Extrude-NURBS.

### Gewundene Formen erzeugen

Der VERSCHIEBUNG-Wert kann zusätzlich benutzt werden, um Formen wie einen Korkenzieher, das Geländer einer Wendeltreppe oder ein Schneckengehäuse zu modellieren. Die Kontur des Splines wird dabei während einer vollen Umdrehung um die im VERSCHIEBUNG-Feld eingetragene Distanz entlang der Y-Achse des Lathe-NURBS verschoben. Mit dem SKALIERUNG-Wert kann die Form dabei zum Ende hin auch verkleinert oder – bei Werten über 100% – vergrößert werden.

Die Abbildung 2.53 zeigt Ihnen solch ein Beispiel. Hier wurde wieder der Zahnrad-Spline verwendet, der durch einen großen Winkel-Wert in Verbindung mit einem VERSCHIEBUNG-Wert zu einer Spiralform wird. Beachten Sie bei solchen Rotationen, dass Sie auch den UNTERTEILUNG-Wert erhöhen müssen, um die Rundungen erzeugen zu können.

## 2.5.5 Das Loft-NURBS-Objekt

Eignen sich Extrude- und Lathe-NURBS oft nur für bestimmte Formen, lässt sich ein Loft-NURBS vielseitiger einsetzen, denn es kann mit mehreren Splines unterschiedlicher Form umgehen.

Das Loft-NURBS arbeitet dabei so, dass es Verbindungen zwischen den untergeordneten Splines herstellt, so wie in Abbildung 2.54 zu erkennen. Dort habe ich – bei aktiver Frontal-Ansicht – einen Kreis und ein Rechteck aus den Spline-Grundobjekten abgerufen und diese Splines entlang der Z-Achse auseinander gezogen.

*Auf die Reihenfolge achten*

Dann rufen Sie ein Loft-NURBS aus dem bekannten Menü ab und ordnen die beiden Splines diesem unter. Dabei spielt die Reihenfolge der Splines unter dem NURBS-Objekt eine wichtige Rolle. Der oberste Spline wird immer als Start-Spline benutzt. Von diesem aus werden also die ersten Verbindungen zum nachfolgenden Spline gezogen. Sind mehr als nur zwei Splines unter dem Loft-NURBS eingeordnet, werden diese also von oben nach unten abgearbeitet.

Was Sie ebenfalls Abbildung 2.54 entnehmen können, ist die Art, wie Verbindungen zwischen Splines berechnet werden. Sie können dort erkennen, dass eine sichtbare Schattierung von der rechten oberen Ecke

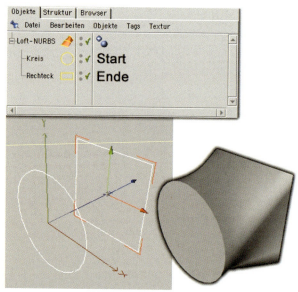

*Abbildung 2.54: Das Loft-NURBS verbindet mehrere Splines miteinander.*

des Rechtecks bis zur rechten Seite des Kreises verläuft. Diese Struktur kommt deshalb zustande, weil die Splines immer beginnend mit dem ersten Spline-Punkt untereinander verbunden werden.

Dies bedeutet also, dass der erste Punkt des Rechteck-Splines mit dem ersten Punkt des Kreis-Splines verbunden wird, der zweite Rechteck-Punkt mit dem zweiten Kreis-Punkt usw.

Dieses System kann am besten funktionieren, wenn alle Splines die gleiche Anzahl an Punkten besitzen und wenn die Lage und Reihenfolge der Spline-Punkte nicht zu unterschiedlich ist. CINEMA 4D versucht zwar unterschiedliche Punkt-Zahlen durch das Einfügen von dreieckigen Flächen auszugleichen, gegenüber unterschiedlichen Spline-Richtungen ist es jedoch machtlos.

Überprüfen Sie daher immer, ob die verwendeten Splines alle den gleichen Richtungssinn aufweisen. Sie können die Richtung der Splines an deren Farbverlauf erkennen. Gelb eingefärbt ist der Anfang eines Splines. Die Farbe verändert sich zu einem dunklen Rot am Ende des Splines.

Entdecken Sie einen Spline mit falscher Richtung, selektieren Sie den Spline und wählen Sie aus dem STRUKTUR-Menü den Punkt SPLINE BEARBEITEN → REIHENFOLGE UMKEHREN. Die Form des Splines bleibt dabei vollständig erhalten, nur die Reihenfolge der Punkte wird umgekehrt.

*Die Punkt-Reihenfolge verändern*

Sollten die Anfangspunkte von Splines einmal an zu unterschiedlichen Stellen liegen, können Sie ebenfalls im STRUKTUR-Menü die Befehle SPLINE BEARBEITEN → REIHENFOLGE RÜCKWÄRTS oder SPLINE BEARBEITEN → REIHENFOLGE VORWÄRTS benutzen. Dadurch rutschen die Punkte alle eine Position zurück oder nach vorne. Auch hier bleibt die Form des Splines davon unbeeinträchtigt.

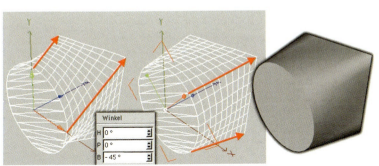

Abbildung 2.55: Die Anfangspunkte der Splines im Loft-NURBS sollten ungefähr auf einer gedachten Linie liegen.

Wie Sie Abbildung 2.55 entnehmen können, lassen sich bei Kreis-Splines solche Probleme recht einfach durch Rotation des Splines um dessen Symmetrie-Achse lösen. Nachdem in diesem Beispiel der Anfangspunkt des Kreises nach einer Rotation um die Z-Achse um -45° auf die gleiche Höhe wie der Anfangspunkt des Rechtecks gerutscht ist, verschwinden auch die störenden Schattierungen auf dem Loft-NURBS.

### Mehrere Splines im Loft-NURBS verwenden

Ich hatte bereits angesprochen, dass ein Loft-NURBS mit beliebig vielen Splines umgehen kann. Zu beachten ist dabei nur die besprochene Punktreihenfolge innerhalb der Splines und die Lage der jeweils ersten Spline-Punkte. Es sollten zudem alle Splines entweder offen oder geschlossen sein. Eine Mischung aus offenen und geschlossenen Splines kann nicht sauber berechnet werden und führt daher zu unerwünschten Ergebnissen.

Die Reihenfolge der Abarbeitung innerhalb des Loft-NURBS beginnt mit dem obersten Spline, wie es die Abbildung 2.56 darstellt. War diese Reihenfolge bei nur zwei verwendeten Splines noch nicht so wichtig, muss jedoch spätestens bei Hinzunahme eines dritten Splines auf die richtige Reihenfolge geachtet werden. Denken Sie immer daran, dass die Reihenfolge unter dem Loft-NURBS auch der Reihenfolge entspricht, in der die Splines miteinander verbunden werden.

*Abbildung 2.56: Es lassen sich beliebig viele Splines unter einem Loft-NURBS einordnen.*

Die Reihenfolge von Splines unter dem Loft-NURBS lässt sich durch *Drag&Drop* jederzeit umsortieren. Sie klicken also einen falsch eingeordneten Spline an und halten die Maustaste gedrückt. Ziehen Sie dann den Mauszeiger knapp über den Namen des Splines, über dem Sie den mitgezogenen Spline einordnen möchten. Dann lösen Sie die Maustaste wieder.

## Die richtige Unterteilung wählen

Was nun noch zu beachten wäre, ist die Anzahl der Unterteilungen innerhalb des Loft-NURBS. Gerade wenn Splines mit vielen kurvigen Abschnitten verwendet werden, kann eine zu geringe Unterteilung zu sichtbaren Ecken führen. Die Abbildung 2.57 zeigt dieses Phänomen in den Einkreisungen auf der linken Seite.

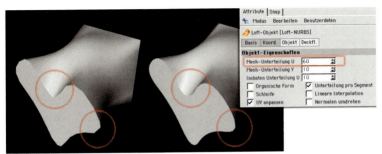

Abbildung 2.57: Je nach Spline-Form kann eine Erhöhung der Unterteilungen des Loft-NURBS notwendig sein.

Dies liegt daran, dass die Anzahl der benutzten Flächen, die für den Umlauf der Loft-NURBS-Mantelfläche benutzt werden, immer konstant bleibt. Wie Sie Abbildung 2.57 entnehmen können, reicht die eingestellte Anzahl an umlaufenden Flächen für die Form des Rechtecks und des Kreises noch aus, aber bei dem herzförmigen Spline im Vordergrund wären eigentlich mehr Unterteilungen nötig.

In solchen Fällen erhöhen Sie den Wert MESH-UNTERTEILUNG U im Attribute-Manager langsam, bis Sie mit der Rundung zufrieden sind (siehe rechter Teil der Abbildung 2.57).

Der Wert MESH-UNTERTEILUNG V steht für die Unterteilung an Flächen zwischen den vorgegebenen Splines. In der Regel kann dieser Wert gefahrlos auf zwei oder drei verringert werden, sofern die verwendeten Spline-Formen nicht zu unterschiedlich sind.

Sie sind bei Loft-NURBS keinesfalls auf eine einheitliche Ausrichtung der verwendeten Splines festgelegt. Sie können die Struktur also auch um Ecken führen. Dies macht das Loft-NURBS zu einem sehr wertvollen Werkzeug, wenn es um die Umsetzung von Modellen geht, bei denen exakt einzuhaltende Querschnitte vorgegeben sind. Denken Sie z.B. an einen

*Abbildung 2.58: Die Splines innerhalb eines Loft-NURBS müssen nicht zwingend in einer Richtung liegen.*

menschlichen Arm, der mit wenigen Querschnitten – z. B. Schulter, Bizeps, Ellenbogen, Unterarm, Handgelenk – umgesetzt werden könnte. Die Abbildung 2.58 zeigt ein solches Beispiel. Ich habe dabei einen Kreis-Grundspline erzeugt und diesen immer wieder kopiert, verschoben und leicht dessen Punkte und Tangenten verändert. Da Sie dabei immer die aktualisierte Form des Loft-NURBS vor sich haben – die Splines müssen dafür natürlich auch einem Loft-NURBS untergeordnet sein –, ist diese Arbeit sehr intuitiv. Sie sehen sofort, welchen Einfluss die Verschiebung eines Punktes oder die Veränderung einer Tangente auf das Gesamtobjekt hat.

Einziger Nachteil des Loft-NURBS ist, dass die Stuktur nicht verzweigt werden kann. Es kann also kein Übergang von einem Spline auf zwei gleichberechtigt nachfolgende Splines erzeugt werden, um die Form an der Stelle aufzuspalten. Der Übergang zwischen dem Handteller und den Fingern ist also z. B. mit dieser Technik nicht möglich. So etwas lässt sich nur mit HyperNURBS machen.

### Deckflächen mit regelmäßiger Unterteilung

Wie bei allen anderen NURBS-Objekten bietet auch das Loft-NURBS-Objekt Deckflächen mit oder ohne Rundung als zusätzliche Option an.

In diesem Zusammenhang taucht auch hier eine Option auf, die bislang bei den anderen NURBS-Objekten noch nicht erläutert wurde: REGELMÄSSIGE UNTERTEILUNG. Dadurch können die ansonsten durch recht unschöne Dreiecke geschlossenen Deckflächen in ein gleichmäßiges Raster von Punkten und Flächen unterteilt werden.

Dies nimmt zwar mehr Speicherplatz in Anspruch, ist jedoch die einzige Möglichkeit, solche Objekte im Nachhinein zu deformieren. Wie Sie später in den Workshops noch feststellen werden, sind beim Verbiegen oder Verdrehen von Objekten viele kleine Flächen innerhalb des Objekts die beste Voraussetzung für ein gutes Ergebnis. Es kann nämlich nur dort deformiert werden, wo Punkte vorhanden sind. Bei den großflächigen Dreiecken, aus denen ansonsten die Deckflächen zusammengesetzt sind, sind diese nützlichen Punkte innerhalb der Deckfläche nicht vorhanden, wodurch es dann zu massiven Problemen kommen kann.

*Das Raster*

Wie fein dieses Raster ausfallen soll, steuert der WEITE-Wert. Er gibt die Seitenlänge der quadratischen Flächen innerhalb der Deckfläche an. Je kleiner der Wert, desto mehr Flächen und Punkte werden also in den Deckflächen erzeugt.

Die Abbildung 2.59 stellt Ihnen zur Anschauung den Aufbau von Deckflächen mit und ohne regelmäßige Unterteilung direkt gegenüber. Dort können Sie auch erkennen, wie eine zu feine Unterteilung von Deckflächen zu einer sehr hohen Anzahl zusätzlicher Flächen führt, die zunächst einmal keinen optischen Vorteil gegenüber den normal geschlossenen Deckflächen haben.

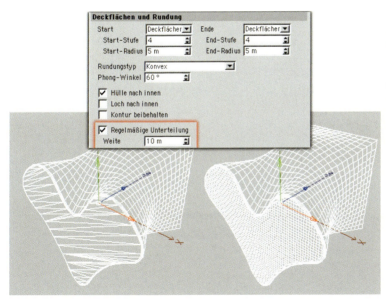

*Abbildung 2.59: Regelmäßig unterteilte Deckflächen liefern bessere Ergebnisse, wenn ein Loft-NURBS konvertiert und deformiert werden soll.*

Benutzen Sie diese Option also nur, wenn Sie das Objekt deformieren möchten oder z. B. nach einer Konvertierung des NURBS-Objekts auf diese zusätzlichen Punkte in den Deckflächen angewiesen sind.

### 2.5.6 Das Sweep-NURBS-Objekt

Tatsächlich ist das Loft-NURBS so vielseitig einsetzbar, dass es eigentlich die Funktionen der anderen Spline-basierten NURBS-Objekte überflüssig macht. Es gibt jedoch Fälle, bei denen es einfach zu umständlich wäre, eine riesige Anzahl an Spline-Querschnitten anzulegen, um z. B. ein Rohr oder Kabel darzustellen, das mehrere Biegungen hat.

Speziell für diese Fälle ist das Sweep-NURBS besser geeignet, denn es kann einen Spline als Pfad für einen Profil-Spline benutzen. Hierbei gehen Sie so vor, dass Sie zuerst einen Spline erzeugen, der den Weg beschreibt. Sie benötigen nun noch einen zweiten Spline, der unbedingt in der XY-Ebene liegen muss. Dieser Spline definiert dann den Querschnitt der Form. Bei einem Kabel oder Rohr reicht dafür also meist ein Kreis aus.

Diese beiden Splines ordnen Sie dem Sweep-NURBS unter, wobei unbedingt auf die in Abbildung 2.60 dargestellte Reihenfolge zu achten ist. Zuoberst muss das Profil und als Zweites der Pfad unter dem NURBS-Objekt eingeordnet werden.

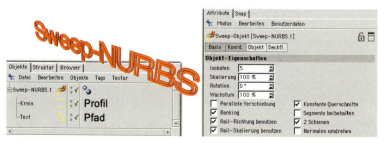

*Abbildung 2.60: Mit Sweep-NURBS lassen sich Splines selbst als Pfade verwenden.*

Das Sweep-NURBS hat noch eine Reihe zusätzlicher Funktionen, die jedoch zu speziell und in der Praxis wenig gebräuchlich sind. Ich gehe daher nur auf die wichtigeren Parameter des Sweep-NURBS im Attribute-Manager ein.

*Sweep-NURBS-Parameter*

Über den SKALIERUNG-Wert kontrollieren Sie die Größe des Profils auf dem Pfad-Spline. Bei Werten unter 100% wird das Profil zum Ende des Pfad-Splines hin immer kleiner. Werte über 100% vergrößern das Profil zum Ende hin. Diese Option arbeitet also wie bereits beim Lathe-NURBS beschrieben.

Mit dem Wert für die ROTATION können Sie das Profil zwischen Start- und End-Punkt des Pfad-Splines rotieren lassen. Dies macht natürlich nur Sinn, wenn es sich bei dem Profil nicht um eine rotationssymmetrische Form handelt.

Der WACHSTUM-Wert steuert, welche Länge des Pfad-Splines mit dem Profil beaufschlagt werden soll. Bei einem Wert von 50% wird also nur der halbe Pfad-Spline mit dem Sweep-NURBS berechnet. Bei den voreingestellten 100% wird immer der gesamte Pfad-Spline benutzt.

Die übrigen Optionen aktivieren und steuern das Aussehen, wenn noch zusätzliche Steuerungs-Splines, so genannte *Rail*-Splines, benutzt werden. Über diese kann z. B. die Skalierung des Profil-Splines an jeder Stelle des Pfades gezielt gesteuert werden. Ich halte diese Funktion für zu speziell und in der Praxis für zu wenig benutzt, um hier näher darauf eingehen zu wollen. Auch hier ist das HyperNURBS in solchen Fällen vielseitiger einsetzbar.

## 2.5.7 Das Bezier-NURBS-Objekt

Der Vollständigkeit halber sei hier noch kurz das Bezier-NURBS angesprochen. Es ist noch ein Überbleibsel aus älteren Programm-Versionen, die noch keine HyperNURBS enthielten.

Das Bezier-NURBS stellt eine viereckige Fläche mit einer einstellbaren Anzahl an Kontrollpunkten zur Verfügung (RASTERPUNKTE X und RASTERPUNKTE Y).

Diese Rasterpunkte lassen sich im Punkte-bearbeiten-Modus selektieren und verschieben. Dadurch wird die darunter liegende Fläche – in Abbildung 2.61 rot dargestellt – verformt. An sich eine elegante Art, Verformun-

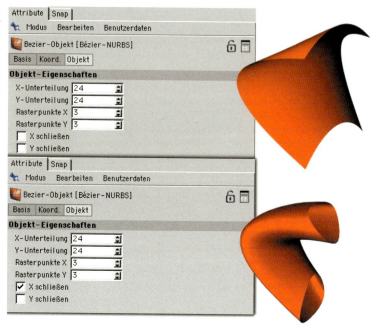

*Abbildung 2.61: Bezier-NURBS sind seit der Einführung der HyperNURBS praktisch überflüssig geworden. Sie erzeugen räumlich begrenzt gebogene Flächen.*

gen vorzunehmen. Leider lassen sich jedoch keine Verbindungen zwischen mehreren dieser Bezier-Flächen herstellen, um komplexere Objekte, wie z. B. Karosserie-Teile, nachbauen zu können.

Man ist einfach zu sehr auf die rechteckige Grundform beschränkt.

Über die beiden Optionen X SCHLIEßEN und Y SCHLIEßEN kann eine interne Verbindung der Ränder der Bezier-Fläche aktiviert werden, was zu einer röhren- oder schlauchförmigen Form führt.

## 2.5.8 Ausblick

Zuerst einmal herzlichen Glückwunsch, dass Sie bis hierher so tapfer durchgehalten haben. Ich bin mir natürlich bewusst, dass bislang eher die graue Theorie im Vordergrund meiner Ausführungen stand. Dies hat jedoch den Vorteil, dass nun sowohl Leser, die bislang noch nie etwas mit CINEMA 4D oder *3D* überhaupt zu tun hatten, und solche, die bereits Erfahrungen sammeln konnten, auf einem einheitlichen Wissensstand sind.

Zudem muss ich nun in den folgenden Arbeitsbeispielen nicht mehr bei jedem Arbeitsschritt erklären, welche Funktion ein benutztes Werkzeug hat oder wo ein bestimmtes Objekt abzurufen ist. Dies macht thematisch und inhaltlich den Blick frei für den grundsätzlichen Aufbau einer 3D-Szene und wie z. B. eine bestimmte Form mit den zur Verfügung stehenden Mitteln umgesetzt werden kann.

Das folgende Kapitel wird daher gleich den Sprung in das kalte Wasser der Praxis wagen. Mit dem bislang Gelernten sind Sie dafür gut gerüstet.

## 3   Ein Bauernhaus modellieren

- 3.1   Eigene Bildvorlagen erstellen .................................................. 127
- 3.2   Die Hausfront ............................................................................. 134
- 3.3   Die Seite des Hauses ................................................................ 150
- 3.4   Die Wände modellieren ............................................................ 167
- 3.5   Das Dach ..................................................................................... 171
- 3.6   Zusammenfassung .................................................................... 173
- 3.7   Materialien erzeugen und zuweisen ...................................... 174

## 4   Eine Szene zusammenstellen

- 4.1   Einen Telegraphenmast modellieren ...................................... 203
- 4.2   Ein Maisfeld modellieren ......................................................... 206
- 4.3   Einen Misthaufen modellieren ................................................ 210
- 4.4   Einen Himmel modellieren ...................................................... 212
- 4.5   Kombinieren der Objekte ......................................................... 216
- 4.6   Das Ausleuchten der Szene ..................................................... 226

## 5   Einen Charakter modellieren

- 5.1   Die Vorlagen laden .................................................................... 239
- 5.2   Die Modellierung ....................................................................... 240
- 5.3   Die Berechnung der fertigen Szene ........................................ 261
- 5.4   Ausblick ....................................................................................... 265

# Praxis

Der Praxisteil greift die im ersten Teil besprochenen Funktionen auf und demonstriert das Zusammenspiel der angebotenen Werkzeuge. Anhand konkreter Beispiele werden schwerpunktmäßig die Modellierung mit Grundobjekten, Splines und HyperNURBS, das Texturieren von Objekten und die realistische Beleuchtung und Berechnung einer Szene veranschaulicht.

# Ein Bauernhaus modellieren

**KAPITEL 3**

In diesem ersten Arbeitsbeispiel möchte ich zusammen mit Ihnen ein Bauernhaus modellieren. Das Lernziel besteht darin, den Umgang mit den vorgestellten Managern und den gängigsten Werkzeugen zu üben. Zudem möchte ich Ihr Auge dafür schärfen, wie man relativ komplexe Modelle in einfache Objektgruppen aufteilen kann.

## 3.1 Eigene Bildvorlagen erstellen

Grundsätzlich macht es immer Sinn, sich entweder selbst Skizzen des modellierenden Gegenstandes anzufertigen oder sich entsprechendes Bildmaterial zu besorgen. Dies hilft nicht nur dabei, die Proportionen einzuhalten, sondern auch, sich bereits vor Beginn der Arbeit Gedanken über die günstigste Herangehensweise zu machen. Wie auch in anderen Situationen gibt es nämlich immer mehrere Wege zum Ziel.

*Benötigte Ansichten*

Ich habe zur Vorbereitung auf dieses Arbeitsbeispiel zwei Skizzen eines Bauernhauses im Fachwerkstil angefertigt. Dabei sollten Sie bei Ihren Skizzen immer so vorgehen, dass Sie mindestens eine frontale und eine seitliche Ansicht des Gegenstandes abbilden, den Sie modellieren möchten. Wenn dies für die Abbildung der Form hilfreich ist, kann zusätzlich auch eine Ansicht von oben oder unten gemacht werden.

*Abbildung 3.1:
Die verwendeten
Skizzen sollten be-
züglich markanter
Stellen überein-
stimmen. Dazu
verwendet man im
Vorfeld am besten
Hilfslinien.*

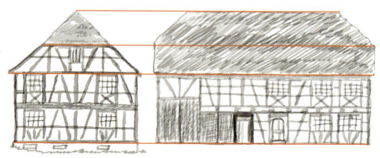

 Man sollte dabei nicht einfach drauflos zeichnen, sondern mit Hilfslinien arbeiten, die horizontal die markantesten Stellen an dem Objekt markieren.

Ich bin so vorgegangen, dass ich zuerst die Front des Gebäudes skizziert habe. Dann legte ich horizontale Hilfslinien an – in der Abbildung sind diese in Rot eingezeichnet –, die die markantesten Abschnitte aufgreifen.

Dies sollten z. B. der höchste und niedrigste Punkt des Objekts sein. Allgemein kann man festhalten: Je mehr Hilfslinien benutzt werden, desto exakter kann die seitliche Ansicht angelegt werden. So könnten in Abbildung 3.1 noch weitere Linien für die Ober- und Unterkante der Fenster und für die Lage der mittleren Balken eingezeichnet werden, die ich hier aus Gründen der Übersichtlichkeit weggelassen habe.

Um optimalen Nutzen aus den Hilfslinien zu ziehen, sollten Sie beide Ansichten auf einem Blatt Papier bzw. in einem Dokument Ihrer Grafiksoftware erstellen. Nach Fertigstellung der Skizzen speichern Sie die beiden Ansichten separat als Bilddateien ab.

 Um eine einheitliche Ausgangsbasis für die folgenden Arbeitsschritte zu haben, finden Sie die beiden Bilder mit meinen skizzierten Ansichten auch auf der beiliegenden CD-ROM.

### 3.1.1 Bildvorlagen in CINEMA 4D laden

Es gibt mehrere Möglichkeiten, Bilder in CINEMA 4D als Referenz für die Modellierung zu verwenden. Für mich am praktikabelsten ist es, die Bilder wie bemalte Stellwände im dreidimensionalen Raum zu platzieren. Die folgende Erläuterung bezieht sich auf die Bezifferung in der Abbildung.

## 3.1 Eigene Bildvorlagen erstellen

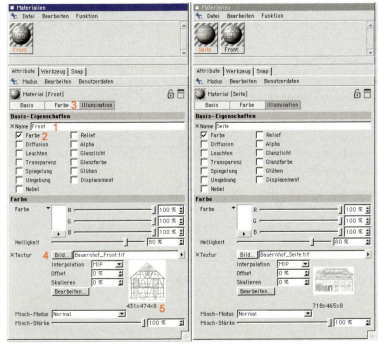

Abbildung 3.2:
Bildvorlagen laden

1. Wählen Sie im Materialien-Manager den Befehl NEUES MATERIAL aus dem DATEI-Menü. Es erscheint eine graue Vorschaukugel, die das Standardmaterial darstellt.

2. Im Attribute-Manager können Sie nun in den Basis-Eigenschaften einen passenden Namen für das Material vergeben. Tragen Sie hier z. B. *Front* ein, da das Material die frontale Ansicht des Hauses abbilden soll (siehe Ziffer 1).

3. Unter dem Namen-Eingabefeld finden Sie in den *Basis*-Eigenschaften die diversen Kanäle des Materials. Es handelt sich dabei um die Eigenschaften dieses Materials. Da es uns hier nur um die bildliche Darstellung unserer Skizzen geht, deaktivieren Sie dort alle Kanäle bis auf den Farbe-Kanal (siehe Ziffer 2).

4. Um auf die Parameter des Farbe-Kanals zugreifen zu können, muss der *Farbe*-Reiter in der Kopfzeile des Attribute-Managers aktiviert sein (siehe Ziffer 3).

129

5. Sie finden neben der Bezeichnung *Textur* im Farbe-Kanal eine BILD...-Schaltfläche, die Sie einmal anklicken (siehe Ziffer 4). Es öffnet sich ein Datei-Dialog, in dem Sie die Bilddatei mit der frontalen Ansicht auswählen.

6. Wurde das Bild erfolgreich in den Farbe-Kanal geladen, erhalten Sie als Bestätigung eine verkleinerte Abbildung des Bildes (siehe Ziffer 5).

Damit ist dieser Vorgang für die frontale Ansicht abgeschlossen. Sie haben soeben ein neues Material erzeugt und dort in den Farbe-Kanal ein Bild eingeladen. Sie müssen diesen Vorgang nun noch für die seitliche Ansicht wiederholen.

Erzeugen Sie also ein weiteres neues Material im Material-Manager, wählen Sie einen passenden Namen, wie z. B. *Seite,* und laden Sie diesmal das Bild der seitlichen Ansicht in den Farbe-Kanal. Die Abbildung gibt auf der rechten Seite dieses zweite Material wieder.

### 3.1.2 Materialien und Objekte verbinden

Sie haben zwar nun zwei Materialien definiert, diese sind für sich genommen jedoch noch nicht ausreichend. Sie können sich unter einem Material eine Ansammlung von Beschreibungen für eine Objekt-Oberfläche vorstellen. Dies kann – wie in unserem Fall – nur die Farb-Information eines eingeladenen Bildes sein, oder auch die Rauigkeit einer Oberfläche bzw. deren Glanzverhalten.

Damit diese Informationen auch dargestellt werden können, benötigen Sie Flächen, auf die das Material aufgebracht werden kann. Da es hier nur um rechteckige Bilder geht, reicht dafür eine einzige Fläche aus. Diese kann z. B. mit dem Polygon-Grundobjekt erzeugt werden. Sie finden dieses Objekt bei den Grundobjekten, wo z. B. auch der Würfel zu finden ist. Das Symbol des Polygon-Grundobjekts stellt ein Dreieck dar.

Ziehen Sie dann die Materialkugel des *Seite*-Materials auf den Namen des Polygon-Objekts im Objekt-Manager, wie es die Abbildung 3.3 andeutet. Sie halten dazu die Maustaste gedrückt, während Sie den Mauszeiger von der Material-Vorschaukugel im Material-Manager auf das Objekt im Objekt-Manager verschieben. Sobald Sie die Maustaste lösen, erscheint dann ein Material-Tag mit der verkleinerten Abbildung des zugewiesenen Materials hinter dem Objekt.

In diesem Fall müssen wir uns nicht näher mit den verfügbaren Optionen beschäftigen, die mit der Platzierung von Materialien auf Objekten zu tun haben, da bei der Material-Zuweisung auf ein Grundobjekt automatisch die so genannten UV-Koordinaten benutzt werden. Dies bedeutet, dass das Material automatisch an die Oberfläche des Objekts angepasst und auf dieser fixiert wird. Spätere Arbeitsbeispiele werden zeigen, dass in einigen Fällen aber auch manuell angepasst werden muss.

*Abbildung 3.3: Materialien werden Objekten mit »Drag&Drop«-Aktionen zugewiesen.*

### Einen weiteren Attribute-Manager öffnen

Damit unser Vorschaubild unverzerrt im Editor dargestellt wird, muss das Polygon das gleiche Seitenverhältnis haben wie das verwendete Bild im Farbe-Kanal des Materials. Aktivieren Sie dazu die Materialkugel des *Seite*-Materials im Materialien-Manager, um im Attribute-Manager die bereits bekannten Parameter des Materials einsehen zu können. Aktivieren Sie im Attribute-Manager die Parameter-Seite des Farbe-Kanals und klicken Sie dann auf das Symbol des Attribute-Managers oben rechts in der Ecke. Die Abbildung 3.4 markiert dieses Symbol mit der Ziffer 1.

Es öffnet sich ein neuer Attribute-Manager für die Parameter. Verschieben Sie diesen neuen Attribute-Manager so, dass Sie auch den »Original«-Attribute-Manager einsehen können. Selektieren Sie jetzt das Polygon-Objekt im Objekt-Manager und aktivieren Sie im Original Attribute-Manager die Anzeige der Objekt-Eigenschaften.

Übertragen Sie die Abmessungen des Textur-Bildes aus dem Material-Farbe-Kanal – Sie finden diese Angabe unter dem Vorschaubild im Farbe-Kanal – manuell in die Eingabefelder für die Breite und Höhe des Polygon-Grundobjekts. Damit das Polygon in der ZY-Ebene der seitlichen Editor-Ansicht liegt, muss zudem die RICHTUNG des Polygon-Objekts auf »-X« eingestellt werden. Diese Richtungsangabe bezieht sich auf die Z-Achse des Objekts. Sie wird dadurch also in Richtung der negativen Welt-X-Achse zeigen.

Verändern Sie schließlich den Namen des Polygon-Objekts bei den Basis-Eigenschaften zu *Seitenansicht*, wie es die Abbildung 3.4 zeigt. Sie können dann den Attribute-Manager mit den Parametern des Materials wieder schließen.

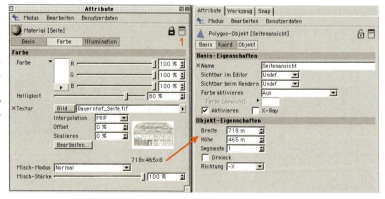

*Abbildung 3.4: Mehrere Attribute-Manager können gleichzeitig geöffnet werden, um das Übertragen von Werten z. B. von einem Objekt auf ein anderes zu erleichtern.*

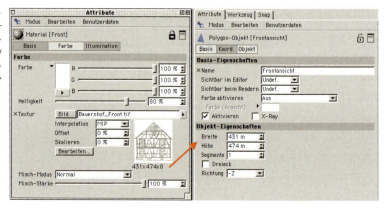

*Abbildung 3.5: Das Material der frontalen Bildvorlage wird ebenfalls einem Polygon-Objekt zugewiesen.*

## Die frontale Ansicht

Verfahren Sie nach dem gleichen Schema für die frontale Bildvorlage. Erzeugen Sie also ein neues Polygon-Grundobjekt, weisen Sie diesem per Drag&Drop das *Front*-Material zu, öffnen Sie eine Kopie des Attribute-Managers mit den Farbe-Parametern des *Front*-Materials und übernehmen Sie die Abmessungen der frontalen Bildvorlage für die Breite und die Höhe des Polygon-Objekts.

Die RICHTUNG des Polygon-Grundobjekts muss diesmal mit »-Z« angegeben werden, da diese Fläche in der frontalen Editor-Ansicht, also in der XY-Ebene liegen soll.

Verändern Sie schließlich noch den Namen dieses Polygon-Objekts zu *Frontalansicht*, wie es die Abbildung 3.5 zeigt, und schließen Sie dann den überflüssig gewordenen Attribute-Manager mit den Material-Parametern.

## Ausrichten der Vorlagen

Wenn Sie nun einen Blick in die Editor-Ansichten werfen – Sie sollten die Darstellungsqualität im DARSTELLUNG-Menü für alle Editor-Ansichten auf QUICK-SHADING schalten, um die Materialien angezeigt zu bekommen –, stellt sich die Situation wie in Abbildung 3.6 oben dar. Die beiden Polygon-Flächen liegen in der Mitte des Welt-Systems und die Fläche mit der seitlichen Ansicht ist zudem verdreht.

Selektieren Sie daher das Polygon-Objekt mit der seitlichen Bildvorlage im Objekt-Manager und drehen Sie diese Fläche um 90° um die X-Achse. Verschieben Sie diese Fläche danach um 230 Einheiten in Richtung der negativen X-Achse.

Die Fläche mit der frontalen Ansicht ist zwar richtig orientiert, sollte jedoch mit der seitlichen Ansicht abgeglichen werden. Die dargestellte Häuserfront ist schließlich am Ende des Hauses und nicht in dessen Mitte zu finden. Verschieben Sie die frontale Polygon-Fläche also um 370 Einheiten auf der positiven Z-Achse.

Wenn Sie nun die seitliche und die frontale Editor-Ansicht auf die bislang vorhandene Szene zoomen – benutzen Sie dafür den Befehl AUF SZENE ZOOMEN im BEARBEITEN-Menü der jeweiligen Editor-Ansicht –, sollte sich Ihnen ein Bild wie in Abbildung 3.6 unten darstellen. Die seitliche und die frontale Ansicht zeigen jeweils das gewünschte Referenzbild.

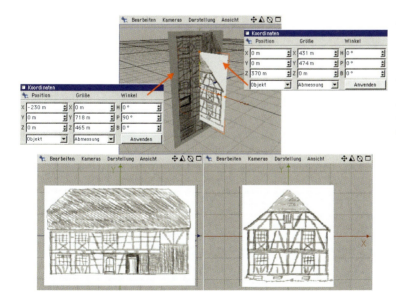

Abbildung 3.6: Durch Rotation und Verschiebung der Polygonflächen platziert man die Vorlagen so, dass sie in der seitlichen und frontalen Ansicht benutzt werden können.

## 3.2 Die Hausfront

Da Sie nun dank der virtuellen Bildvorlagen eine Hilfestellung bei der Modellierung des Hauses vorliegen haben, können wir mit dem Bau beginnen. Wir werden dabei zuerst die Frontseite konstruieren.

Da die entsprechende Bildvorlage in der frontalen Ansicht – also der XY-Ansicht – zu sehen ist, werden alle nachfolgend beschriebenen Arbeitsschritte auch in dieser Ansicht vorgenommen. Wenn Sie mögen, können Sie also die frontale Ansicht mit einem Klick auf deren Vergrößerungs-Symbol in der Kopfzeile maximal vergrößern und die übrigen drei Editor-Ansichten dadurch kurzfristig ausblenden. Viele der gezeigten Abbildungen enthalten Informationen über Positionen und Größen der Objekte.

> Der Koordinaten-Manager erlaubt keinen Zugriff auf die Parameter von Grundobjekten. Lassen Sie sich daher nicht dazu verführen, z. B. Veränderungen an der Länge eines Würfels dort machen zu wollen. Benutzen Sie immer den Attribute-Manager, um die Werte von Grundobjekten zu verändern. Die Verschiebung und Verdrehung von Grundobjekten kann jedoch auch im Koordinaten-Manager vorgenommen werden.

Zudem verstehen Sie die abgebildeten Werte – sofern nicht explizit gefordert – bitte nur als Anhaltspunkte. Es ist also keinesfalls nötig, die teilweise mit Tausendstel-Anteilen versehenen Positionsangaben exakt zu übernehmen. Es reicht völlig aus, sich an der Bildvorlage zu orientieren und die Objekte entsprechend zu platzieren.

Rufen Sie als Erstes ein Würfel-Grundobjekt auf und platzieren Sie dies in der frontalen Ansicht. Die Abmessungen können Sie Abbildung 3.7 entnehmen. Fügen Sie eine kleine Rundung von einer Einheit hinzu, damit die Balken-Kanten weicher schattiert dargestellt werden.

Verschieben Sie eine Kopie des Würfels an den rechten Haus-Rand. Erzeugen Sie eine weitere Kopie und verkürzen Sie deren Länge im Attribute-Manager auf 90 m. Platzieren Sie diesen Balken in der Mitte der ersten Etage. Kopien dieses Würfels verschieben Sie entlang der X-Achse jeweils neben die Fenster (siehe Abbildung 3.8).

Um die entsprechenden Balken im Erdgeschoss zu ergänzen selektieren Sie alle kurzen Balken mit [Shift]-Klicks und kopieren diese. Die weiterhin selektierten Balken-Würfel verschieben Sie entlang der Y-Achse nach unten. Achten Sie darauf, dass rechts im Erdgeschoss ein zusätzlicher Balken vorhanden ist (siehe Abbildung 3.9).

## 3.2 Die Hausfront

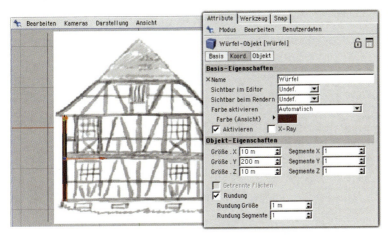

Abbildung 3.7:
Ein Würfel mit kleiner Rundung bildet den ersten Balken.

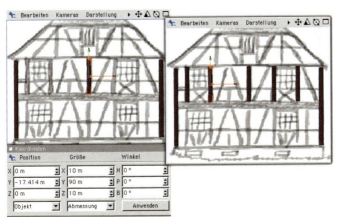

Abbildung 3.8:
Kopien des ersten Würfels bilden weitere Balken der Hausfront.

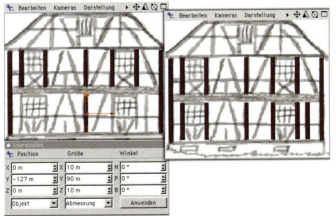

Abbildung 3.9:
Die Würfel aus der ersten Etage können durch Kopieren und Verschieben entlang der Y-Achse die Balken im Erdgeschoss ergänzen.

*Abbildung 3.10: Die Balken im Dachgeschoss sind etwas kürzer als in den übrigen Etagen.*

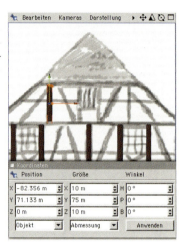

*Abbildung 3.11: Eine Ebene mit vier mal drei Unterteilungen bildet das Fenster.*

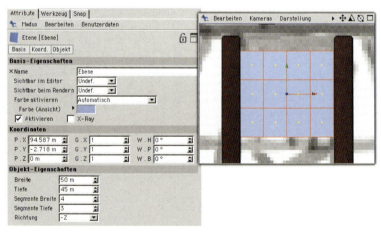

Kopieren Sie einen beliebigen Würfel und verkürzen Sie dessen Länge auf 75 Einheiten. Verschieben Sie diesen Würfel auf eine passende Position im Dachgeschoss. Ergänzen Sie die hier noch fehlenden Balken mit auf der X-Achse verschobenen Kopien des Würfels (siehe Abbildung 3.10).

Rufen Sie ein Ebene-Grundobjekt auf und geben Sie diesem die Einstellungen aus Abbildung 3.11. Auch hier gilt, dass Sie die Koordinaten der Ebenen-Position nicht bis auf die Tausendstel übernehmen müssen. Orientieren Sie sich einfach an der Bildvorlage.

Konvertieren Sie die Ebene und selektieren Sie alle Flächen. INNEN EXTRUDIEREN Sie diese Flächen mit einem OFFSET von 1 m. Deaktivieren Sie die

## 3.2 Die Hausfront

*Abbildung 3.12: Das Innen Extrudieren der Ebene erzeugt zusätzliche Flächen zwischen den Polygonen.*

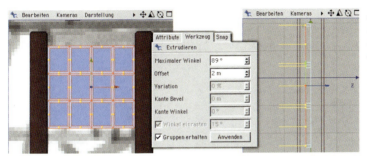

*Abbildung 3.13: Durch Extrudieren bekommen die Scheiben zwischen den Fensterscheiben eine Dicke.*

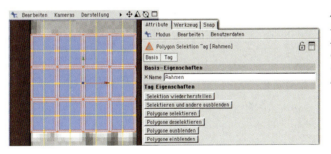

*Abbildung 3.14: Selektion Tags speichern die aktuelle Selektion am Objekt unter einem Namen ab.*

GRUPPEN ERHALTEN-Option, damit alle Flächen für sich extrudiert und somit Streben zwischen den Glasscheiben sichtbar werden (Abbildung 3.12).

Damit die Streben nicht flach bleiben, invertieren Sie die Selektion mit dem gleichnamigen Befehl im SELEKTION-Menü und benutzen dann die EXTRUDIEREN-Funktion mit einem OFFSET von 2 m. Erhalten Sie dabei die Gruppen (siehe Abbildung 3.13).

Benutzen Sie SELEKTION VERGRÖßERN und danach SELEKTION EINFRIEREN im SELEKTION-Menü. Aktivieren Sie das Polygon Selektion Tag im Objekt-Manager und tragen Sie dafür *Rahmen* als Namen im Attribute-Manager ein. Mit Hilfe dieses Tags kann später ein Material gezielt auf diese Selektion gelegt werden (siehe Abbildung 3.14).

*Abbildung 3.15:
Pro Objekt können
mehrere Selektion
Tags angelegt
werden, wenn vor
Aufruf von »Selektion einfrieren«
kein Selektion Tag
aktiv ist.*

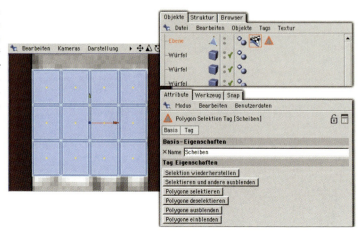

*Abbildung 3.16:
Mit der Unterteilen-Funktion
können selektierte
Flächen unterteilt
werden.*

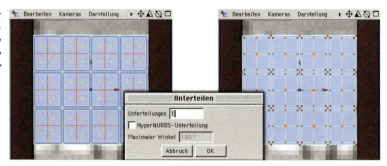

Invertieren Sie die Polygon-Selektion und klicken Sie im Objekt-Manager auf ein anderes Tag hinter der Ebene. Wählen Sie SELEKTION EINFRIEREN und geben Sie dem neuen Selektion Tag den Namen *Scheiben*. Das Deaktivieren des vorhandenen Selektion Tags ist notwendig, da dieses ansonsten von der neuen Selektion überschrieben wird (siehe Abbildung 3.15).

Benutzen Sie den UNTERTEILEN-Befehl im STRUKTUR-Menü mit Unterteilungen »1«. Dieser Befehl teilt selektierte Flächen pro eingetragener Unterteilung je einmal längs und quer. Im Punkte-Modus selektieren Sie alle Punkte, die innerhalb der Fensterflächen neu entstanden sind (siehe Abbildung 3.16).

Tragen Sie im Koordinaten-Manager »-2« für die Z-Position der selektierten Punkte ein. Es entstehen dadurch kleine Pyramiden, die mit Hilfe des Glätten-Tags wie Wölbungen im Glas aussehen (siehe Abbildung 3.17).

## 3.2 Die Hausfront

Abbildung 3.17:
Die Verschiebung der mittleren Punkte bewirkt zusammen mit dem Glätten-Tag eine optische Wölbung der Scheiben.

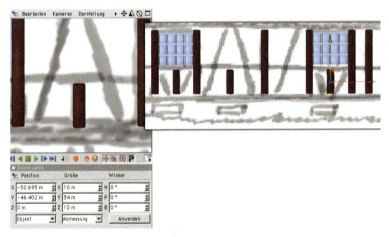

Abbildung 3.18:
Verkürzte Würfel finden am Fuß des Hauses Platz.

Nachdem Sie Kopien der Fenster-Ebene entsprechend der Bildvorlage platziert haben, korrigieren Sie ggf. die Lage der einrahmenden Würfel. Verkürzen Sie eine Würfel-Kopie im Attribute-Manager auf 34 m und verschieben Sie Kopien dieses Würfels wie in Abbildung 3.18 zu sehen.

Erzeugen Sie einen neuen Würfel mit den gezeigten Einstellungen (siehe Abbildung 3.19). Dieser wird als Querbalken eingesetzt. Kontrollieren Sie dessen Länge und Lage, indem Sie die beiden oberen Editor-Ansichten auf Ansicht von oben schalten und auf den linken bzw. rechten Hauspfosten einrichten. So können Sie gleichzeitig beide Enden des Balkens in Nahaufnahme beobachten.

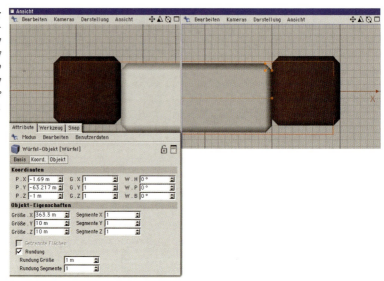

Abbildung 3.19:
Mehrere Editor-Ansichten können die gleiche Kamera benutzen und so aus der gleichen Richtung auf die Objekte blicken.

Abbildung 3.20:
Die Mitte der Hausfront wird von drei Querbalken gebildet.

Platzieren Sie den Querbalken und eine Kopie davon bei der Mitte des Hauses. Eine weitere Kopie – in Abbildung 3.20 rot gekennzeichnet – findet dazwischen Platz, wird jedoch um +1 m nach hinten (entlang der Z-Achse) versetzt.

Weitere Kopien des ursprünglichen Querbalkens begrenzen die Fenster nach unten und bilden das Fundament. Der Balken unter dem Dach-

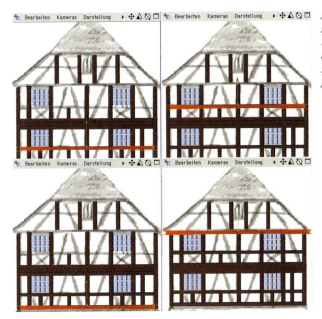

Abbildung 3.21: Kopien der Querbalken werden an mehreren Stellen der Hausfront verwendet.

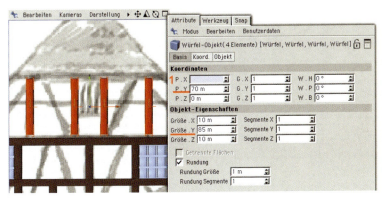

Abbildung 3.22: Mehrere selektierte Objekte können im Attribute-Manager gleichzeitig verschoben oder skaliert werden.

geschoss muss etwas verlängert werden, um bis zum Dach zu reichen (siehe Abbildung 3.21). Falls bei Ihnen eine Lücke zwischen Längs- und Querbalken klafft, selektieren Sie zusammengehörende Gruppen solcher Balken mit Shift-Klicks und verändern Sie im Attribute-Manager die Länge und Position, bis der Abstand verschwunden ist.

Blau unterlegte Felder (Abbildung 3.22, Ziffer 1) markieren bei mehreren selektierten Objekten Werte, die unterschiedlich sind. Dort kann ein Wert eingetragen werden, der dann von allen selektierten Objekten übernommen wird.

*Abbildung 3.23 l:
Ein verkürzter
Querbalken
schließt das Haus
zum Dach hin ab.*

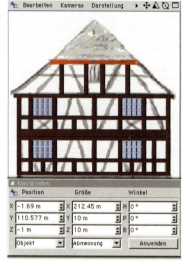

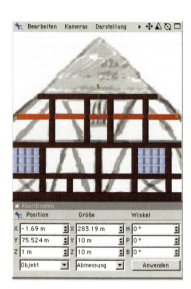

*Abbildung 3.24 r:
Der Querbalken im
Dachgeschoss ist
vorerst durchgehend
angelegt.*

*Abbildung 3.25:
Die Punkte des
mittleren Segments am konvertierten
Würfel werden
neben dem
Fenster platziert.*

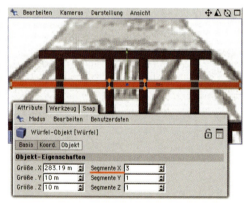

Eine verkürzte Kopie des oberen Querbalkens schließt das Haus nach oben hin ab. Lassen Sie auch hier den Balken seitlich noch etwas in das Dach hineinragen (siehe Abbildung 3.23).

Für den horizontalen Balken im Dachgeschoss gibt es zwei Möglichkeiten: entweder Sie benutzen zwei separate Würfel oder Sie folgen diesem Beispiel und legen einen einzelnen Würfel-Balken über die gesamte Länge an. Beachten Sie die Z-Position bei +1, damit der Balken hinter dem Längsbalken verläuft (siehe Abbildung 3.24).

Geben Sie diesem Balken drei X-Segmente und konvertieren Sie ihn dann. Selektieren Sie im Punkte-Modus die mittleren Punkte und skalieren Sie

## 3.2 Die Hausfront

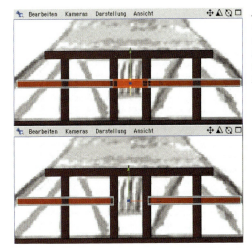

Abbildung 3.26:
Durch das Löschen der Flächen in der Mitte des Querbalkens wird dieser dort geöffnet.

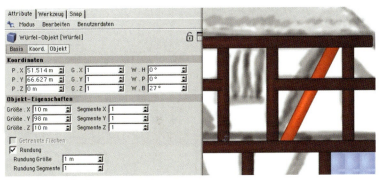

Abbildung 3.27:
Der erste Diagonal-Balken entsteht aus einer gedrehten Würfel-Kopie. Den entsprechenden Balken auf der anderen Haus-Seite erzeugen Sie aus einer Kopie des Diagonal-Balkens, wobei Sie das Vorzeichen der Rotation ändern (hier von +27° auf −27°).

diese entlang der X-Achse, bis diese links und rechts an den mittleren Längsbalken liegen (siehe Abbildung 3.25).

Benutzen Sie im SELEKTION-Menü den Befehl SELEKTION UMWANDELN... und aktivieren Sie die Option PUNKTE ZU POLYGONE. Alle Polygone, deren Eckpunkte aus selektierten Punkten bestehen, werden nun selektiert. Löschen Sie diese Polygone (siehe Abbildung 3.26).

Erzeugen Sie die diagonalen Balken im Dachgeschoss aus einer verlängerten und um die Z-Achse rotierten Würfel-Kopie (siehe Abbildung 3.27).

Sie müssen diesen Balken dann nur noch entlang der Welt-X-Achse verschieben. Die Objekt-X-Achse kann hier wegen der Rotation nicht mehr benutzt werden (siehe Abbildung 3.28).

143

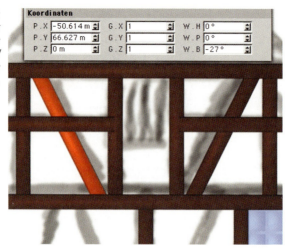

*Abbildung 3.28:
Ein Wechsel des
Vorzeichens beim
Rotations-Winkel
spiegelt den
Diagonal-Balken.*

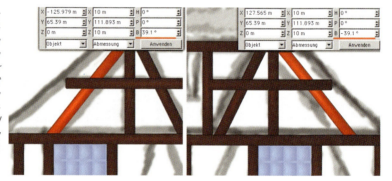

*Abbildung 3.29:
Weitere Diagonal-
Balken entstehen
aus gedrehten
Würfel-Kopien. Der
entgegengesetzt
geneigte Balken
wird durch Vor-
zeichenwechsel
und Verschiebung
ergänzt.*

Nach dem gleichen Schema verfahren Sie für die äußeren Diagonal-Balken, deren Neigung noch etwas stärker ausfällt.

Erzeugen Sie erst einen Balken und verkehren Sie dann das Rotations-Vorzeichen einer Kopie davon. Die Kopie muss dann nur noch verschoben werden (siehe Abbildung 3.29).

Kopieren Sie einen beliebigen Diagonal-Balken und verschieben Sie diesen in die erste Etage. Passen Sie dort die Neigung an und erzeugen Sie Kopien davon für die übrigen Diagonalbalken dort.

Erstellen Sie eine Multi-Selektion dieser Balken mit [Shift]-Klicks im Objekt-Manager, kopieren Sie diese Balken und verschieben Sie die Kopien schließlich ins Erdgeschoss (siehe Abbildung 3.30).

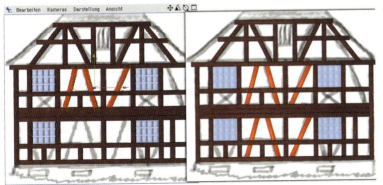

Abbildung 3.30: Identisch geneigte Balken können aus der ersten Etage übernommen werden.

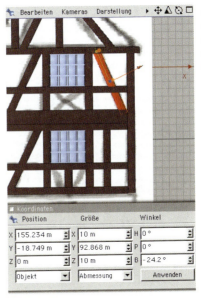

Abbildung 3.31: Aus einer Würfel-Kopie entsteht auch der letzte Diagonal-Balken.

Ergänzen Sie nun noch den Diagonal-Balken am rechten Rand der ersten Etage (siehe Abbildung 3.31). Nun ist es bald geschafft. Es fehlen nur noch die kurzen Balken unter den Fenstern.

Beginnen Sie damit, die verkürzte Kopie eines Diagonal-Balkens unter einem Fenster des Erdgeschosses zu platzieren. Ergänzen Sie den zweiten Balken durch Verschieben entlang der Welt-X-Achse und Wechsel des Rotations-Vorzeichens.

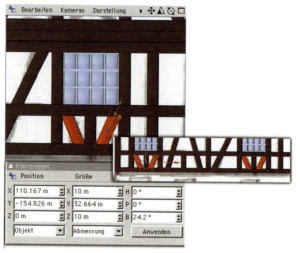

*Abbildung 3.32: Stark verkürzte Würfel bilden die Stützbalken unter den Fenstern im Erdgeschoss.*

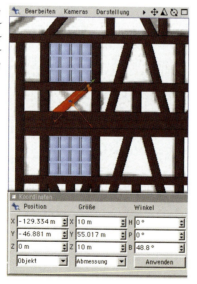

*Abbildung 3.33: Ein diagonaler Stützbalken unter dem Fenster in der ersten Etage*

Kopieren Sie die beiden Balken und verschieben Sie die Kopien unter das zweite Fenster (siehe Abbildung 3.32).

In der oberen Etage haben wir es mit sich kreuzenden Balken unter den Fenstern zu tun. Beginnen Sie mit einem Balken, den Sie entsprechend der Bildvorlage neigen (siehe Abbildung 3.33).

## 3.2 Die Hausfront

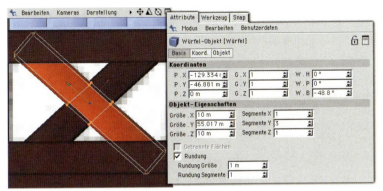

Abbildung 3.34:
Der zweite Diagonal-Balken entsteht aus einer Kopie des ersten Balkens, bei der das Rotation-Vorzeichen umgedreht wurde.

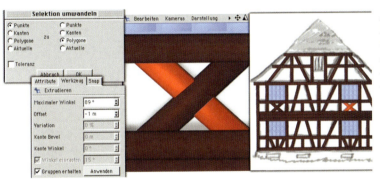

Abbildung 3.35:
Durch das Extrudieren des mittleren Segments verjüngt sich der Balken.

Ergänzen Sie den zweiten Balken aus einer Kopie des ersten und wechseln Sie das Vorzeichen der Rotation. Geben Sie dem zweiten Balken drei Y-Segmente und konvertieren Sie ihn.

Verschieben Sie im Punkte-Modus die mittleren Punktpaare entlang der Objekt-Y-Achse an die Überschneidung mit dem anderen Balken (siehe Abbildung 3.34).

Wandeln Sie die Punkt-Selektion zu einer Polygon-Selektion um (SELEKTION UMWANDELN... im SELEKTION-Menü) und benutzen Sie den EXTRUDIEREN-Befehl mit einem OFFSET von -1.

Das mittlere Balkenstück wird dadurch verkleinert. Kopieren Sie die beiden X-förmigen Balken unter das zweite Fenster der Etage (siehe Abbildung 3.35).

Im Dachgeschoss fehlt nun noch die Türe. Platzieren Sie dort eine Ebene mit den gezeigten Einstellungen, konvertieren Sie diese und benutzen Sie dann den BEVEL-Befehl aus dem STRUKTUR-Menü, um die Latten einer

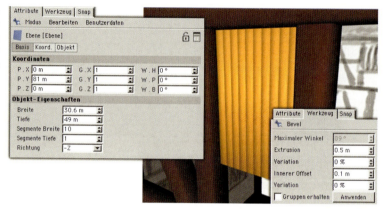

*Abbildung 3.36: Das Beveln der konvertierten Ebene erzeugt rillenförmige Strukturen.*

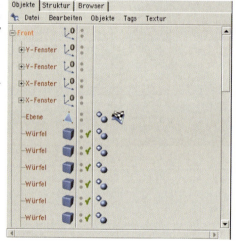

*Abbildung 3.37: Die sinnvolle Gruppierung und Benennung wichtiger Baugruppen erleichtert die Organisation der Objekte.*

Holztüre zu erzeugen (siehe Abbildung 3.36). Die Front des Hauses ist damit fertig.

Ordnen Sie die V- oder X-förmigen Kurzbalken zusammen mit den seitlichen Fensterbalken unter der jeweiligen Fenster-Ebene ein. Sie erhalten dadurch vier Gruppen, also für jedes Fenster eine. Benennen Sie diese Gruppen sinnvoll.

Im BEARBEITEN-Menü des Objekt-Managers wählen Sie ALLES SELEKTIEREN aus. Deaktivieren Sie mit [Ctrl]-/[Strg]-Klicks die beiden Polygon-Bildvorlagen und wählen Sie im OBJEKTE-Menü des Objekt-Managers OBJEKTE GRUPPIEREN aus (siehe Abbildung 3.37). Benennen Sie diese Gruppierung z. B. mit *Front*.

## 3.2 Die Hausfront

*Abbildung 3.38: Die gruppierten Elemente der Hausfront werden an die richtige Position verschoben.*

Wenn Sie nun die *Front*-Gruppe bewegen, verschieben Sie gleichzeitig alle darin enthaltenen Objekte.

Platzieren Sie die *Front*-Gruppe durch Verschieben entlang der Z-Achse in der seitlichen Ansicht an den Anfang des Hauses. Die Abbildung 3.38 gibt Ihnen diese Endposition in der perspektivischen Ansicht wieder.

### 3.2.1 Wichtige Arbeitsschritte

Lassen Sie mich kurz zusammenfassen, was an nützlichen Techniken in diesem Abschnitt beschrieben wurde und eventuell durch die Kürze der Beschreibung der Arbeitsschritte einer erneuten Erwähnung bedarf:

*Multi-Selektion*

- Es lassen sich mehrere Objekte nacheinander durch [Shift]-Klicks entweder im Objekt-Manager oder direkt in den Editor-Ansichten auswählen. Zum Auswählen von Objekten genügt im Editor übrigens ein Mausklick auf das Objekt.

> Es muss für die Selektion ganzer Objekte im Editor nicht unbedingt die Live-Selektion benutzt werden. Es reicht dazu ein einfacher Mausklick auf ein Objekt aus, sofern Sie mit dem Verschieben-, Rotieren- oder Skalieren-Werkzeug arbeiten.

*Kopieren von Gruppen*

- Mehrere selektierte Objekte lassen sich wie ein einziges Objekt verschieben oder auch kopieren. Am einfachsten geht das Kopieren solcher Gruppen direkt im Objekt-Manager vor sich, wobei Sie eines der selektierten Objekte mit gehaltener [Ctrl]-/[Strg]-Taste anklicken, diese Taste samt Maustaste gedrückt halten und den Mauszeiger im Objekt-Manager an eine leere Stelle – z. B. zwischen Objektnamen – ziehen. Lösen Sie dann die Maustaste. An der Stelle des Mauszeigers erscheinen Kopien der Objekte, die nun anstelle der Originale selektiert sind.

*Selektionen sichern*

- Haben Sie Punkt- oder Polygon-Selektionen an einem Objekt erstellt, können Sie diese mit dem Befehl SELEKTION EINFRIEREN aus dem SELEKTION-Menü als Tag hinter dem Objekt abspeichern. Je nach Art der Selektion entsteht dabei ein Polygon Selektion Tag oder ein Punkt Selektion Tag. Bei aktivem Tag stehen im Attribute-Manager mehrere Befehle zur Wahl, mit denen die gespeicherte Selektion z. B. jederzeit wieder aktiviert werden kann. Wenn Sie einem Polygon Selektion Tag einen Namen geben, kann zudem ein Material auf die darin gespeicherten Polygone begrenzt werden. Dies ist in unserem Beispiel bei den Fenstern der Fall. Durch das Anlegen der getrennten Polygon Selektion Tags für die Elemente des Rahmens und der Scheiben können später Materialien problemlos auf diese Abschnitte begrenzt werden, obwohl es sich bei dem Fenster nur um ein einzelnes Objekt handelt.

## 3.3 Die Seite des Hauses

Bei der Modellierung der Seite des Fachwerkhauses können wir uns einige Arbeitsschritte sparen, da dort viele Elemente auftauchen, die bereits Bestandteil der Hausfront sind. Dies trifft z. B. für die Fenster zu. Eine weitere Arbeitserleichterung lässt sich dadurch erreichen, dass die Positionen von Balken aus der frontalen Ansicht übernommen werden können. So haben beispielsweise die Querbalken in der Mitte der Hauswand die gleiche Y-Position wie die entsprechenden Balken an der Hausfront.

Die folgenden Arbeitsschritte sollten zum Großteil in der seitlichen Editor-Ansicht vollzogen werden.

Kopieren Sie jeweils eine der Fenster-Gruppen aus der *Front*-Gruppe an eine Stelle außerhalb der Gruppe und drehen Sie diese beiden Fenster-

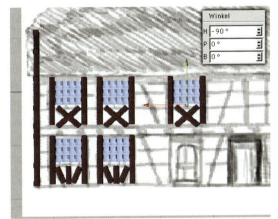

Abbildung 3.39:
Kopien von gedrehten Fenster-Gruppen aus der Hausfront werden in der seitlichen Ansicht platziert.

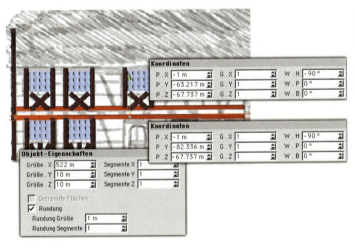

Abbildung 3.40:
Gedrehte und verlängerte Balken aus der Front-Gruppe bilden die mittleren Querbalken.

Gruppen um jeweils -90° um deren Y-Achsen. Korrigieren Sie ggf. die Welt-X-Position der Fenster-Gruppen auf 0.

Erzeugen Sie dann weitere Kopien davon, die Sie entlang der Welt-Z-Achse in der seitlichen Ansicht auf die Fensterpositionen in der Bildvorlage ziehen (siehe Abbildung 3.39).

Selektieren Sie in der frontalen Ansicht den oberen und den unteren Querbalken in der Mitte des Hauses, duplizieren Sie diese Balken an eine Stelle außerhalb der *Front*-Gruppe und verändern Sie deren Welt-X-Position auf −1. Drehen Sie die Balken um -90° um deren Y-Achse. Verlängern und verschieben Sie diese Balken entlang der Welt-Z-Achse, bis sie die Hauswand komplett abdecken (siehe Abbildung 3.40).

*Abbildung 3.41:
Eine Kopie des
seitlichen Quer-
balkens begrenzt
die Fassade unten.*

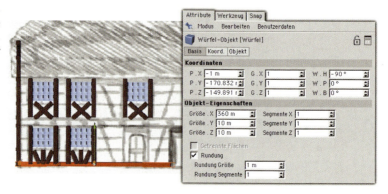

*Abbildung 3.42:
Unterhalb des
Dachs kommt eine
verlängerte Kopie
eines Querbalkens
zum Einsatz.*

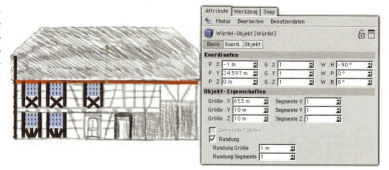

Kopieren Sie einen dieser Querbalken und verschieben Sie diesen an das Fundament. Übertragen Sie die Welt-Y-Position des entsprechenden Balkens aus der Hausfront und korrigieren Sie die Lage und Länge auf der Welt-Z-Achse (siehe Abbildung 3.41).

Verschieben Sie eine Kopie eines der neuen Querbalken über die obere Fensterreihe. Korrigieren Sie die Länge und Lage entlang der Welt-Z-Achse. Übertragen Sie die Welt-Y-Position des entsprechenden Balkens aus der frontalen Ansicht (siehe Abbildung 3.42).

Erzeugen Sie zwei Kopien des Boden-Querbalkens und verschieben Sie diese auf die entsprechenden Welt-Y-Positionen der *Front*-Wand. Um die Fenster und die Türe überspringen zu können, müssen die X-Segmente des oberen Balkens auf sieben erhöht werden. Beim unteren Balken reichen drei X-Segmente aus, da dort die Fenster nicht durchlaufen werden (siehe Abbildung 3.43).

Konvertieren Sie beide Balken, verschieben Sie die Punkte der Segmente jeweils an die linke und rechte Begrenzung einer Öffnung und selektieren

## 3.3 Die Seite des Hauses

*Abbildung 3.43:
Die Zahl der Segmente wird entsprechend der Anzahl der notwendigen Öffnungen ermittelt.*

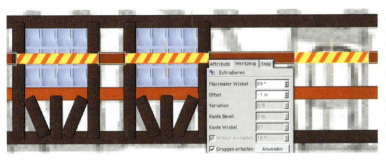

*Abbildung 3.44:
Nach der Konvertierung können über den Fenstern und der Türe Segmente platziert werden, die dann extrudiert und gelöscht werden können.*

Sie dann die Polygone, die im Bereich der Fenster und der Türe liegen (beim unteren Balken nur bei der Türe).

Extrudieren Sie diese Flächen um –1 (siehe Abbildung 3.44).

Löschen Sie die extrudierten Flächen. Kopieren Sie einen der mittleren Querbalken und verschieben Sie diesen unter die obere Fensterreihe. Übernehmen Sie dafür wieder die entsprechende Welt-Y-Position von der Hausfront (siehe Abbildung 3.45).

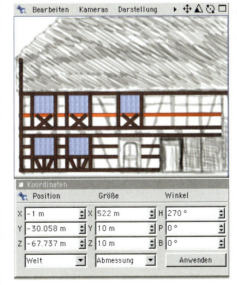

*Abbildung 3.45:
Weitere Querbalken entstehen.*

153

*Abbildung 3.46 l:
Auch in der ersten
Etage müssen
Querbalken durch
Extrudieren und
Löschen von
Segmenten geöffnet werden.
Abbildung 3.47 r:
Zwei senkrechte
Würfel begrenzen
die Türe.*

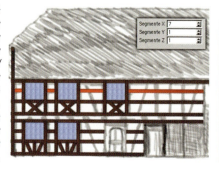
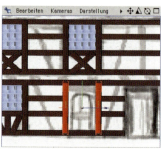

*Abbildung 3.48:
Weitere Längsbalken im Erdgeschoss und in
der ersten Etage
entstehen.*

Kopieren Sie diesen Balken und verschieben Sie ihn auf die in Abbildung 3.46 gezeigte Position. Verfahren Sie mit diesem Balken wie mit dem entsprechenden Balken der unteren Etage. Sie benötigen auch hier sieben X-Segmente, um die Fenster-Flächen extrudieren und löschen zu können.

Selektieren Sie die beiden begrenzenden Längsbalken neben dem Fenster über der Türe durch ⸢Shift⸣-Klicks. Kopieren Sie die beiden Balken und verschieben Sie diese neben die Türe im Erdgeschoss (siehe Abbildung 3.47).

Kopieren Sie diese beiden Balken und verschieben Sie sie entlang der Welt-Z-Achse neben die zweite Türe. Diese Balken müssen leicht verlängert werden, um unten bündig mit dem Boden zu sein.

Erstellen Sie drei Kopien eines der oberen Fenster-Längsbalken und verschieben Sie diese entsprechend der Abbildung 3.48.

Eine verlängerte Kopie eines dieser drei Balken schließt bündig mit den Querbalken der oberen Etage ab. Korrigieren Sie die Y-Position dieses Balkens, damit dieser oben und unten bündig passt (siehe Abbildung 3.49).

Eine bezüglich der Länge angepasste Kopie dieses Balkens findet ihren Platz über dem Scheunentor. Dazu sind Verschiebungen entlang der Welt-Z- und der Welt-Y-Achse nötig (siehe Abbildung 3.50).

## 3.3 Die Seite des Hauses

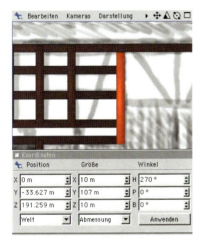

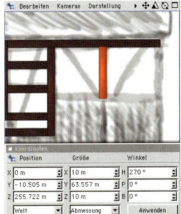

*Abbildung 3.49 l:
Die Querbalken
der ersten Etage
werden von einem
Längsbalken be-
grenzt.*

*Abbildung 3.50 r:
Eine verkürzte
Balken-Kopie fin-
det über den
Scheunentoren
Platz.*

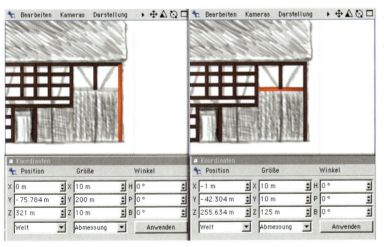

*Abbildung 3.51:
Weitere Balken be-
grenzen die
Fassade und die
Scheunentore.*

Die verlängerte und verschobene Kopie dieses Kurzbalkens schließt die Fassade rechts ab.

Die Kopie eines beliebigen Querbalkens muss verkürzt und verschoben werden, um die Scheunentore oben zu begrenzen (siehe Abbildung 3.51).

Die Kopie eines Fenster-Längsbalkens in der oberen Etage wird um die Objekt-Z-Achse geneigt und ggf. leicht verlängert, um den ersten Diagonalbalken zu bilden.

*Abbildung 3.52 l:
Der erste
Diagonal-Balken
entsteht.*

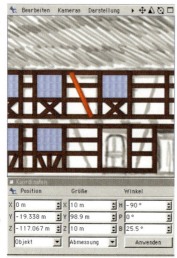

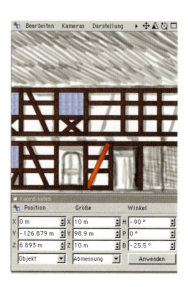

*Abbildung 3.52 r:
Ein Wechsel des
Vorzeichens bei
der Rotation spiegelt den Balken.*

*Abbildung 3.53:
Die restlichen
Diagonal-Balken
werden erzeugt.*

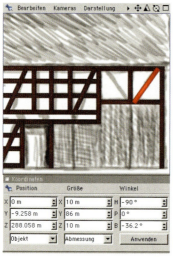

Verschieben Sie den Balken entlang der Welt-Z-Achse an die gewünschte Position (siehe Abbildung 3.52).

Ergänzen Sie den entsprechenden Balken in der unteren Etage durch eine Kopie. Kopieren Sie diesen Balken erneut und kehren Sie das Vorzeichen der B-Rotation um. Platzieren Sie diese Kopie rechts neben der Türe (siehe Abbildung 3.53).

Ergänzen Sie die geneigten Balken in der oberen Etage durch verschobene Kopien dieses Balkens.

Verkürzen und verschieben Sie eine weitere Kopie davon über die Scheunentore. Die Neigung um die Objekt-Z-Achse muss dort noch verstärkt werden, um der Bildvorlage zu entsprechen. Eine Kopie davon mit umgekehrten B-Winkel-Vorzeichen findet links daneben Platz (siehe Abbildung 3.54).

Selektieren Sie den zurückgesetzten, mittleren Querbalken an der Hausfront, kopieren Sie diesen im Objekt-Manager an eine Stelle außerhalb der *Front*-Gruppe und verkürzen Sie dessen Abmessungen auf jeweils 10 m für alle Richtungen. Tragen Sie -1 als Welt-X-Position ein.

### 3.3 Die Seite des Hauses

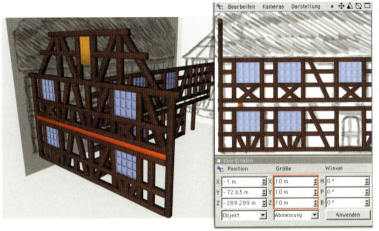

*Abbildung 3.55:
Eine veränderte Kopie des mittleren Querbalkens der Hausfront wird in der seitlichen Ansicht platziert.*

*Abbildung 3.56:
Die übrigen Tragbalken entstehen aus verschobenen Würfel-Kopien.*

Verschieben Sie diesen Würfel in der seitlichen Ansicht entsprechend der Abbildung 3.55.

Erzeugen Sie nacheinander weitere Kopien dieses Würfel-Balkens und verschieben Sie diese entlang der Welt-Z-Achse, bis alle Querbalken der Bildvorlage umgesetzt sind (siehe Abbildung 3.56).

Das kleine Scheunentor wird durch ein neues Ebene-Grundobjekt gebildet. Übernehmen Sie die Daten für die Richtung, für die Segmente sowie

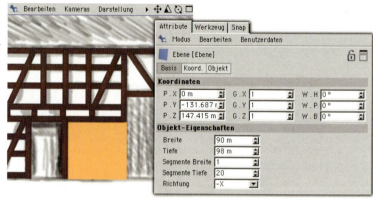

*Abbildung 3.57: Ein Ebene-Grundobjekt wird an die Position und Größe des kleinen Scheunentors angepasst.*

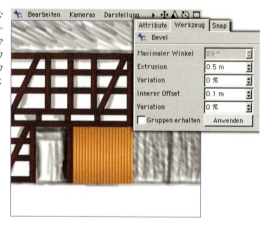

*Abbildung 3.58: Das Bevel-Werkzeug sorgt für die Darstellung von Brettern auf dem Tor.*

für die X-Position aus Abbildung 3.57. Wählen Sie die Größe und Y-/Z-Position so, dass der gesamte Raum des kleinen Scheunentors in der Vorlage abgedeckt wird.

Konvertieren Sie die Ebene und wenden Sie das Bevel-Werkzeug mit den in Abbildung 3.58 gezeigten Werten an, um die Struktur von Holzbrettern an dem Tor umzusetzen.

Kopieren Sie die Ebene und verschieben Sie diese Kopie entlang der Welt-Z-Achse. Benutzen Sie das Skalieren-Werkzeug mit aktiver Welt-Z- und Welt-Y-Achse.

Bringen Sie die Ebene auf die passende Größe für das große Scheunentor. Korrigieren Sie die Position dieser Ebene, bis das große Tor an allen vier Seiten bündig mit den anderen Objekten und dem Boden abschließt (siehe Abbildung 3.59).

## 3.3 Die Seite des Hauses

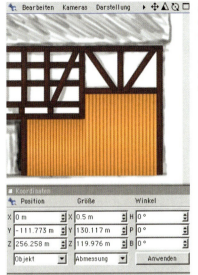

Abbildung 3.59:
Das zweite Tor entsteht aus einer verschobenen und skalierten Kopie des kleineren Tores.

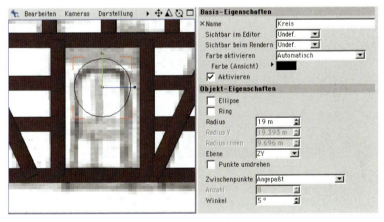

Abbildung 3.60:
Aus einem Kreis-Spline soll die Kontur der Türe modelliert werden.

Rufen Sie einen Kreis-Spline ab und geben Sie diesem in der ZY-Ebene einen Radius von 19 m. Die Welt-X-Position ist dabei 0. Die Werte für die Welt-Y- und die Welt-Z-Position wählen Sie durch Abgleich mit der Bildvorlage. Der Kreis sollte ungefähr dem oberen Türbogen entsprechen (siehe Abbildung 3.60).

Konvertieren Sie den Kreis, wechseln Sie in den Punkte-Modus und wählen Sie PUNKTE HINZUFÜGEN im STRUKTUR-Menü. Klicken Sie neben den unteren Punkt auf den Kreis-Spline (Abbildung 3.61, Ziffer 2). Selektieren

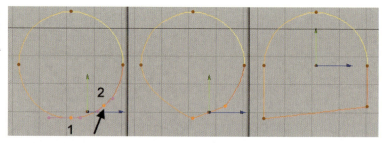

*Abbildung 3.61: Das Hinzufügen und Verschieben von Punkten formt den Türrahmen.*

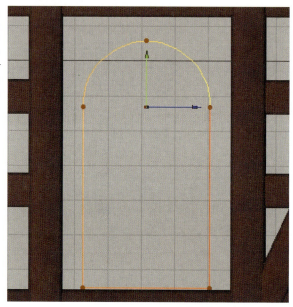

*Abbildung 3.62: Die unteren Spline-Punkte werden auf eine Position kurz über dem untersten Querbalken gezogen.*

Sie die beiden unteren Punkte (Ziffer 1 und 2) und geben Sie diesen im STRUKTUR-Menü unter SPLINE BEARBEITEN eine HARTE INTERPOLATION.

Selektieren Sie den Ziffer-1-Punkt und geben Sie diesem im Koordinaten-Manager eine Z-Position von -19 m im Objekt-System. Der Ziffer-2-Punkt muss auf +19 m platziert werden (siehe Abbildung 3.61).

Selektieren Sie einen der beiden Punkte und verschieben Sie diesen entlang der Y-Achse bis kurz über den Querbalken am Boden. Übertragen Sie dessen Y-Position auf den anderen Punkt, um unten eine rechtwinklige Form zu erhalten (siehe Abbildung 3.62).

Erzeugen Sie einen neuen Kreis-Spline und geben Sie diesem in der ZY-Ebene einen Radius von 15 m. Um diesen Kreis exakt in dem veränderten

## 3.3 Die Seite des Hauses

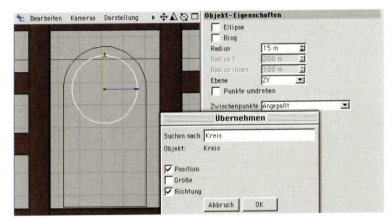

Abbildung 3.63:
Ein weiterer Kreis-Spline wird auf der Position des Türrahmens platziert.

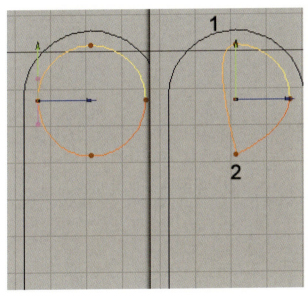

Abbildung 3.64:
Aus dem Kreis soll ein Kreis-Abschnitt geformt werden.

Kreis-Spline zu platzieren, benutzen Sie die ÜBERNEHMEN...-Funktion des FUNKTIONEN-Menüs. Tragen Sie dort *Kreis* als zu suchenden Namen ein und aktivieren Sie POSITION. Dadurch wird die Position des Objekts mit dem Namen *Kreis* auf das aktive Objekt übertragen (siehe Abbildung 3.63).

Konvertieren Sie den kleineren Kreis-Spline und selektieren Sie dessen rechten Punkt im Punkt-Modus. Löschen Sie diesen Punkt und selektieren Sie den Punkt bei Ziffer 2 (siehe Abbildung 3.64). Geben Sie diesem eine harte Interpolation. Bei dem Punkt mit der Ziffer 1 soll auch eine harte Ecke entstehen, jedoch ohne den Kreisbogen zu beeinflussen.

Objekte | Struktur | Browser — Datei Bearbeiten Ansicht Modus

| Punkt | X | Y | Z | <- X | <- Y | <- Z | X -> | Y -> | Z -> |
|---|---|---|---|---|---|---|---|---|---|
| 0 | 0 | 0 | 15 | 0 | -6.225 | 0 | 0 | 6.225 | 0 |
| 1 | 0 | 15 | 0 | 0 | 0 | 6.225 | 0 | 0 | -6.225 |
| 2 | 0 | -15 | 0 | 0 | 0 | 0 | 0 | 0 | 0 |

Objekte | Struktur | Browser — Datei Bearbeiten Ansicht Modus

| Punkt | X | Y | Z | <- X | <- Y | <- Z | X -> | Y -> | Z -> |
|---|---|---|---|---|---|---|---|---|---|
| 0 | 0 | 0 | 15 | 0 | -6.225 | 0 | 0 | 6.225 | 0 |
| 1 | 0 | 15 | 0 | 0 | 0 | 6.225 | 0 | 0 | 0 |
| 2 | 0 | 0 | 0 | 0 | 0 | 0 | 0 | 0 | 0 |

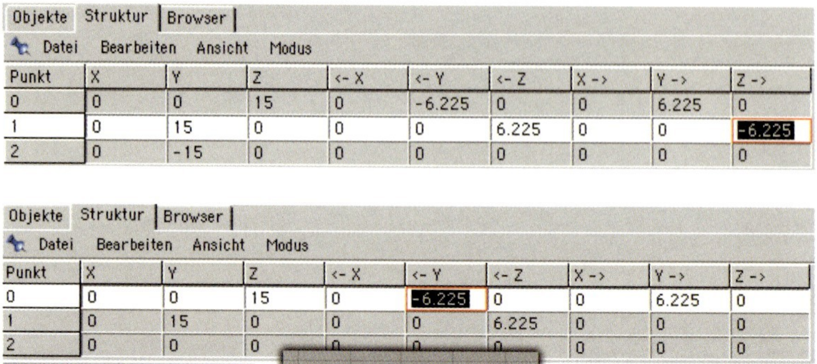

*Abbildung 3.65: Der linke und rechte Arm jeder Tangente kann auch numerisch im Struktur-Manager eingestellt werden.*

*Abbildung 3.66: Nach dem Verschieben des untersten Punktes und dem Löschen eines Tangenten-Arms entsteht der gewünschte Kreis-Abschnitt.*

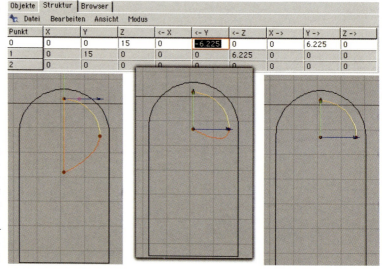

Dazu muss die Tangente an diesem Punkt nur einseitig auf »hart« geschaltet werden. Gehen Sie so vor, dass Sie den oberen Kreis-Punkt selektieren und im Struktur-Manager doppelt auf das Zahlenfeld mit dem negativen Wert für den Z-Anteil der Tangente dieses Punktes klicken (siehe Abbildung 3.65). Dies muss also der Arm der Tangente sein, der von dem Punkt aus nach links weist. Tragen Sie dort »0« ein und bestätigen Sie mit *Enter*. Der linke Anteil der Tangente an diesem Punkt ist dadurch verschwunden und eine harte Ecke entsteht.

Verschieben Sie nun den unteren Kreis-Punkt auf die Objekt-Y-Position 0 m und selektieren Sie den rechten Punkt des Kreisabschnitts. Auch dort muss ein Arm der Tangente nun auf »0« gesetzt werden, um eine Ecke zu erzeugen. Doppelklicken Sie daher im Struktur-Manager das Feld mit dem negativen Y-Wert bei Punkt 0 und setzen Sie diesen Wert auf »0« (siehe Abbildung 3.66).

Um eine spiegelverkehrte Kopie dieses Kreisabschnitts zu erzeugen, rufen Sie ein SYMMETRIE-OBJEKT ab. Sie finden es z. B. im OBJEKTE-Menü unter MODELING. Rufen Sie die ÜBERNEHMEN-Funktion auf und lassen Sie dort nach dem Objekt *Kreis.1* suchen.

## 3.3 Die Seite des Hauses

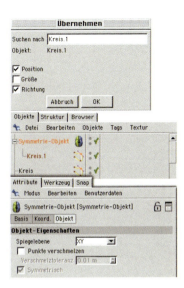

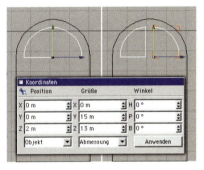

Abbildung 3.67 l:
Die fehlende Hälfte des Kreis-Abschnitts kann mit einem Symmetrie-Objekt ergänzt werden.

Abbildung 3.68 r:
Durch das Entfernen des Kreisbogens von der Symmetrie-Ebene entsteht dort eine Lücke.

Aktivieren Sie POSITION und RICHTUNG. Ordnen Sie dann den Kreisabschnitt dem Symmetrie-Objekt unter. Aktivieren Sie im Attribute-Manager XY als SPIEGELEBENE für das Symmetrie-Objekt (siehe Abbildung 3.67).

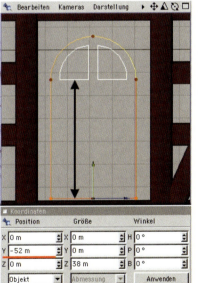

Abbildung 3.69:
Die Fläche unter dem Kreisbogen kann im Koordinaten-Manager vermessen werden.

Verändern Sie die Objekt-Z-Position des *Kreis.1*-Objekts im Koordinaten-Manager auf 2 m. Dadurch entsteht eine Lücke zwischen der Spiegel-Ebene des Symmetrie-Objekts und dem Kreisabschnitt. Durch die Spiegelung verdoppelt sich diese Lücke auf 4 m (siehe Abbildung 3.68).

Da der Nullpunkt des *Kreis*-Objekts exakt auf der gleichen Y-Position wie der untere Rand der Kreisabschnitte liegt, gibt die Objekt-Y-Position der unteren *Kreis*-Punkte die Länge des Abschnitts zwischen den Kreisabschnitten und dem unteren Türrahmen wieder. Bei mir sind dies 52 m. Die zur Verfügung stehende Breite beträgt 38 m, also der doppelte Radius (siehe Abbildung 3.69).

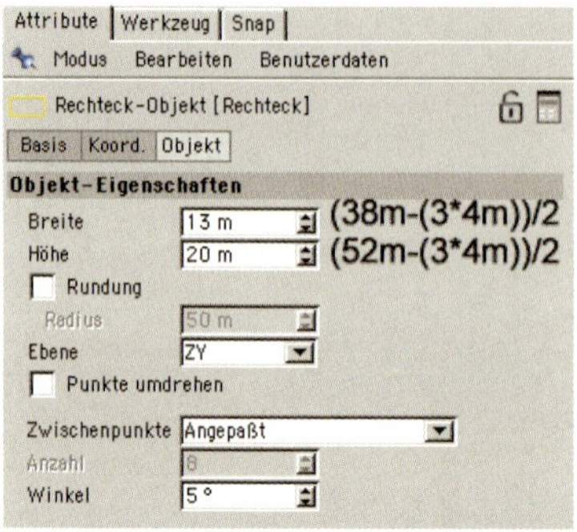

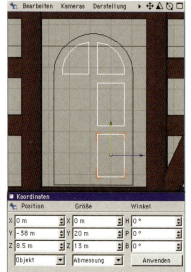

*Abbildung 3.70: (links oben) Die Fläche wird in vier gleich große Rechtecke aufgeteilt.*

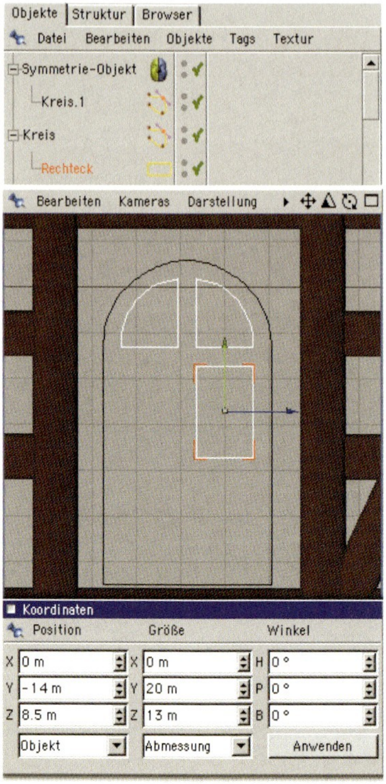

*Abbildung 3.71: (rechts) Der erste Rechteck-Spline wird platziert.*

*Abbildung 3.72: (links unten) Aus einer verschobenen Kopie des ersten Rechtecks wird die zweite Fläche gebildet.*

Diese Länge soll nun durch zwei Rechtecke gefüllt werden. Rufen Sie einen Rechteck-Spline auf.

Um dessen Abmessungen bestimmen zu können, ziehen Sie zuerst je drei Leerräume á 4 m ab und teilen das Ergebnis dann durch 2. Sie erhalten die Abmessungen eines Rechtecks, das exakt zweimal in der Länge und zweimal in der Breite – inklusive der 4 m-Abstände – in den unteren Bereich der Türe passt (siehe Abbildung 3.70).

Ordnen Sie den Rechteck-Spline *Kreis.1* wie in Abbildung 3.70 gezeigt unter, und platzieren Sie ihn im Objekt-System auf der Position X=0, Y=-14 (halbe Rechteck-Höhe+4) und Z=8.5 (halbe Rechteck-Breite+2).

Duplizieren Sie das Rechteck innerhalb der Gruppierung und verschieben Sie die Kopie auf die in Abbildung 3.72 gezeigten Objekt-Koordinaten. Diese ergeben sich aus der Addition der Rechteck-Abmessungen mit den dazwischen liegenden 4 m-Abständen.

## 3.3 Die Seite des Hauses

Abbildung 3.73:
Ein Extrude-NURBS erzeugt aus den Splines die Flächen der Türe.

Verschieben Sie jetzt den *Kreis.1*-Spline um –1 m auf der Welt-X-Achse, damit die untergeordneten Rechtecke und der Kreisabschnitt selbst einen Abstand von dem *Kreis*-Spline bekommen. Rufen Sie ein EXTRUDE-NURBS auf und übernehmen Sie die Einstellungen aus Abbildung 3.73. Wichtig ist die HIERARCHISCH-Option, damit alle untergeordneten Splines extrudiert werden.

Ordnen Sie das Symmetrie-Objekt und den *Kreis*-Spline unter dem Extrude-NURBS ein.

Direkt neben dem kleinen Scheunentor liegt noch eine zweite Türe. Hier soll ein einfacher Würfel ausreichen. Geben Sie also einem neuen WÜRFEL-Objekt eine X-Größe von 1 m und passen Sie die übrigen Maße und die Position der Vorlage an. Die X-Position sollte jedoch bei –1 m liegen (siehe Abbildung 3.74).

Abbildung 3.74:
Ein angepasstes Würfel-Grundobjekt bildet die zweite Türe.

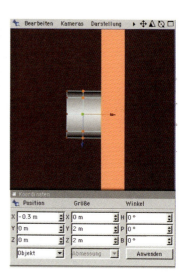

*Abbildung 3.75 l: Ein Zylinder-Grundobjekt wird an der Stelle des gewünschten Türgriffs platziert.*

*Abbildung 3.76 r: Nach der Konvertierung werden die mittleren Punkte etwas zum Ende des »Griffs« verschoben.*

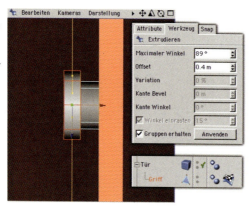

*Abbildung 3.77: Die Flächen des vorderen Segments werden zusammenhängend extrudiert.*

Mit Hilfe eines neuen ZYLINDER-Objekts soll ein einfacher Türgriff hinzugefügt werden (siehe Abbildung 3.75).

Konvertieren Sie den Zylinder und verschieben Sie im Punkte-Modus die selektierten Punkte der mittleren Zylinder-Unterteilung von der Türe weg. In meinem Fall sind die Punkte um −0.3 m auf der Objekt-X-Achse verschoben worden (siehe Abbildung 3.76).

Selektieren Sie die umlaufenden Flächen an der verkürzten Hälfte des Zylinders – passen Sie auf, dass Sie nicht zusätzlich die Polygone der Deckfläche selektieren – und benutzen Sie das EXTRUDIEREN-Werkzeug mit den in Abbildung 3.77 gezeigten Einstellungen. Ordnen Sie diesen einfachen Griff dem *Tür*-Würfel unter.

Benutzen Sie ALLES SELEKTIEREN im BEARBEITEN-Menü des Objekt-Managers und deselektieren Sie die *Front*-Gruppe sowie die beiden Bildvorlagen. Rufen Sie OBJEKTE GRUPPIEREN im OBJEKTE-Menü des Objekte-Managers auf.

Benennen Sie die neue Gruppe, die nun alle Einzelteile der seitlichen Hauswand enthält, z. B. mit *Seite*. Verschieben Sie diese Gruppe auf der Welt-X-Achse, bis Hausfront und seitliche Wand stimmig zueinander stehen (siehe Abbildung 3.78).

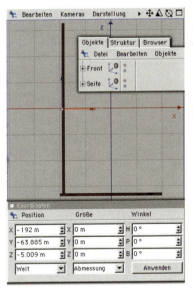

*Abbildung 3.78: Nach der Gruppierung aller Objekte der seitlichen Haus-Fassade kann diese Gruppe an ihre finale Position verschoben werden.*

## 3.4 Die Wände modellieren

Um die Zwischenräume der Balken zu füllen, benutzen wir einen großen Würfel, dessen Lage und Abmessungen so gewählt werden, dass die Fenster ganz knapp von dem Würfel verdeckt werden, also knapp innerhalb liegen (siehe Abbildung 3.79).

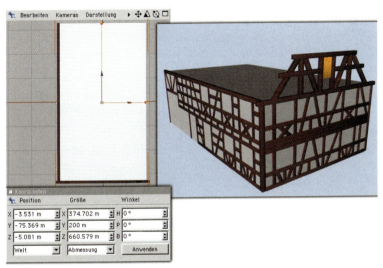

*Abbildung 3.79: Ein Würfel-Grundobjekt füllt das Haus aus.*

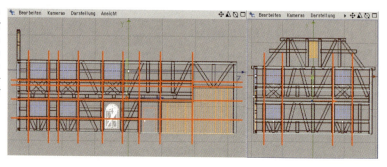

*Abbildung 3.80: Horizontale und vertikale Schnitte erzeugen neue Flächen an den Positionen der Fenster, Türen und Tore.*

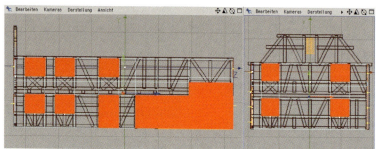

*Abbildung 3.81: Selektieren Sie die Flächen des Würfels, die über Fenstern, Türen und Toren liegen.*

Konvertieren Sie den Würfel und benutzen Sie das MESSER-Werkzeug aus dem STRUKTUR-Menü im Polygone-Modus.

Schneiden Sie zuerst in der seitlichen und dann in der frontalen Ansicht den Würfel immer dort, wo die Balken Fenster, Türen oder Tore begrenzen. Denken Sie daran, die Schnitte immer durch den kompletten Würfel zu ziehen.

Die roten Linien in Abbildung 3.80 zeigen meine Schnittführungen. Benutzen Sie die [Shift]-Taste, um die Schnitte automatisch exakt senkrecht oder waagerecht zu führen.

Benutzen Sie die LIVE-SELEKTION – lassen Sie die Selektion unsichtbarer Elemente zu –, um alle Flächen zu selektieren, die Fenster, Türen oder Tore verdecken. Diese Flächen sind in Abbildung 3.81 rot gefüllt dargestellt.

EXTRUDIEREN Sie diese Flächen um –20 m und erhalten Sie dabei die Gruppen. Dies ist deshalb sinnvoll, da einige Flächen aus mehreren selektierten Polygonen bestehen (z. B. die Scheunentore).

Selektieren Sie die extrudierten Flächen hinter den beiden Türen und verschieben Sie diese wieder etwas entlang der negativen Welt-X-Achse, bis die Türen bündig auf der Wand sitzen (siehe Abbildung 3.82).

## 3.4 Die Wände modellieren

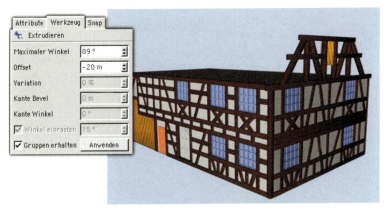

Abbildung 3.82:
Die selektierten Flächen werden in das Innere des Hauses extrudiert, um die Fenster und Türen wieder sichtbar zu machen.

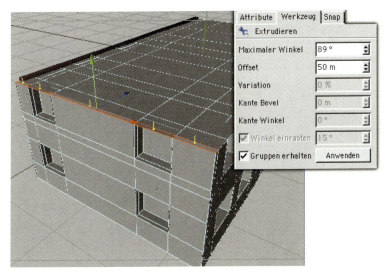

Abbildung 3.83:
Durch einen neuen Messer-Schnitt entstandene Flächen werden selektiert und dann extrudiert.

Deselektieren Sie alle Flächen (ALLES DESELEKTIEREN im SELEKTION-Menü) und ziehen Sie in der seitlichen Ansicht einen zusätzlichen MESSER-Schnitt senkrecht kurz hinter den Balken der Hausfront.

Selektieren Sie durch Shift-Klicks die neuen Polygone, die oben auf dem großen Würfel entstanden sind. Extrudieren Sie diese Flächen um 50 m (siehe Abbildung 3.83).

Verschieben Sie die weiterhin selektierten Flächen entlang der Welt-Y-Achse auf die Höhe des obersten Balkens an der Hausfront und benutzen Sie dann das SKALIEREN-Werkzeug entlang der Welt-X-Achse (Y- und Z-

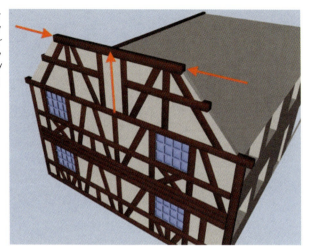

Abbildung 3.84:
Die selektierten Endflächen der Extrusion werden verschoben und seitlich skaliert.

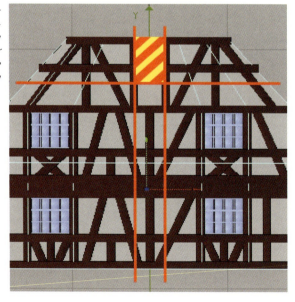

Abbildung 3.85:
Drei neue Messer-Schnitte erzeugen Flächen unter der Dachluke, die gelöscht werden können.

Schaltflächen deaktivieren) um die Breite an den Balken anzupassen (siehe Abbildung 3.84).

Deaktivieren Sie alle Flächen und machen Sie in der frontalen Ansicht drei MESSER-Schnitte durch den Würfel, um die obere Dachluke zu begrenzen. Selektieren und löschen Sie die neuen Flächen im Bereich der Luke (in Abbildung 3.85 schraffiert dargestellt).

## 3.5 Das Dach

Für das Dach benutzen wir einen großen Würfel, der um 45° gekippt ist. Passen Sie die Größe an die Bildvorlagen an. Achten Sie darauf, dass X- und Y-Größe gleich groß sind, um am Giebel einen rechten Winkel zu erhalten (siehe Abbildung 3.86).

Da der Würfel nun die Bildvorlagen verdeckt, sollte dieser kurzfristig transparent erscheinen. Dazu haben Sie zwei Möglichkeiten. Entweder Sie rufen für den *Dach*-Würfel ein DARSTELLUNG-TAG aus dem Objekt-Manager DATEI-Menü unter NEUES TAG ab und aktivieren dort z. B. die Darstellung DRAHTGITTER oder – was sehr viel schneller geht – Sie aktivieren die X-RAY-Option in den *Basis*-Eigenschaften des Würfels im Attribute-Manager.

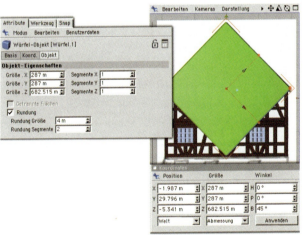

Abbildung 3.86: Ein geneigtes Würfel-Grundobjekt wird als Dach platziert.

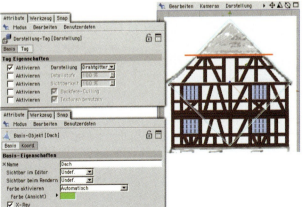

Abbildung 3.87: Durch den vorübergehend transparenten Dach-Würfel wird ein horizontaler Schnitt gezogen.

*Abbildung 3.88: Durch Punkt-Verschiebung wird die Neigung im Dach erzeugt.*

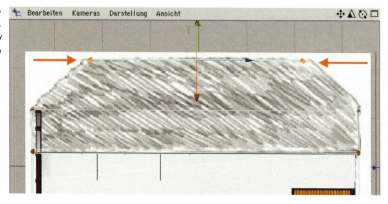

*Abbildung 3.89: Die markierte Fläche wird leicht auf das Haus zu extrudiert.*

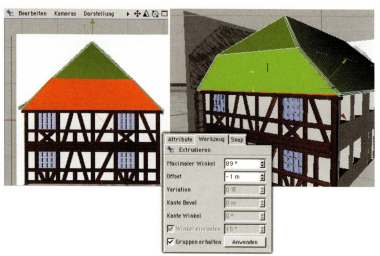

Konvertieren Sie dann den Würfel und ziehen Sie im Polygone-Modus einen MESSER-Schnitt auf der Höhe des vorderen Dachrandes quer durch den Würfel (siehe Abbildung 3.87).

Selektieren Sie in der seitlichen Ansicht zuerst die Punkte am vorderen und dann am hinteren Dachgiebel und passen Sie durch Verschiebung entlang der Welt-Z-Achse die Neigung des Daches an (siehe Abbildung 3.88).

Löschen Sie alle *Dach*-Punkte der Würfel-Ecken, die innerhalb des Hauses liegen. Selektieren Sie im Polygone-Modus die gekennzeichnete Dachfläche (siehe Abbildung 3.89). Extrudieren Sie diese Fläche um –1 m.

Abbildung 3.90:
Nach dem Löschen einiger Dachflächen wird das Dachgeschoss sichtbar.

Selektieren und löschen Sie jetzt alle Flächen, die in der frontalen Ansicht das Dachgeschoss verdecken. Damit ist es geschafft. Das Modell des Bauernhauses ist fertig (siehe Abbildung 3.90).

Da wir das Bauernhaus nur aus einem Blickwinkel zeigen wollen, ist es nicht unbedingt nötig, die beiden noch fehlenden Haus-Seiten durch Kopien der *Front*- und *Seite*-Gruppen zu ergänzen.

Machen Sie sich frühzeitig Gedanken darüber, was später in Ihrer 3D-Szene zu sehen sein wird. Das Modellieren später nicht sichtbarer Objekte kostet nicht nur Zeit, sondern belegt auch unnötig viel Arbeitsspeicher.

## 3.6 Zusammenfassung

Ich fasse hier nun noch einmal in aller Kürze einige wichtige Arbeitstechniken aus dem zweiten Teil dieses Workshops zusammen:

- Spline-Tangenten lassen sich sowohl manuell über die Anfasser in den Editor-Ansichten als auch numerisch über die Eingabefelder im Struktur-Manager steuern.

- Position, Rotation und Größe eines beliebigen Objekts können mit der ÜBERNEHMEN...-Funktion auf das aktive Objekt übertragen werden. Es ist dabei jedoch zu beachten, dass CINEMA 4D das Objekt nach dem eingetragenen Namen sucht. Sind mehrere Objekte mit diesem Namen in der Szene vorhanden, kann es zu falschen Ergebnissen kommen. Benennen Sie die Objekte also ggf. mit eindeutigen Namen, damit die ÜBERNEHMEN....-Funktion auf das richtige Objekt zugreift.

- Mit einem Symmetrie-Objekt können Splines, aber auch andere Flächen-Objekte, durch Spiegelung verdoppelt werden. Die Spiegelungsebene verläuft immer durch die Position des Symmetrie-Objekts.

- Nach Aktivierung der HIERARCHISCH-Option bei einem Extrude-NURBS können mehrere untergeordnete Splines gleichzeitig extrudiert werden. Da das Symmetrie-Objekt in diesem Fall mit Splines bestückt wurde, kann es ebenfalls unter einem Extrude-NURBS verwendet werden.

- Soll ein Objekt kurzfristig durchscheinend dargestellt werden und möchten Sie gleichzeitig nicht auf die schattierte Darstellung anderer Objekte verzichten, aktivieren Sie die X-RAY-Option in den *Basis*-Eigenschaften des Objekts.

Was an diesem Haus-Modell nun noch fehlt, ist eine stimmige Zuweisung von Materialien und eine unterstützende Beleuchtung. Ich möchte Ihnen daher nun einen kurzen Einblick in den Aufbau und die Zuweisung von Materialien geben. Die Beleuchtung wird dann Thema eines späteren Kapitels sein.

## 3.7 Materialien erzeugen und zuweisen

Bereits zu Beginn dieses Kapitel haben Sie Ihre ersten Erfahrungen mit dem Materialsystem von CINEMA 4D machen können. Wir hatten dort neue Materialien im Materialien-Manager aufgerufen und Bilddateien in den Farbe-Kanal geladen. Neben Farbwerten, die als Bild oder auch über die Farbregler vorgegeben werden können, stehen noch viele andere Eigenschaften eines Materials zur Verfügung.

## 3.7.1 Die Material-Kanäle

Sie haben zwar die Möglichkeit, Objekten im Attribute-Manager eine individuelle Farbe zu geben, um z. B. die Übersichtlichkeit im Editor zu erhöhen, dies alleine reicht jedoch nicht aus, um alle Materialien realistisch nachbilden zu können. Was ist z. B. mit spiegelnden oder transparenten Flächen?

Für diese Zwecke müssen separate Materialien erstellt und den Objekten zugewiesen werden. Einen Vorgeschmack davon erhielten Sie bereits am Anfang dieses Kapitels.

Der Prozess einer Material-Erstellung beginnt grundsätzlich mit dem Aufruf eines neuen Materials im Material-Manager. Rufen Sie dazu ein NEUES MATERIAL aus dem DATEI-Menü im Material-Manager ab.

*Materialien bearbeiten*

Es gibt zwei Wege, dieses Material zu bearbeiten. Entweder Sie klicken doppelt auf die Vorschaukugel dieses neuen Materials im Material-Manager oder Sie nehmen die Einstellungen im Attribute-Manager vor. Damit dort die entsprechenden Parameter erscheinen, muss das Material im Material-Manager aktiv, also einmal angeklickt worden sein.

Die folgenden Erläuterungen und Darstellungen beziehen sich auf die Einstellungen im Attribute-Manager. Diese finden sich aber ebenso bei einem Doppelklick auf die Material-Vorschaukugel in einem separaten *Material-bearbeiten*-Fenster wieder.

*Die Qual der Wahl*

Auf der Seite mit den *Basis*-Eigenschaften eines Materials finden Sie im Attribute-Manager eine Gruppe an Kanal-Optionen, aus der Sie durch Anklicken (Abhaken) eine Auswahl der aktiven Kanäle in dem Material treffen. Nur die hier aktivierten Kanäle lassen sich im Attribute-Manager durch einen Mausklick auf deren Schaltfläche (im oberen Teil der Attribute-Managers) einsehen und manipulieren (siehe Abbildung 3.91). Sie können auch zu einem späteren Zeitpunkt

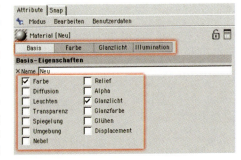

*Abbildung 3.91: Auf der Basis-Seite eines Materials werden die Kanäle ausgewählt. Aktive Kanäle erscheinen dann auch als Schaltfläche oben im Attribute-Manager.*

Abbildung 3.92:
Im Farbe-Kanal eines Materials kann oben ein Farbton eingestellt werden. Im unteren Teil lädt man Bilddateien und veranlasst ggf. die Vermischung von Bild und Farbwert.

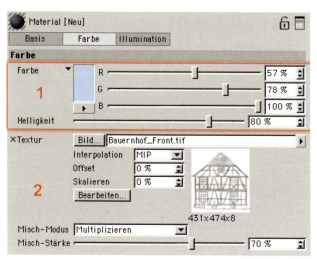

in der Material-Definition auf diese *Basis*-Seite zurückkehren und Kanäle wieder deaktivieren oder neue hinzufügen.

*Der Farbe-Kanal*

Beginnen wir mit dem Leistungsspektrum des *Farbe*-Kanals. Im oberen Teil finden Sie RGB-Regler, mit denen Sie einen Farbwert für das Material vorgeben können (Abbildung 3.92, Ziffer 1). Der HELLIGKEIT-Regler reduziert dann bei Bedarf die Helligkeit des Farbwerts. Würde man nur diese Regler benutzen und ansonsten keine anderen Kanäle definieren, könnte man auch gleich die Farb-Option jedes Objekts im Attribute-Manager nutzen. Der *Farbe*-Kanal kann jedoch noch mehr. Sie haben etwas weiter unter nämlich auch die Möglichkeit, ein Bild oder einen Shader zu laden.

*Bilder und Shader laden*

Das Einladen eines Bildes haben wir bereits besprochen. Es ermöglicht Ihnen, in einem gängigen Bildformat gesicherte Dateien zu benutzen (Abbildung 3.92, Ziffer 2). Ist ein Bild oder ein Shader geladen, wird in der Standardeinstellung automatisch der mit den Reglern vorgegebene Farbwert überschrieben. Sie können jedoch auch über die Wahl eines MISCH-MODUS, wie z. B. MULTIPLIZIEREN, Bild- und Regler-Farbwerte vermischen. Der MISCH-STÄRKE-Regler regelt dabei das Verhältnis zwischen beiden Werten.

Diese Art der Vermischung ist übrigens der z. B. aus Grafikprogrammen, die mit Ebenen arbeiten, sehr ähnlich. Stellen Sie sich also einfach eine farbige Fläche in der Hintergrundebene Ihres Grafikprogramms vor (der Farbwert wird durch die Regler vorgegeben), über der eine weitere Ebene mit einem Bild liegt. Der MISCH-MODUS kontrolliert dann die Vermischung dieser beiden Ebenen.

Ist als Misch-Modus NORMAL ausgewählt, liegt die Bild-Ebene deckend über der farbigen Hintergrundebene. Sie können jedoch über den MISCH-STÄRKE-Regler die Deckkraft dieser Ebene steuern.

Diese Art, Farben und Bilder oder Shader in einem Material-Kanal zu benutzen, wiederholt sich in den folgend beschriebenen Material-Kanälen durchgehend. Ich werde daher an den entsprechenden Stellen nicht mehr so ausführlich sein.

*Diffusion-Kanal*

Kommen wir zum nächsten Material-Kanal, dem *Diffusion*-Kanal. Dieser Kanal hat die Aufgabe, Materialien zu »verschmutzen«. Sie können also Farbwerte gezielt oder generell abdunkeln, als wäre an diesen Stellen Staub oder Schmutz.

*Abbildung 3.93: Der Diffusion-Kanal kann neben der Farbe noch das Leuchten, das Glanzlicht und die Spiegelung beeinflussen.*

Sie können dazu entweder den HELLIGKEIT-Regler benutzen oder im unteren Teil des Kanals ein Bild oder einen Shader laden. Benutzen Sie den HELLIGKEIT-Regler ohne eine zusätzlich Bilddatei, wird die Darstellung der im *Farbe*-Kanal vorgegebenen Farbwerte einfach gleichmäßig mit dem HELLIGKEIT-Wert multipliziert. Ein HELLIGKEIT-Wert von 60% bedeutet also, dass die Farbe 40% ihrer Helligkeit einbüßt. Dies hätten Sie auch direkt mit dem HELLIGKEIT-Regler im *Farbe*-Kanal erledigen können.

Interessanter ist daher das Einlesen eines Bildes oder Shaders, da Sie damit die Abdunklung individuell gestalten können. Dort wo das Bild dunkler wird, wird auch die Farbe abgedunkelt. Andere Bild-Bereiche, die z. B. 100% weiß sind, führen zu keiner Veränderung an der Farbe und deren Helligkeit.

Als Basis-Funktion ist die Wirkung der Diffusion auf den *Farbe*-Kanal aktiviert. Zusätzlich stehen Ihnen noch drei weitere Optionen zur Wahl (siehe Abbildung 3.93), um auch noch andere Kanäle durch Diffusion abzudunkeln.

### Der Leuchten-Kanal

Der *Leuchten*-Kanal bietet die gleichen Parameter wie der *Farbe*-Kanal. Deshalb verzichte ich hier auch auf eine zusätzliche Abbildung.

Leuchten wird dazu benutzt, um Schattierungen, die durch das Zusammenspiel von Licht und Schatten auf Oberflächen entstehen, abzumildern. Dies ist immer dann nützlich, wenn Objekte dargestellt werden sollen, die Licht abstrahlen oder stark reflektieren. Ein Beispiel dafür ist z. B. eine matte Glühbirne.

Sie müssen dabei nur bedenken, dass ein leuchtendes Material keinesfalls tatsächlich Licht aussendet (dies ist nur in Verbindung mit den Radiosity-Berechnungen des Advanced Renderer-Moduls möglich). Es wird lediglich die Schattierung der Oberfläche so verändert, *als ob* Licht davon ausgehen würde.

Zudem ergibt sich durch die Reduzierung der Schattierung der Effekt, dass das Objekt an Dreidimensionalität verliert. Aus einer Kugel kann so durch den Wegfall der Schattierung leicht eine Scheibe werden. Wenn, dann setzen Sie das Leuchten also besser nur gezielt und dosiert ein.

### Der Transparenz-Kanal

Mit dem *Transparenz*-Kanal aktivieren Sie transparente Eigenschaften des Materials. Die Helligkeit der eingestellten Farbe (Abbildung 3.94, Ziffer 1) regelt die Stärke und Einfärbung der Transparenz.

### Der Brechung-Wert

Je dicker ein transparentes Objekt ist, desto stärker können die lichtbrechenden Eigenschaften werden. Denken Sie an Brillengläser, eine Lupe oder eine Wasserfläche. Die Stärke dieses Effekts steuert der BRECHUNG-Wert (Abbildung 3.94, Ziffer 2). Ein Wert von »1« gibt die Brechung von Licht in Luft bei Raumtemperatur wieder. Es wird also zu keinen sichtbaren Brechungen in dem transparenten Material kommen. Höhere Werte aktivieren den sichtbaren Effekt. So simuliert ein Wert von 1.333 z. B. die Brechung in Wasser, wogegen 2.419 die Brechung in einem Diamanten beschreibt. Sie finden Listen solcher Brechungsindices in gängigen Physikbüchern zum Thema »Optik«. Merken Sie sich ansonsten einfach, je höher der BRECHUNG-Wert, desto stärker der Effekt.

### Fresnel

Die FRESNEL-Option (Abbildung 3.94, Ziffer 3) sorgt für eine Reduzierung der Transparenz, wenn der Betrachtungswinkel das Objekt streift. Dies

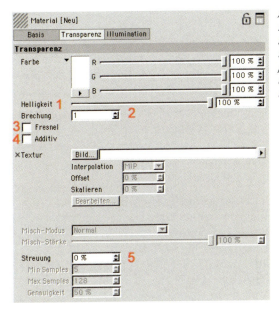

Abbildung 3.94:
Der Transparenz-Kanal steuert neben der Transparenz selbst auch die Lichtbrechung eines Materials.

bildet den Effekt nach, den Sie z. B. bei Fensterscheiben beobachten können. Steht man direkt davor und schaut durch die Scheibe, dann ist die Transparenz sehr viel größer, als wenn Sie schräg, also fast parallel, durch die Scheibe gucken. Die spiegelnden Eigenschaften der Scheibe nehmen zu und »versperren« die Sicht.

*Additiv*

Die ADDITIV-Option bezieht sich auf die Farbwerte. Normalerweise nimmt der Anteil der Farbe aus dem *Farbe*-Kanal mit steigender Transparenz ab. Ist ADDITIV aktiviert, wird dies jedoch unterdrückt. In den meisten Fällen sollte man diese Option deaktiviert lassen, da das Material sonst oft »überbelichtet« aussieht.

*Eine Textur benutzen*

Wie in fast allen Kanälen kann auch hier ein Bild oder Shader eingeladen werden. Die Misch-Modi dazu kennen Sie bereits. Die Farbwerte des eingeladenen Bildes oder Shaders werden wie ein Dia benutzt, um die Transparenz zu steuern. Farbwerte und deren Helligkeiten sorgen für die Stärke und Farbe der Transparenz in dem Material. Dies macht es daher auch möglich, die Transparenz durch Verwendung von Stellen mit 0% Helligkeit partiell zu unterbinden.

*Matt-Effekte*

Wenn Sie sich ein raue, transparente Oberfläche vorstellen, wird diese wohl kaum ein klares Abbild der dahinter liegenden Objekte erscheinen lassen. Das Licht wird bereits an der Oberfläche so gestreut, dass es zu einem verschwommenen Bild kommt.

Sie können diesen Effekt mit dem STREUUNG-Wert simulieren (Abbildung 3.94, Ziffer 5). Werte über 0% führen zur Aktivierung dieser zusätzlichen Berechnung. Je höher der Wert, desto »krisseliger« erscheint die Durchsicht durch das Material. Der GENAUIGKEIT-Wert ist für die Präzision der Berechnung zuständig.

Die Berechnung ist so angelegt, dass von jedem berechneten Punkt des Materials weitere Berechnungen von umliegenden Punkten angestossen werden. Wie viele umliegende Stellen in die Berechnung einfließen, steuern die Werte für die MIN und MAX SAMPLES. MIN SAMPLES gibt die minimale Anzahl an Berechnungen an, wenn CINEMA davon ausgeht, dass die Umgebung des Punktes so unkritisch zu berechnen ist, dass eine geringe Anzahl an Sampling-Punkten ausreicht. Material-Punkte in komplizierteren Positionen benötigen mehr Berechnungsschritte (MAX SAMPLES).

Sie werden kaum in die Bedrängnis kommen, an diesen Werten etwas zu verändern. Bei Bedarf reicht die Erhöhung des GENAUIGKEIT-Wertes aus, um die Qualität des STREUUNG-Wertes wunschgemäß zu erhöhen.

Denken Sie zudem daran, dass die Berechnung dieses Effekts zusätzliche Zeit benötigt, die leicht den eventuellen Nutzen übersteigen kann. Wägen Sie also ab, ob Sie diesen Effekt wirklich benötigen.

*Spiegelung*

Die Parameter für die spiegelnden Eigenschaften des Materials sind recht ähnlich strukturiert wie die im *Transparenz*-Kanal (siehe Abbildung 3.95).

Die HELLIGKEIT steuert die Stärke der spiegelnden Eigenschaften, die Farbwerte kontrollieren, ob das Spiegelbild eventuell eingefärbt werden soll.

Im Textur-Bereich des Kanals lässt sich wieder ein Shader oder Bild laden. Dunklere Bereiche führen dann zu weniger Spiegelungen als helle.

Auch hier finden sich die Parameter für die Streuung wieder, denn auch Spiegelungen können durch raue Oberflächen kein ebenmäßiges Bild mehr produzieren. Ansonsten ist im Bereich über den Transparenz-Kanal schon alles Wissenswerte über die Berechnung von zusätzlicher Streuung gesagt worden.

## 3.7 Materialien erzeugen und zuweisen

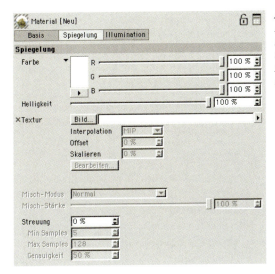

Abbildung 3.95:
Spiegelungen können eingefärbt oder auch auf bestimmte Bereiche begrenzt werden.

*Umgebung*

Ist Spiegelung aktiviert, spiegelt das Material andere Objekte in seiner Umgebung. Sind keine anderen Objekte vorhanden, werden sich also auch keine Spiegelungen zeigen. Um nicht immer extra eine komplette Umgebung für spiegelnde Objekte modellieren zu müssen, können Sie statt der Spiegelung auch den *Umgebung*-Kanal benutzen (siehe Abbildung 3.96). Dort laden Sie z. B. ein Foto hinein, das die gewünschte Umgebung zeigt. Dieses Bild wird dann so auf das Material gelegt, also würden sich die Objekte auf dem Bild tatsächlich in dem Material spiegeln.

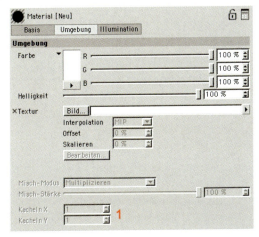

Abbildung 3.96:
Der Umgebung-Kanal täuscht dem Material eine Umgebung vor.

Wenn Sie ein Muster benutzen möchten, können Sie mit den KACHELN-Werten (Abbildung 3.96, Ziffer 1) eine gekachelte Darstellung des Motivs auf dem Material getrennt für die X- und die Y-Richtung aktivieren.

Die Probleme beginnen jedoch, wenn tatsächlich noch andere Objekte in Ihrer Szene sind. Diese spiegeln sich dann natürlich nicht in dem Material, da dieses nur die starre Bildvorgabe benutzt. Sie müssen also abwägen, ob Sie die Umgebung nicht als zusätzliches Element zur normalen Spiegelung hinzunehmen.

Grundsätzlich ist es immer besser, mit echter Spiegelung zu arbeiten, auch wenn dafür im Einzelfall zusätzliche Objekte modelliert werden müssen.

### Der Nebel-Kanal

In einigen Situationen kann es sinnvoll sein, atmosphärische Effekte, wie z. B. Nebel oder Dunst, auf einen bestimmten Bereich zu begrenzen. In diesen Fällen können Sie den *Nebel*-Kanal benutzen, um Ihr Objekt mit einem dreidimensionalen Transparenz-Verlauf zu füllen. Dies sieht dann so aus, als würde innerhalb des Objekts eine Dunst-Wolke schweben. Die Farbe dieses Nebels stellen Sie mit den bekannten Farb-Reglern ein.

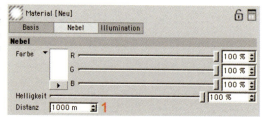

*Abbildung 3.97: Ist der Nebel-Kanal aktiviert, können Objekte mit einem farbigen Nebel gefüllt werden.*

Die Dichte des Nebels geben Sie mit dem DISTANZ-Wert vor (Abbildung 3.97, Ziffer 1). Der Wert beschreibt die Strecke, bis zu der man in den Nebel hineinschauen kann. Hinter dieses Distanz wird der Nebel undurchsichtig und verdeckt somit andere Objekte, die weiter entfernt sind.

### Der Relief-Kanal

Die meisten Oberflächen haben eine gewisse Rauigkeit oder weisen feine Strukturen auf. Denken Sie beispielsweise an die Poren der menschlichen Haut oder an die Furchen in der Rinde eines Baumes. Solche und ähnliche Details machen ein Material oft erst realistisch. Das Dumme dabei ist nur, dass es in den meisten Fällen unmöglich ist, solche feinen Strukturen tatsächlich zu modellieren.

Für solche Zwecke ist der *Relief*-Kanal bestens geeignet, denn mit seiner Hilfe können diese Strukturen auf dem Material vorgetäuscht werden. Sie erinnern sich noch an die Normalen auf den Polygonen? Deren Richtungen werden für die Berechnung der Oberflächenschattierung herangezogen. Der *Relief*-Kanal kann diese Normalen mit Hilfe eines geladenen Bildes oder Shaders so verändern, als wäre an den entsprechenden Stellen eine Erhebung oder Furche vorhanden. Da dies nur ein Schattierungstrick ist, können damit keine tiefen Einschnitte oder herausragende Wölbungen visualisiert werden, aber für die feinen Strukturen einer Oberfläche ist dies bestens geeignet. Die Stärke des Effekts regeln Sie über den STÄRKE-Regler (siehe Abbildung 3.98, Ziffer 1).

Die hellen Bereiche der eingeladenen Textur sorgen für eine optische

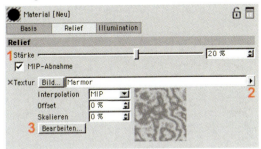

*Abbildung 3.98: Mit einem Relief können Strukturen in eine Oberfläche geprägt werden.*

Anhebung und die dunkleren Stellen für eine optische Absenkung des Materials.

## Was sind Shader?

Hier kommen mehr als in anderen Kanälen so genannte *Shader* zum tragen, die ich bereits mehrfach erwähnt, bislang aber noch nicht besprochen habe.

Shader sind nichts anderes als mathematisch erzeugte Bilder. Sie haben gegenüber traditionellen Bildern den Vorteil, dass Sie die Farbgebung, die gezeigte Struktur und Größe direkt in CINEMA 4D anpassen können. Zudem sind Shader weniger abhängig von Auflösungen.

Wenn Sie ein Objekt mit einer niedrig aufgelösten Bild-Textur berechnen lassen, wird sich das Bild stark weichgezeichnet darstellen. Dies liegt daran, dass Bilder mit einer begrenzten Auflösung auskommen müssen. Wird das Bild vergrößert, kommt es zur Interpolation und somit zur Weichzeichnung und Vergröberung des Motivs.

Anders bei Shadern. Diese werden mathematisch berechnet und haben daher keine feste Auflösung. Wenn Sie näher an die Struktur des Shaders heranrücken, werden neue Details sichtbar, anstatt dass eine feste Struktur vergrößert wird.

CINEMA 4D wird bereits mit einer Vielzahl an Shadern ausgeliefert. Deren detaillierte Beschreibung würde den Umfang dieses Buches sprengen. Sie sollten daher die entsprechenden Stellen in der Dokumentation zu den Shadern nachlesen.

Die Shader finden Sie bei einem Klick auf das kleine Dreieck am Ende der Textur-Angabe (Abbildung 3.98, Ziffer 2). Dort wählen Sie den Namen des gewünschten Shaders aus. Wie in der Abbildung 3.97 kann dies z. B. der Marmor-Shader sein. Um dann die Parameter des geladenen Shaders einsehen und editieren zu können, betätigen Sie die BEARBEITEN...-Schaltfläche (Abbildung 3.98, Ziffer 3). Etwas weiter unten im Text werde ich Ihnen einen Vorschlag für die optimale Arbeit mit Shadern machen. Lassen Sie mich jedoch zuerst die Liste der verfügbaren Kanäle weiter beschreiben.

*Der Alpha-Kanal*

Stellen Sie sich vor, Sie hätten das Bild eines runden Etiketts in den Farbe-Kanal geladen, um das Abbild dieses Aufklebers auf ein Objekt aufzubringen. Nun enthält das Bild des Etiketts jedoch Bereiche, die eigentlich nicht zu dem Aufkleber selbst gehören, sondern nur durch die vorgegebene rechteckige Form eines Bildes entstanden sind. Diese Bereiche können mit dem *Alpha*-Kanal ausgeblendet werden. Das Prinzip ist also identisch mit dem der Alpha-Masken aus Grafikprogrammen. Schwarze Stellen eingeladener Bilder oder Shader sorgen standardmäßig für das Ausblenden aller übrigen Kanäle in diesem Bereich. Weiße Stellen bleiben unbeeinflusst und somit sichtbar. Die Graustufen dazwischen ergeben eine prozentuale Ausblendung.

Wollen Sie die Farbe zum Ausblenden selbst bestimmen, müssen Sie die WEICH-Option deaktivieren und im FARBE-Feld einen eigenen Farbwert definieren (siehe Abbildung 3.99). Es reicht dazu aus, in den entsprechenden Bereich des kleinen Vorschaubildes zu klicken, um einen Farbwert aus dem Bild in das FARBE-Feld zu übernehmen.

Mit der DELTA-Farbe kann dann zusätzlich ein Farbbereich um die vorgegebene Farbe angegeben werden, der ebenfalls noch ausgeschnitten wird. Die INVERTIEREN-Option kann das Ergebnis der Alpha-Maske invertieren.

Die PREMULTIPLIED-Option sorgt für die Multiplizierung der Alpha-Maske mit den Farbwerten der anderen Kanäle. Wenn Sie das gleiche Bild z. B. für den Farbe- und den Alpha-Kanal benutzen, kann dies zu Farbrauschen an den Rändern führen. In diesen Fällen sollte die PREMULTIPLIED-Option deaktiviert werden. In den meisten Fällen brauchen Sie diese Option jedoch nicht weiter zu beachten.

## 3.7 Materialien erzeugen und zuweisen

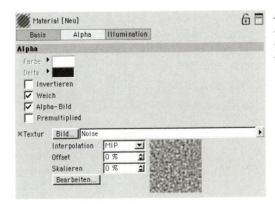

Abbildung 3.99:
Der Alpha-Kanal blendet Bereiche des Materials aus.

### Der Glanzlicht-Kanal

Neben dem Relief eines Materials ist auch das *Glanzlicht* von entscheidender Bedeutung. Über die Stärke und Größe des Glanzlichts können Sie die Erscheinung des Materials entscheidend verändern. Ein glattes Material wie z. B. ein poliertes Metall oder ein lackierter Fensterrahmen wird einen kleinen, aber sehr intensiven Glanzpunkt zeigen. Raue Oberflächen wie z. B. unbehandeltes Holz oder trockene Erde werden dagegen überhaupt keinen Glanzpunkt haben.

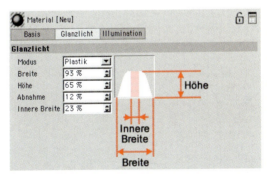

Abbildung 3.100:
Die zur Verfügung stehenden Parameter zur Steuerung der Glanzeigenschaften eines Materials

Der *Glanzlicht*-Kanal bietet Ihnen als Hilfestellung für die Ermittlung der geeigneten Einstellungen eine grafische Darstellung der Intensität des Glanzlichts (siehe Abbildung 3.100). Stellen Sie sich die Grafik als eine Schnittdarstellung der Intensität des Glanzpunktes vor. Das Licht kommt senkrecht von oben und fällt in die Mitte des unteren Randes der Darstellung. Je höher die Kurve, desto stärker wird der Glanzpunkt sichtbar und desto glatter wird die Fläche erscheinen. Je breiter die Kurve, desto matter wird die Fläche wirken.

Ihnen stehen mehrere Modi für die Berechnung des Glanzlichts zur Verfügung, wobei der PLASTIK-Modus der wohl am häufigsten benutzte ist. Er sorgt für ein ausgewogenes Verhältnis zwischen der Intensität des Glanzpunktes und der Beleuchtung der umliegenden Flächen.

Im METALL-Modus färbt die Farbe des Materials auf die Farbe des Glanzlichts ab. Zudem ist der Abfall der Helligkeit zwischen Glanzpunkt und umliegenden Flächen sehr viel stärker ausgeprägt. Im METALL-Modus kann es daher oft hilfreich sein, die Intensität des Glanzes – also die HÖHE des Glanzlichtes – über 100% zu erhöhen. Tragen Sie dazu einfach größere Werte, wie z. B. 300% oder 400%, für die Höhe ein.

Der FARBE-Modus aktiviert die Einflussnahme des *Diffusion*-Kanals auf die Intensität und Darstellung der Glanzlichter.

### Der Glühen-Kanal

War der Effekt im *Leuchten*-Kanal noch auf die Oberfläche des Objekts beschränkt, so kann mit dem *Glühen*-Effekt eines Materials auch eine Lichterscheinung um das Objekt herum erzeugt werden. Auch hierbei handelt es wieder nur um einen optischen Effekt, der nicht wirklich dafür sorgt, dass Licht von dem Material ausgeht.

Der RADIUS-Wert (siehe Abbildung 3.101) kontrolliert die Dicke des Effekts um das Objekt herum. Der STÄRKE INNEN-Wert gibt die Stärke des Glühens an der Oberfläche an. STÄRKE AUSSEN dagegen ist für den äußeren Rand des Glühens verantwortlich, der durch den RADIUS-Wert bestimmt wird.

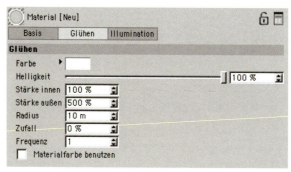

*Abbildung 3.101: Glühende Materialien täuschen Lichtabstrahlung oder Hitze vor.*

Die Werte für FARBE und HELLIGKEIT steuern die optische Erscheinung des Effekts. Über ZUFALL und FREQUENZ kann eine automatisierte Variation der Glüh-Intensität eingestellt werden. Dies ist nur für Animationen interessant. Dann wird im Takt der Frequenz – Veränderungen pro Sekunde der Animation – das Glühen zufällig variiert (prozentualer ZUFALL-Wert).

Die MATERIALFARBE BENUTZEN-Option deaktiviert die eigenen Farb-Vorgaben im *Glühen*-Kanal und benutzt stattdessen die Werte aus dem *Farbe*-Kanal.

Da der Glühen-Effekt erst nach Abschluss der Bildberechnung erzeugt wird, kann sich das Glühen eines Objekts nicht hinter transparenten Objekten oder in Spiegelungen zeigen.

## Die Displacement-Seite

Das *Displacement* ist sehr eng mit dem *Relief*-Kanal verwandt. Hier werden die Bildinformationen jedoch nicht für die Erzeugung optischer Schattierungseffekte verwendet, sondern das Objekt wird tatsächlich verformt. Dies bedeutet, dass helle Stellen im *Displacement*-Kanal zu einer Anhebung der Geometrie an der Stelle führen. Dunkle Bereiche werden in das Objekt hineingedrückt.

Dies kann nur funktionieren, wenn das Objekt selbst auch genügend Punkte und Unterteilungen in diesen Bereichen hat. Dies ist dann auch der Nachteil an dieser Funktion, denn die notwendige hohe Punktdichte des Objekts könnte natürlich auch gleich zu einer exakteren Modellierung benutzt werden, die in der Regel immer noch punktesparender ist. Die Benutzung von Displacement ist jedoch unbestritten sehr viel einfacher und schneller als das Modellieren von Hand. Zudem können Sie anstatt eines Bildes auch eine animierte Textur, also einen Film benutzen und den Effekt somit animieren.

Mit der Vorgabe für die MAXIMALE HÖHE geben Sie die maximale Auslenkung der Geometrie bei einem Bildpunkt mit 100% Helligkeit an. Über den STÄRKE-Regler können Sie diesen Wert dann prozentual wichten.

## Die Illumination-Seite

Die letzte Rubrik in der Definition eines Materials ist die *Illumination*-Seite. Es handelt sich hierbei im strengen Sinne nicht um einen Material-Kanal, denn diese Seite kann nicht manuell aktiviert oder deaktiviert werden.

Sie geben hier grundsätzliche Parameter für die Berechnung des Materials vor. Dabei ist die wohl wichtigste Information die des verwendeten Berechnungsmodells (siehe Abbildung 3.102).

*Abbildung 3.102: Verschiedene Berechnungsmodelle für die Schattierung der Oberfläche stehen zur Verfügung.*

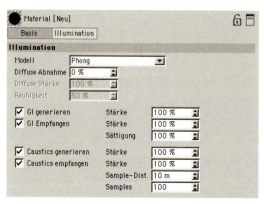

Es stehen hier drei Modi zur Wahl: PHONG, BLINN und OREN-NAYAR.

- Der PHONG-Modus ist wohl der bekannteste Modus und sollte für die realistische Berechnung der meisten Materialien ausreichend sein. Er eignet sich besonders für glatte Oberflächen mit Glanz.

- Der BLINN-Modus arbeitet sehr ähnlich, legt jedoch noch mehr Gewicht auf die Glanzeigenschaften. Glanzpunkte wirken hiermit noch intensiver und runder.

- Der OREN-NAYAR-Modus aktiviert zusätzliche Felder für DIFFUSE STÄRKE und RAUHIGKEIT. Diese Einstellmöglichkeiten machen diesen Modus für raue Oberflächen interessant. Je größer der RAUHIGKEIT-Wert, desto gestreuter erscheint die Schattierung. Die DIFFUSE STÄRKE, also die Intensität des gestreuten Lichts, lässt sich über den gleichnamigen Wert steuern.

Allen drei Modi gemein ist der Wert für die DIFFUSE ABNAHME. Dieser Wert kontrolliert den schattierten Übergang zwischen beleuchteten und unbeleuchteten Bereichen des Objekts. Ein Wert von 0% sorgt für einen ausgeglichenen Übergang.

*Tipp zur Arbeitsweise*

Abschließend möchte ich zu der Arbeit mit Materialien noch den Tipp geben, dass Sie zwar komplett im Attribute-Manager arbeiten können, um die Material-Kanäle zu bearbeiten, ich halte dies jedoch besonders im Umgang mit Shadern für eher umständlich.

Sie sollten stattdessen das *Material-bearbeiten*-Fenster mit einem Doppelklick auf die Vorschaukugel eines Materials im Material-Manager öffnen und dort alle Einstellungen vornehmen. Dies hat nicht nur den

## 3.7 Materialien erzeugen und zuweisen

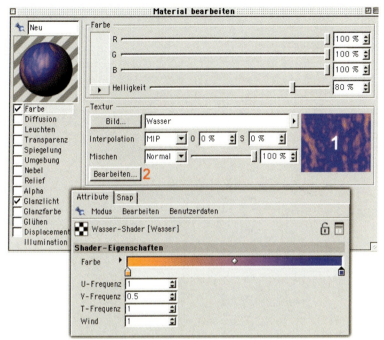

Abbildung 3.103:
Das Arbeiten im Material-Manager hat gegenüber dem Attribute-Manager den Vorteil von mehr Übersichtlichkeit bei der Erzeugung eines Materials und der Arbeit mit Shadern.

Vorteil, dass alle Elemente größer und übersichtlicher angezeigt werden – dies betrifft vor allem die Vorschau des Materials –, sondern Sie behalten auch nach einem Klick auf eine BEARBEITEN...-Schaltfläche (Abbildung 3.103, Ziffer 2) den Material-Kanal vor Augen und können so z. B. die Veränderungen von Shader-Parametern sofort begutachten (Abbildung 3.103, Ziffer 1).

### 3.7.2 Das Haus texturieren

Da Sie nun zumindest theoretisch wissen, welche Optionen zur Simulierung realistischer Oberflächen zur Verfügung stehen, werde ich Ihnen nachfolgend meine Materialien vorstellen, die ich für das Fachwerkhaus verwendet habe. Sie können natürlich selbst Ihrer Kreativität freien Lauf lassen und eigene Einstellungen verwenden.

*Die Holzbalken*

Ich beginne mit dem Material für die Holzbalken des Hauses. Erzeugen Sie also ein neues Material und öffnen Sie durch einen Doppelklick auf die Vorschaukugel im Materialien-Manager das Material-bearbeiten-Fenster.

*Abbildung 3.104:*
*Die Einstellungen für Farbe, Relief und Glanzlicht für das Material der Holzbalken*

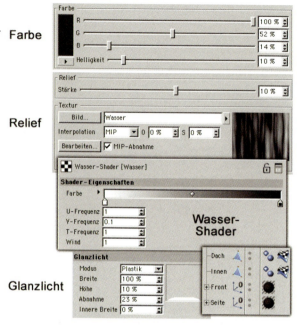

Aktivieren Sie den Kanal für die *Farbe* und stellen Sie dort einen sehr dunklen Braunton ein. Aktivieren Sie dann den *Relief*-Kanal und laden Sie dort den WASSER-Shader ein. Benutzen Sie die BEARBEITEN...-Schaltfläche, um die Parameter des Shaders im Attribute-Manager einsehen zu können. Ich habe die Struktur des Wassers durch eine Verkleinerung der V-FREQUENZ in die Länge gezogen. Die STÄRKE des Reliefs habe ich mit 10% angegeben.

Aktivieren Sie schließlich das *Glanzlicht* und übernehmen Sie in dessen Kanal die Parameter aus Abbildung 3.103. Dort finden Sie auch die schon beschriebenen Einstellungen für die Materialfarbe und das Relief noch einmal abgebildet.

Das Material ist somit fertig und Sie können das Material-bearbeiten-Fenster wieder schließen. Ziehen Sie dann die Vorschaukugel dieses Balken-Materials zuerst auf die *Front*- und dann auf die *Seite*-Gruppe im Objekt-Manager. Es erscheinen daraufhin Textur-Tags des Materials hinter den Gruppen.

Standardmäßig werden alle Materialien mit UVW-MAPPING auf die Objekte gelegt. Dies bedeutet, dass sich das Material von selbst dem Objekt anpasst. Dies funktioniert jedoch nur bei Grundobjekten – egal ob konvertiert oder nicht – und bei NURBS-Objekten, die unter Zuhilfenahme von Splines entstanden sind. Wurden Grundobjekte konvertiert und weiter mit Polygon-Werkzeugen bearbeitet, steigt das Risiko, dass die unsichtbaren UV-Koordinaten, die jedes Grundobjekt schon bei seiner Generierung erhalten hat, zu sehr von der neuen Form des Objekts abweichen. Das Material kann dann nicht mehr exakt genug angepasst werden und es kommt zu Verzerrungen.

Da unsere Balken jedoch großteilig aus unveränderten Würfel-Grundobjekten bestehen und nur geringfügige Veränderungen daran vorgenommen wurden – an einigen Balken wurden Abschnitte gelöscht oder extrudiert –, können wir hier mit dem standardmäßigen UVW-Mapping arbeiten und brauchen daher nichts weiter zu beachten (Abbildung 3.105).

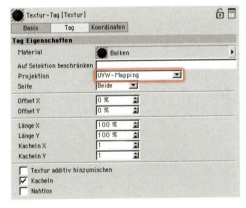

Abbildung 3.105: Das Balken-Material kann mit UVW-Koordinaten benutzt werden, da die Balken großteilig aus unveränderten Grundobjekten bestehen.

Sie sollten nun bereits in den Editor-Ansichten beobachten können, wie sich die Farben an dem Modell verändert haben. Sie fragen sich vielleicht, warum wir nicht jedem Würfel-Balken separat das Material zuweisen müssen. Dies liegt daran, dass Materialien auf untergeordnete Objekte »vererbt« werden, sofern diese kein eigenes Material zugewiesen bekamen. Sehr praktisch bei Gruppen von vielen Objekten, die gleiche Materialien erhalten sollen, wie in unserem Fall.

### Das Material für die Tore

Erzeugen Sie nun ein weiteres neues Material, das diesmal für die Tore an dem Haus gedacht ist. Laden Sie in den aktivierten *Farbe*-Kanal den 2D NOISE-Shader von BhodiNUT. Die Shader dieser Firma wurden mit Programmversion 7 in CINEMA 4D fest integriert und erweisen sich für viele Zwecke als sehr hilfreich. Sie sollten unbedingt deren Dokumentation gelesen haben.

Meine Einstellungen für diesen Shader finden Sie in Abbildung 3.106. Es geht dabei hauptsächlich darum, eine nicht allzu monotone Farbmischung zu erstellen, die ungefähr die Färbung von Holz aufgreift.

Abbildung 3.106: BhodiNut 2D Noise als Shader im Farbe-Kanal und die Einstellungen für das Glanzlicht der Tore.

Ebenfalls in Abbildung 3.106 finden Sie meine Einstellungen für den Glanzlicht-Kanal dieses Materials.

Um die Variation der Oberfläche weiter zu erhöhen, habe ich im aktivierten *Diffusion*-Kanal wiederum den BhodiNUT-2D-Noise eingeladen (Abbildung 3.107). Dort habe ich jedoch diesmal einen anderen Noise-Typ und andere Farben gewählt.

Damit die Abdunklung durch diesen Noise nicht zu stark ausfällt, habe ich den MISCHEN-Modus im *Diffusion*-Kanal auf ADDIEREN geschaltet und die Helligkeit mit 60% vorgegeben. Die Helligkeiten des Noise-Shaders werden also um 60% erhöht. Somit beträgt die stärkste Abdunklung der Farbwerte durch die Diffusion nur noch 40%.

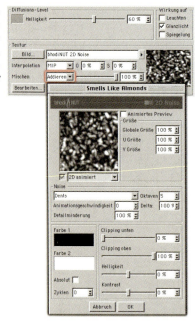

Abbildung 3.107: Hinzufügen von Farbvariationen mittels 2D Noise-Shader im Diffusion-Kanal

Dieses Material ist damit auch schon fertig und kann einfach auf all die Ebenen innerhalb der beiden Hauswand-Gruppen im Objekt-Manager gezogen werden, die die Scheunentore in der Seite des Hauses und die obere Dachluke in der Hausfront bilden. Auch hier brauchen wir uns weiter um nichts zu kümmern, da die für die Tore benutzten Objekte allesamt Ebene-Grundobjekte waren, die nur durch das Bevel'n geringfügig verändert wurden. Es kann also auch hier mit UVW-Mapping gearbeitet werden.

## Das Material für die Fenster und Türen

Wieder wird ein neues Material benötigt, das diesmal für die Fensterrahmen Verwendung finden soll. Mir reichen dafür ein 80%-Grau als Farbe und ein dezentes Glanzlicht aus (siehe Abbildung 3.108).

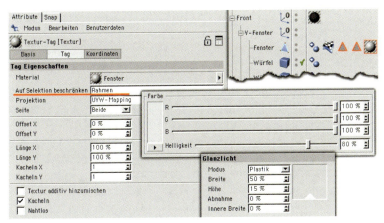

Abbildung 3.108: Ein Material für die Fensterrahmen wird der entsprechenden Selektion zugewiesen.

Bei der Zuweisung dieses Materials kommt es jetzt jedoch zu einem kleinen Unterschied gegenüber den anderen Materialzuweisungen. Wir dürfen diesmal nicht einfach das Material auf das gesamte Objekt legen, da ansonsten die Glasscheiben ebenfalls eingefärbt würden.

Für diesen Zweck hatten wir im Laufe der Modellierung der Fenster bereits die Polygon Selektion Tags angelegt und mit separaten Namen versehen. Den Namen des Selektion Tags mit den Flächen der Fenster-Rahmen tragen Sie nun also in das Feld AUF SELEKTION BESCHRÄNKEN ein (siehe Abbildung 3.108). Ansonsten ist nichts weiter zu beachten, da wir keine sichtbaren Strukturen in unserem Material benutzen. Verzerrungen durch nicht optimal passende UVW-Koordinaten können also nicht auffallen.

Um nun nicht für jedes Fenster diese Materialzuweisung mit anschließender Eintragung des Selektion-Namens vornehmen zu müssen, können Sie das Textur-Tag des Rahmen-Materials im Objekt-Manager mit [Strg]-/[Ctrl]-Drag&Drop-Aktionen auf die übrigen Fenster-Ebenen übertragen.

Sie gehen dabei so vor, dass Sie zuerst die Hierarchie der Objekte so aufklappen, dass Sie jeweils direkten Zugriff auf die Fenster-Ebenen haben. Selektieren Sie dann das bereits zugewiesene und mit dem Selektions-Namen versehene Textur-Tag und halten Sie die [Strg]-/[Ctrl]-Taste gedrückt, während Sie das Tag mit der Maus hinter eine andere Fenster-Ebene ziehen. Lösen Sie dann die Maustaste und eine neue Kopie des Textur-Tag wird hinter dem Objekt erscheinen. Alle Einstellungen werden automatisch mitkopiert.

Schließlich habe ich das gleiche Material auch für die beiden Türen an der Seite des Hauses benutzt. Dort darf dann jedoch kein Selektionsname mehr eingetragen werden, da die Türen keine Selektion-Tags zugewiesen bekommen hatten.

*Das Glas-Material*

Wir benötigen nun noch ein Glas-Material für die Scheiben der Fenster. Erzeugen Sie also wieder ein neues Material und übernehmen Sie die Einstellungen aus der Abbildung 3.109. Wie Sie erkennen können, habe ich eine Transparenz und eine Spiegelung von je 70% aktiviert. Die aktive FRESNEL-Option sorgt automatisch für das richtige Mischungsverhältnis dieser Material-Eigenschaften, wenn dies der Blickwinkel auf das Material erfordert. Der relativ hohe BRECHUNG-Wert von 2 sorgt für eine Lichtbrechung im Fensterglas, die auch noch aus größerer Entfernung gut sichtbar sein sollte.

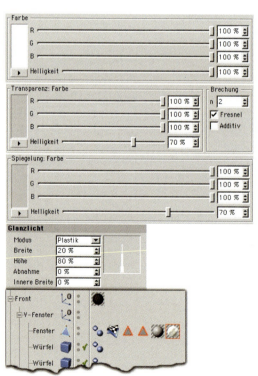

*Abbildung 3.109: Das transparente Material für die Fensterscheiben*

Ergänzt werden diese Einstellungen von einem starken und kleinen Glanzpunkt im *Glanzlicht*-Kanal, wie es sich für eine glatte Oberfläche gehört.

Ziehen Sie dieses Material nun wieder auf eine Fenster-Ebene und geben Sie diesmal den Namen des Polygon Selektion Tags mit den Flächen der Scheiben an. Kopieren Sie dieses Textur-Tag dann auch hinter die übrigen Fenster-Ebenen.

## Das Material der Hauswand

Kommen wir zu einem weiteren Material, das diesmal die Wände des Hauses bedecken soll. Wir erinnern uns, dass diese nur aus dem in der Mitte des Hauses platzierten Würfel bestehen. Da dieser Würfel jedoch massiv bearbeitet wurde, werden wir diesmal wohl mit der praktischen UVW-Projektion nicht mehr durchkommen. Lassen Sie uns zuvor jedoch das Material definieren.

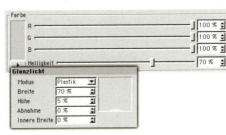

Abbildung 3.110: Farbwert und Glanzverhalten des Materials für die Hauswände

Ich beginne mit der Zuweisung eines hellen Grautons und eines kaum wahrnehmbaren Glanzlichts (siehe Abbildung 3.110).

Da bei der Hauswand von einer gewissen Struktur ausgegangen werden kann, füge ich einen feinen 2D Noise im *Relief*-Kanal hinzu (siehe Abbildung 3.111).

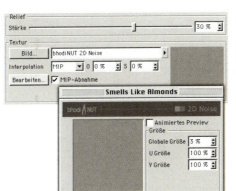

Abbildung 3.111: Unregelmäßigkeiten im Material der Hauswand werden durch einen Noise-Shader im Relief-Kanal hinzugefügt.

Damit sollte das Material bereits komplett sein und wir können uns dem bereits angesprochenen Problem der Projektion dieses Materials auf das Objekt widmen. Weisen Sie das

Material in bekannter Weise dem Innen-Würfel des Hauses zu und betrachten Sie die Parameter im Attribute-Manager.

In solchen Fällen schaut man sich zuerst die Form des Objekts an und wählt danach die Projektionsmethode aus, die der Form am nächsten kommt. Dies scheint mir trotz der vorgenommenen Veränderungen an dem Würfel immer noch die Quader-Form zu sein (siehe Abbildung 3.112, Ziffer 1). Wählen Sie also im Projektion-Menü Quader-Mapping aus. Das Material wird in diesem Modus aus sechs Richtungen gleichzeitig auf das Objekt gelegt.

Da unser Wand-Material eine sichtbare Struktur enthält, sollte diese möglichst überall auf den Wänden gleich groß erscheinen. Dies lässt sich über die Größe der Textur vorgeben. Um diesen Wert ermitteln zu können, benutzen Sie die Auf Objekt anpassen-Funktion aus dem Textur-Menü im Objekt-Manager (siehe Abbildung 3.112, Ziffer 2).

Die ausgewählte Projektionsart wird nun so skaliert, dass das gesamte Objekt davon umschlossen wird. Sie können die so ermittelten Größe-Werte in den Koordinaten-Parametern des Textur-Tags im Attribute-Manager ablesen (Abbildung 3.112, Ziffer 3). Suchen Sie sich den größten dieser drei Werte heraus, runden Sie ihn großzügig auf und übertragen Sie diesen Wert dann auch in die übrigen zwei Größe-Felder.

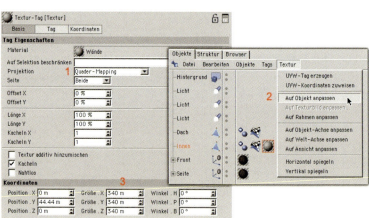

Abbildung 3.112: Da die Hauswände aus einem nicht unerheblich verformten Grundobjekt bestehen, kann nicht mit UVW-Mapping gearbeitet werden. Das Quader-Mapping bietet die für diese Objektform passende Annäherung.

Dies sorgt dafür, dass das Material nicht nur das gesamte Objekt umschließt, sondern das Material auch aus jeder Richtung gleich groß ist. Ansonsten könnte die sichtbare Körnung durch den *Relief*-Kanal des Materials z. B. an der schmalen Hausfront dichter sein als an der größeren Seite des Hauses. Dies sollte ja vermieden werden.

## 3.7 Materialien erzeugen und zuweisen

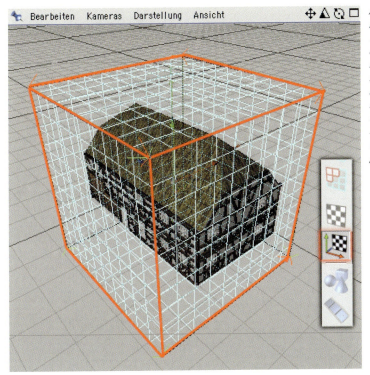

*Abbildung 3.113: Mit aktiviertem Textur-Achsen-bearbeiten-Modus kann die Projektion von Materialien direkt im Editor betrachtet und mit Standard-Werkzeugen manipuliert werden.*

Um eine bildliche Vorstellung von dieser – nun gleichmäßig skalierten – Quader-Projektion zu bekommen, schalten Sie auf die Textur-Achsen-bearbeiten-Betriebsart um, während das Textur-Tag hinter dem Wand-Würfel noch aktiviert ist. Sie erhalten eine schematische Darstellung der Projektion im Editor (siehe Abbildung 3.113). Die roten Linien sind von mir zur Verdeutlichung der Quader-Form hinzugefügt worden.

Diese Projektion lässt sich sogar mit den üblichen Bewegen-, Rotieren- und Skalieren-Werkzeugen manipulieren. Sehr hilfreich, wenn es um die exakte Platzierung eines Materials auf einem Objekt geht.

### Das Dach-Material

Nun ist es bald geschafft. Nur das Material für das Dach fehlt noch. Hier möchte ich gerne eine etwas ausgefallenere Textur verwenden, die vielleicht wie Stroh oder Reed aussieht. Ich beginne mit einem FARBVERLAUF-Shader im *Farbe*-Kanal, wo ich dessen TURBULENZ auf 100% erhöhe (siehe Abbildung 3.114). Die GRÖßE wird mit 300% vorgesehen.

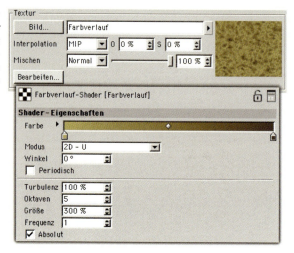

*Abbildung 3.114: En chaotischer Farbverlauf als Shader im Farbe-Kanal des Materials für das Dach*

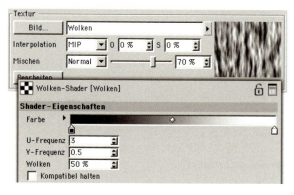

*Abbildung 3.115: Ein verzerrter Wolken-Shader im Diffusion-Kanal*

Für eine chaotische Variation der Helligkeiten sorgt ein stark in die Länge gezogener WOLKEN-Shader im *Diffusion*-Kanal (siehe Abbildung 3.115).

Im *Relief*-Kanal setze ich ebenfalls einen WOLKEN-Shader ein (siehe Abbildung 3.116). Ein breites und flaches Glanzlicht rundet das Material ab.

Kommen wir nun zur Projektion dieses Materials auf das Dach-Objekt. Ziehen Sie also das Dach-Material auf das Dach-Objekt.

Auch hier kommen wir mit den UVW-Koordinaten nicht weiter. Zu viele Flächen des Würfels wurden verändert oder gar gelöscht. Versuchen wir es mit dem FLÄCHE-MAPPING. Aktivieren Sie wieder den Textur-Achsen-bearbeiten-Modus und schalten Sie in der seitlichen Ansicht auf die DRAHT-GITTER-Darstellung, um eine bessere Sicht auf die Projektion des Materials zu erhalten. Benutzen Sie das Rotieren-Werkzeug so, dass die Anzeige

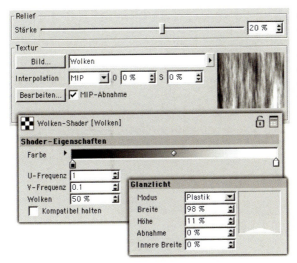

Abbildung 3.116:
Ein Wolken-Shader wird zur Erzeugung eines Reliefs benutzt. Das Glanzlicht fällt relativ schwach für das Material des Daches aus.

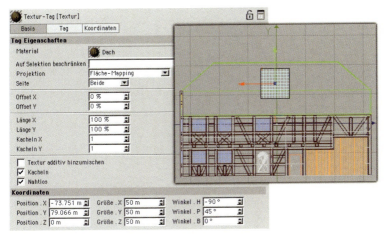

Abbildung 3.117:
Das Dach-Material wird zuerst als gekachelte Fläche-Projektion auf das seitliche Dach gelegt.

der Textur-Projektion parallel zur seitlichen Ansicht auf das Haus steht (also in der ZY-Ebene, wie in Abbildung 3.117 zu sehen).

Ich habe die Größe der Textur auf je 50 m reduziert, wie Sie ebenfalls der Abbildung entnehmen können.

Da das nahtlose Kacheln aktiviert ist, wird diese Material-Fläche nun so oft wiederholt, bis sie das gesamte Objekt bedeckt. Für die seitlichen Teile des Daches funktioniert dies prima, an den Stirnflächen des Giebels gibt es jedoch nur eine verschmierte Ansicht des Materials zu sehen. Die von

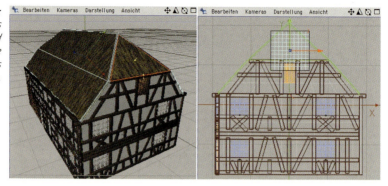

*Abbildung 3.118: Eine Kopie des Textur-Tags wird frontal auf eine neue Selektion des Giebels gelegt.*

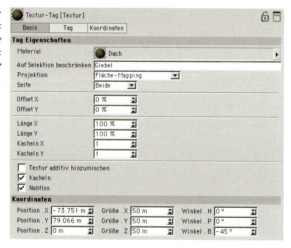

*Abbildung 3.119: Das Material muss auf die neue Selektion des Giebels beschränkt werden.*

der Seite kommende Projektion kann einfach nicht gleichzeitig auch die senkrecht dazu stehenden Teile des Daches bedecken.

Selektieren Sie also im Polygon-Modus die Flächen der Dach-Front (siehe Abbildung 3.118, links) und speichern Sie diese Selektion in einem neuen Polygon Selektion Tag ab. Geben Sie diesem Tag z. B. den Namen *Giebel*. Duplizieren Sie das bereits vorhandene Textur-Tag des Dach-Materials hinter dem Dach-Objekt und tragen Sie dort in dem Feld AUF SELEKTION BESCHRÄNKEN den Namen *Giebel* ein (siehe Abbildung 3.119). Benutzen Sie das Rotieren-Werkzeug um die Darstellung der Projektion so auszurichten, dass sie in der frontalen Ansicht zu sehen ist (siehe Abbildung 3.118, rechts).

Damit erhält jede Seite des Daches automatisch das korrekt ausgerichtete Material (siehe Abbildung 3.120).

*Abbildung 3.120: Das Bauernhaus mit den beschriebenen Materialien*

Das Bauernhaus ist somit fertig modelliert und texturiert und wir können uns im nächsten Kapitel einer etwas einfacheren Aufgabe widmen. Wir werden nun eine passende Umgebung für das Haus herstellen.

Sie finden die fertige Version des Hauses samt den zugewiesenen Materialien auf der CD-ROM zum Buch.

# Eine Szene zusammenstellen

**KAPITEL**

Das Bauernhaus für sich allein gesehen ist zwar nun komplett, doch es fehlt noch an einer passenden Umgebung.

Ich möchte dieses Kapitel dazu nutzen, einige kleinere Objekte zu erzeugen, die später zusammen mit dem Haus eine Szene ergeben sollen. Dazu wird auch das Arbeiten mit einer Kamera und mit Lichtquellen gehören. Sie werden zudem einige nützliche Werkzeuge zum Deformieren von Objekten und zum Erzeugen von größeren Objekt-Gruppen kennen lernen.

## 4.1 Einen Telegraphenmast modellieren

Ich möchte damit beginnen, einen einfachen Strom- oder Telegraphenmast zu modellieren, den wir später im Hintergrund der Szene verwenden können.

## Eine Szene zusammenstellen

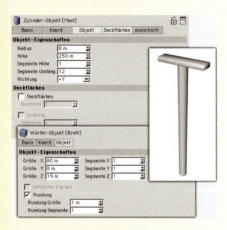

Erzeugen Sie einen Zylinder und einen Würfel mit den dargestellten Parametern. Platzieren Sie den Würfel so oben auf dem Zylinder, dass eine T-förmige Struktur entsteht. Ordnen Sie den Würfel dem Zylinder unter.

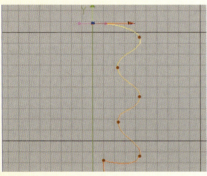

Erzeugen Sie eine Spline-Kurve rechts neben der Welt-Y-Achse in der XY-Ansicht knapp oberhalb des Würfels. Sie können dazu z. B. den Bezier-Spline verwenden. Das Objekt sollte von der Größe her einem Kabelhalter auf dem Mast entsprechen. Sorgen Sie dafür, dass der oberste Punkt auf der Y-Achse liegt, also die Welt-X-Koordinate 0 hat. Versuchen Sie durch Manipulation der Tangenten eine entsprechende Form zu erzeugen.

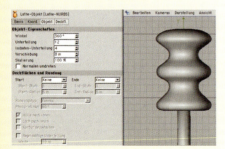

Rufen Sie ein Lathe-NURBS-Objekt auf und ordnen Sie diesem den Spline unter. Es sollte sich eine Form wie in der Abbildung ergeben. Da der oberste Punkt exakt auf der Rotationsachse liegt und das untere Ende des Splines im Würfel verschwindet, können Sie Deckflächen im Lathe-NURBS deaktivieren. Da das Objekt recht klein ist, reichen 12 Unterteilungen aus.

Wenn Sie mit der Form und Größe zufrieden sind, erzeugen Sie drei Kopien des Lathe-NURBS und verteilen alle vier Lathe-NURBS entlang der Welt-X-Achse über dem Würfel. Die von mir verwendeten X-Positionen sind in der Abbildung eingeblendet.

## 4.1 Einen Telegraphenmast modellieren

Erzeugen Sie einen neuen Spline, der z. B. vom Typ KUBISCH oder AKIMA ist, und setzen Sie drei Punkte in der seitlichen Ansicht. Dieser Spline soll ein durchhängendes Kabel zwischen zwei Masten darstellen. Die Länge sollte ca. 500 Einheiten betragen. Meine Punkt-Koordinaten können Sie der Abbildung entnehmen. Diese Werte sollten jedoch nur als Anhaltspunkte dienen.

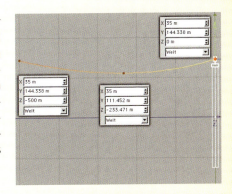

Rufen Sie ein Kreis-Grundobjekt ab und geben Sie diesem einen Radius von 1 m. Achten Sie darauf, dass die Ebene auf XY eingestellt ist. Nur so kann das Objekt mit dem Sweep-NURBS optimal funktionieren. Rufen Sie ein Sweep-NURBS-Objekt auf und ordnen Sie diesem den Kabel- und den Kreis-Spline unter. Der Kreis-Spline muss unter dem Sweep-NURBS als Profil an erster Stelle stehen.

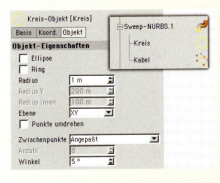

Sie sollten nun ein massives Kabel ausgehend von dem Kabelhalter erkennen können. Korrigieren Sie eventuell die Lage der Kabel-Punkte und die Größe des Kreis-Radius. Erzeugen Sie dann drei Kopien des Sweep-NURBS und verschieben Sie diese so auf der X-Achse, dass alle Kabel mit einem Kabelhalter in Verbindung stehen. Damit ist ein komplettes Mast/Kabel-Element fertig. Ordnen Sie alle Objekte sinnvoll einem neuen Null-Objekt unter oder selektieren Sie alle Objekte und benutzen Sie dann die OBJEKTE-GRUPPIEREN-Funktion im Objekt-Manager.

Dieses Mast/Kabel-Objekt speichern Sie nun in dem gleichen Ordner ab wie das Bauernhaus.

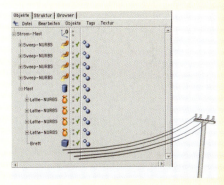

205

## 4.2 Ein Maisfeld modellieren

In den folgenden Arbeitsschritten werden wir aus nur wenigen Objekten ein Maisfeld erstellen. Dabei benutzen wir erstmals Deformatoren sowie Instanz- und Zufall-Funktionen.

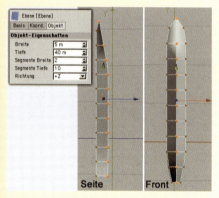

Beginnen Sie mit einer neuen, leeren Szene (benutzen Sie dazu ggf. den Befehl NEU aus dem DATEI-Menü) und erzeugen Sie ein Ebene-Grundobjekt. Übernehmen Sie die gezeigten Einstellungen und konvertieren Sie dann die Ebene. Verschieben Sie im Punkte-Modus die mittleren Punkte der Ebene so, dass die Form eines länglichen Blattes entsteht.

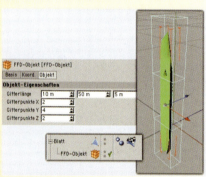

Rufen Sie ein FFD-Objekt z. B. aus dem Menü OBJEKTE, Unterpunkt DEFORMATION ab. *FFD* steht übrigens für »**F**rei-**F**orm **D**eformation«. Passen Sie dessen Größe dem verformten Blatt an und platzieren Sie das FFD-Objekt so, dass es das »Blatt« vollständig umgibt. Ordnen Sie das FFD-Objekt der Ebene unter.

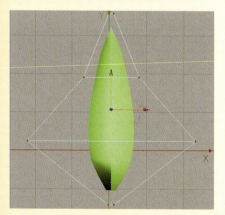

Im Punkte-Modus können Sie die Punkte des FFD-Objekts selektieren und verschieben. Da das FFD-Objekt der Ebene untergeordnet wurde, verformt eine Verschiebung von FFD-Punkten die Ebene. Deformieren Sie die Ebene durch Verschieben von FFD-Punkten in der XY-Ansicht wie gezeigt.

## 4.2 Ein Maisfeld modellieren

Erzeugen Sie ein BIEGE-OBJEKT, das Sie im gleichen Menü wie das FFD-Objekt finden, und passen Sie auch hier die Größenverhältnisse ungefähr den Abmessungen der Ebene an. Die Ebene sollte vollständig innerhalb des Biege-Objekts liegen. Ordnen Sie das Biege-Objekt unter der Ebene ein. Es sollte dort unterhalb des FFD-Objekts eingeordnet werden, damit die Biegung erst nach der Verformung durch das FFD berechnet wird.

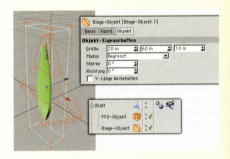

Verschieben Sie den orangefarbenen Anfasser des Biege-Objekts in der seitlichen Ansicht in die gewünschte Biegerichtung. Sie sollten sich dafür im Modell-Modus befinden. Sind Sie mit dem Ergebnis zufrieden, selektieren Sie die Ebene im Objekt-Manager und benutzen AKT. ZUSTAND IN OBJEKT WANDELN im FUNKTIONEN-Menü. Es entsteht eine Kopie des Ebene-Objekts, die alle Merkmale der deformierten Ebene aufweist. Die alte Ebene mit den Deformatoren kann samt diesen gelöscht werden.

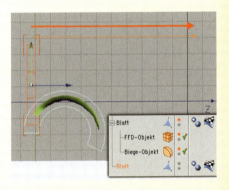

Rufen Sie ein Zylinder-Grundobjekt auf. Dieses soll den Stengel der Pflanze bilden. Sie können dafür die abgebildeten Maße übernehmen. Deckflächen sind nicht nötig. Erstellen Sie eine beliebige Anzahl an *Blatt*-Kopien und ordnen Sie diese um den Zylinder herum an, um die Pflanze zu formen.

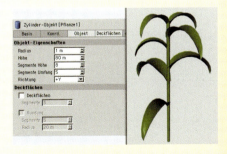

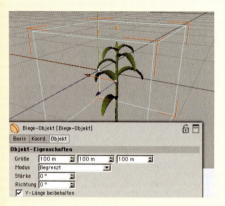

Ordnen Sie alle Blätter unter dem Zylinder ein und rufen Sie erneut ein Biege-Objekt auf. Die von mir benutzten Abmessungen können Sie dem Bild entnehmen. Die Beibehaltung der Y-Länge beim Biegen sollte aktiviert sein. Platzieren Sie das Biege-Objekt so, dass es die gesamte Pflanze umgibt.

Ordnen Sie das Biege-Objekt unter dem Zylinder ein. Dadurch wirkt der Biege-Deformator auf die gesamte Gruppe des Zylinders, also auch auf alle Blätter, die sich in dieser Gruppe befinden.

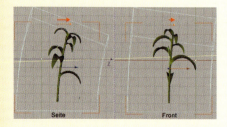

Verschieben Sie den Anfasser des Biege-Objekts in eine beliebige Richtung, um die gesamte Pflanze weniger steif wirken zu lassen. Wie Sie in den Abbildungen erkennen können, kann der Anfasser frei bewegt werden und ist nicht auf eine Richtung beschränkt.

## 4.2 Ein Maisfeld modellieren

Erzeugen Sie zwei Kopien dieser Pflanze und verändern Sie die Positionen und Verbiegungen dieser Kopien, um eine kleine Gruppe an Mais-Pflanzen zu erzeugen. Sie können auch die Größe leicht variieren, indem Sie die Zylinder entlang der Welt-Y-Achse skalieren.

Gruppieren Sie die drei Pflanzen unter einem Null-Objekt und selektieren Sie dieses. Wählen Sie aus dem FUNKTIONEN-Menü den DUPLIZIEREN-Befehl aus. Übernehmen Sie die Einstellungen aus der Abbildung. Es werden dadurch 30 Instanz-Kopien dieser Pflanzen-Gruppe erzeugt. Instanzen sind keine echten Kopien, sondern nur leere Objekte, die eine Referenz auf ein »echtes« Objekt oder eine »echte« Gruppe haben. Der Vorteil liegt darin, dass eine Veränderung, z. B. der Form, an dem »echten« Objekt sofort auch an allen Instanzen dieses Objekts sichtbar wird.

Selektieren Sie das neu entstandene Null-Objekt, das die Instanzen enthält, und rufen Sie die ZUFALL-Funktion im FUNKTIONEN-Menü auf. Die dargestellten Werte sorgen dafür, dass die Elemente der selektierten Gruppe zufällig auf einer Fläche von 100 m mal 100 m in der ZX-Ebene verteilt werden. Zusätzlich werden zufällige Rotationen um die Y-Achse (H-Rotation) zwischen -360° und +360° hinzugefügt. Speichern Sie diese Szene ab (DATEI → SICHERN UNTER...).

In diesem Beispiel wurden erstmals zwei neue Elemente verwendet, nämlich *Deformatoren* und *Instanzen*. Die diversen Deformator-Objekte, die CINEMA 4D anbietet, sind alle auf bestimmte Aufgaben spezialisiert. Diese leiten sich oft schon aus deren Symbolen ab. Nahezu alle Deformatoren haben Anfasser, mit denen die Stärke und Richtung der Deformation gesteuert werden kann. *Deformatoren* müssen grundsätzlich unter dem Objekt eingeordnet werden, das sie verformen sollen. Sollen mehrere Objekte gleichzeitig verformt werden, gruppieren Sie zuerst diese Objekte – dafür kann auch ein Null-Objekt benutzt werden – und ordnen Sie den Deformator dann dieser Gruppe unter. Er wirkt dann auf alle Elemente dieser Gruppe. Sie können auch mehrere Deformatoren gleichzeitig auf ein Objekt wirken lassen, wie das Beispiel des Blattes zeigt. Beachten Sie dabei, dass bei mehreren Deformatoren die Berechnung innerhalb der Gruppe von oben nach unten verläuft. Das bedeutet, dass der oberste Deformator zuerst berechnet wird. Dann wird die Deformation des zweiten Deformator-Objekts die Verformung des ersten Deformators überlagern und so fort.

Unter *Instanzen* versteht man eine Referenz auf ein beliebiges Objekt oder eine Gruppe von Objekten. Die Instanz selbst ist also nur ein leeres Objekt (wie ein Null-Objekt), das jedoch auf ein anderes Objekt verweist. Dabei lässt sich eine Instanz wie ein normales Objekt verschieben, rotieren und skalieren. Der Vorteil an dieser Technik ist der, dass Sie dadurch sehr einfach auch nachträglich noch Parameter des Original-Objekts verändern können. Alle Instanzen dieses Objekts übernehmen diese Veränderungen automatisch. Dies ist bei »echten« Duplikaten eines Objekts nicht möglich, da jede Kopie dort ein unabhängiges, neues Objekt ist. Der Nachteil an Instanzen ist, dass Sie diese nicht individuell verändern können. Außer der beschriebenen Veränderung von Position, Rotation und Größe können Sie also z. B. nicht auf die Punkte eines Instanz-Objektes zugreifen.

Die ZUFALL-*Funktion* wurde in diesem Beispiel ebenfalls zum ersten Mal benutzt. Sie bietet sich immer dann an, wenn eine größere Anzahl an Objekten zufällig positioniert, skaliert oder gedreht werden soll. Sie können die gewünschten Maximalwerte in den Zufall-Dialog eintragen. Ein Wert von 100 m für die X-Position bedeutet also, dass die X-Position der Objekte zufällig zwischen -100 m und +100 m errechnet wird.

## 4.3 Einen Misthaufen modellieren

Zu einem richtigen Bauernhof gehört natürlich auch ein Misthaufen. Wir werden diesen wieder mit der Hilfe von instanzierten Kopien und einer zufälligen Verteilung von Objekten umsetzen.

## 4.3 Einen Misthaufen modellieren

Starten Sie mit einer neuen, leeren Szene und rufen Sie ein Bezier-NURBS-Objekt auf. Drehen Sie dies um -90° um die X-Achse (P=-90°), bis es flach in der ZX-Ebene liegt. Im Punkte-Modus ziehen Sie den mittleren Kontrollpunkt senkrecht nach oben, bis eine Wölbung entsteht. Ich habe den Punkt auf eine Welt-Y-Höhe von 330 m gezogen.

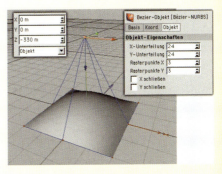

Erzeugen Sie ein Zylinder-Grundobjekt. Dies soll einen Strohhalm darstellen. Von diesem Zylinder erzeugen Sie dann 10 Duplikate. Diese sollten »echte« Kopien und keine Instanzen sein.

Benutzen Sie die Zufall-Funktion, um die Elemente der Kopien-Gruppe neu zu platzieren und deren Rotation zu variieren. Ordnen Sie danach den ursprünglichen Zylinder ebenfalls der Gruppe mit den Zylinder-Kopien unter.

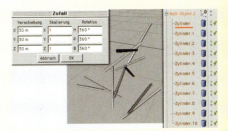

Erzeugen Sie ca. 20 Instanz-Kopien dieser Zylinder-Gruppe und platzieren Sie die Instanzen manuell vorne um und auf dem »Hügel«. Um weitere Variation hinzuzufügen, können Sie die ZUFALL-Funktion auf die Instanz-Gruppe verwenden. Indem Sie 0 m bei den VERSCHIEBUNG-Werten benutzen, bleiben die Instanzen dabei an Ort und Stelle und nur die Rotation wird zufällig variiert. Erstellen Sie zwei Kopien der Instanz-Gruppe und rotieren Sie diese leicht nach links bzw. rechts um die Y-Achse, um weitere Strohhalme hinzuzufügen. Auch auf diese kopierten

Instanz-Gruppen können Sie erneut die Zufall-Funktion für die Variation der Rotation anwenden. Speichern Sie schließlich diese Szene ab.

Wie Sie in diesem Beispiel erfahren haben, lässt sich die ZUFALL-Funktion auch mit Instanzen benutzen, um deren Ausrichtung variabler zu gestalten. Dies ist z. B. sinnvoll, wenn Blätter oder Grashalme durch eine große Anzahl an Instanzen gebildet werden sollen, die alle von nur einem Objekt abstammen.

Als letztes Element unserer Umgebung werden wir nun einen Himmel modellieren und beleuchten. Hierbei kommt es mehr auf die Kombination von Materialien und Lichteffekten an, als auf ein detailliertes Objekt.

## 4.4 Einen Himmel modellieren

Für die Umsetzung eines Himmels gibt es mehrere Techniken. Ich möchte Ihnen in diesem Beispiel die Kombination von Materialien und Lichtquellen vorstellen.

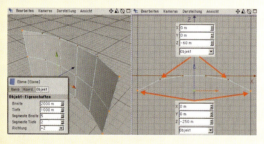

Rufen Sie ein Ebene-Grundobjekt auf, geben Sie diesem die gezeigten Abmessungen und Unterteilungen und konvertieren Sie die Ebene dann. Selektieren und verschieben Sie die Punkte der Ebene in der Ansicht von oben, bis eine Krümmung entsteht.

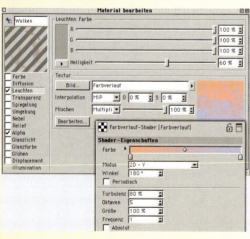

Erzeugen Sie ein neues Material und laden Sie den FARBVERLAUF-Shader in den Leuchten-Kanal des Materials (Farbe- und Glanzlicht-Kanal können deaktiviert werden). Fügen Sie im FARBVERLAUF-Shader TURBULENZ hinzu und benutzen Sie einen Verlauf von Orange zu Hellblau.

## 4.4 Einen Himmel modellieren

Aktivieren Sie den *Alpha*-Kanal des Materials und laden Sie dort den 2D-NOISE-Shader von BhodiNUT ein. Wählen Sie STUPL als NOISE-Funktion bei einer globalen Größe von 1000% aus. Dies erzeugt wolkenartige Strukturen, die durch die Einstellungen an Clipping, Helligkeit und Kontrast noch besser sichtbar werden.

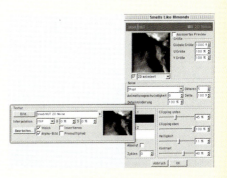

Ziehen Sie das Material auf die Ebene und erhöhen Sie die Anzahl der Y-Kacheln in den Textur-Parametern auf 2. Dies staucht die »Wolken« vertikal etwas zusammen. Machen Sie in der frontalen Ansicht eine Probeberechnung, Die dunklen Stellen im *Alpha*-Kanal blenden das Material aus. Nur die helleren Bereiche bleiben sichtbar und werden gleichzeitig durch den Farbverlauf im *Leuchten*-Kanal eingefärbt.

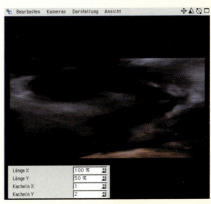

Erstellen Sie eine Kopie der Wolken-Ebene, verschieben Sie diese entlang der Welt-Z-Ebene um ca. 250 m nach hinten und vergrößern Sie die Ebene ca. um den Faktor 1,5. Löschen Sie das Wolken-Material von der kopierten Ebene.

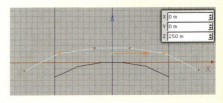

Erzeugen Sie ein neues Material und deaktivieren Sie dort den *Glanzlicht*-Kanal. Aktivieren Sie neben dem *Farbe*- auch den *Leuchten*-Kanal. Laden Sie einen FARBVERLAUF-Shader in den *Farbe*-Kanal.

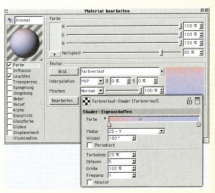

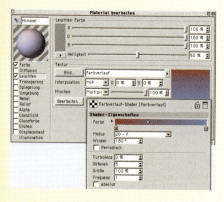

Einen weiteren FARBVERLAUF-Shader mit den dargestellten Farben laden Sie in den *Leuchten*-Kanal. Vergessen Sie nicht den MULTIPLIZIEREN-Modus mit einer HELLIGKEIT von 50% zu aktivieren. Weisen Sie das Material der zweiten Ebene zu.

Erzeugen Sie eine LICHTQUELLE aus dem Menü OBJEKTE. Sie finden diese im Unterpunkt SZENE-OBJEKTE. Auf der *Allgemein*-Seite der Parameter im Attribute-Manager aktivieren Sie SICHTBAR bei der Option SICHTBARES LICHT und übernehmen die dargestellten Farb- und Helligkeitswerte für das Licht. Auf der *Details*-Seite aktivieren Sie eine lineare Abnahme zwischen 50 m und ca. 2200 m. Dies bedeutet, dass die Intensität des Lichts bis zu einem Radius von 50 m um die Lichtquelle herum konstant bleibt und dann auf der Strecke zwischen 50 m und 2200 m linear bis auf die Intensität 0 absinkt. Auf der *Sichtbarkeit*-Seite stellen Sie die beiden Radien für den sichtbaren Effekt des Lichts ein. Auch hier gilt, dass die Intensität bis zum inneren Radius konstant bleibt und dann bis zum äußeren Radius auf 0 absinkt.

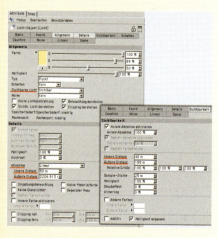

Da sichtbares Licht und eine Abnahme der Licht-Intensität aktiviert wurden, werden an der Lichtquelle entsprechende Anfasser und visuelle Darstellungen der Radien angezeigt. Sie können die Werte also jetzt auch über die Anfasser anpassen. Platzieren Sie die Lichtquelle zwischen den beiden Ebenen. Die Abbildung zeigt die Lage der Lichtquelle in der frontalen Ansicht.

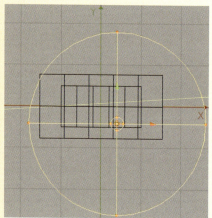

Wenn Sie nun die frontale Editor-Ansicht berechnen, stellt sich das Ergebnis wie in der Abbildung dar. Passen Sie ggf. die Größe des sichtbaren Lichts und die Radien für die Abnahme der Lichtleistung Ihren Wünschen an. Ziel soll sein, dass die Lichtquelle eine aufgehende Sonne darstellt. Sind Sie mit dem Ergebnis zufrieden, gruppieren Sie alle Elemente in einer Gruppe und speichern Sie die Szene ab.

*Automatische Beleuchtung*

In diesem Beispiel haben Sie nun erstmals Bekanntschaft mit den Lichtquellen innerhalb von CINEMA 4D gemacht. Ohne unser Zutun war bislang immer eine automatische Beleuchtung aktiv, die die Objekte aus Sicht der Kamera ausleuchtete. Deshalb waren die Objekte überhaupt sichtbar.
Sobald nun eigene Lichtquellen hinzugefügt werden, deaktiviert sich die automatische Beleuchtung selbstständig. Das Licht kommt nun also tatsächlich nur noch von den Lichtquellen, die von uns hinzugefügt werden.
Lichtquellen lassen sich für eine Vielzahl von Effekten einsetzen. Im einfachsten Fall beleuchten sie Objekte von der Position der Lichtquelle aus. Anders als reale Lichtquellen, wie z. B. eine Glühbirne, sind 3D-Lichtquellen an sich unsichtbar. Nur das ausgehende Licht, bzw. die dadurch ausgelöste Schattierung von Objekten ist sichtbar.

*Sichtbares Licht*

Soll die Lichtquelle selbst sichtbar sein, muss entweder ein Objekt zusätzlich modelliert werden – Stichwort: Glühbirne – oder die Option SICHTBAR muss aktiviert werden. Es kann dann ein Bereich definiert werden, innerhalb dessen eine sichtbare Lichterscheinung berechnet wird. In diesem Beispiel nutzten wir diesen Effekt zur Darstellung der Sonnenscheibe.
Da die Sonnen-Lichtquelle vorrangig für die Beleuchtung der Himmel-Ebene gedacht ist, kann die Einstellung der Lichtstärke und die Aktivierung der Abnahmefunktion für die Lichtleistung ganz diesem Zweck untergeordnet werden. Wählen Sie also die Radien für die Größe des sichtbaren Lichts sowie die maximale Entfernung, die das Licht zurücklegen soll, ganz nach Ihren Vorstellungen. Ziel soll die stimmige Ausleuchtung des Himmel sein. Unterstützt wird dies durch das leuchtende Material des Himmels, das dafür sorgt, dass es nicht zu unnatürlich dunklen Bereichen kommen kann.

## 4.5 Kombinieren der Objekte

### 4.5.1 Wahl der Kamera-Position

In diesem Abschnitt werden wir nun die diversen separaten Objekte zu einer Szene zusammenfügen. Dazu sollten Sie zuerst festlegen, welche Abmessungen bzw. welches Seitenverhältnis das später zu berechnende Bild haben soll. Ich habe mich für das Verhältnis 4:3 entschieden. Dies bedeutet, dass das Verhältnis zwischen der Breite des Bildes und dessen Höhe dem Verhältnis der Zahlen 4:3 entspricht.

Eine Auflösung, die diesem Verhältnis entspricht, wäre z. B. 800 mal 600 Pixel oder auch 1280 mal 960.

*Das Seitenverhältnis einstellen*

Öffnen Sie also die Render-Voreinstellungen durch einen Klick auf deren Symbol, oder rufen Sie deren Einstellungen aus dem RENDERN-Menü ab. Innerhalb der RENDER-VOREINSTELLUNGEN wechseln Sie auf die *Ausgabe*-Seite. Dort können Sie im AUFLÖSUNG-Menü aus einer Liste mit gängigen Auflösungen wählen, oder Sie tragen die gewünschte Auflösung getrennt für die Breite und Höhe gemessen in Pixel direkt in die Zahlenfelder hinter dem AUFLÖSUNG-Menü ein (siehe Abbildung 4.1).

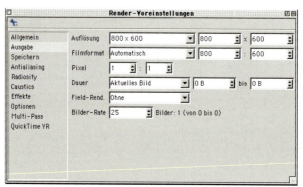

*Abbildung 4.1: Das Seitenverhältnis des Films oder des Bildes wird durch die Auflösung innerhalb der Render-Voreinstellungen bestimmt.*

Wichtig ist hierbei noch nicht, dass Sie bereits die finale Auflösung eintragen, sondern dass die dort eingestellte Auflösung das gleiche Seitenverhältnis wie die finale Auflösung hat. Dies ist deshalb so wichtig, da sich entsprechend des hier eingestellten Seitenverhältnisses auch die Darstellung im Kamera-Fenster der Editor-Ansicht verändert.

*Darstellung der Editor-Kamera*

Sie haben dort vielleicht schon die horizontalen Linien bemerkt, die oben und unten das Kamera-Fenster durchlaufen (in Abbildung 4.2 rot markiert). Diese Linien begrenzen den später bei der Bildberechnung sichtbaren Bereich innerhalb der Kamera-Ansicht. Diese Linien sind uns also eine Hilfe, um bereits bei der Wahl des Blickwinkels im Editor erkennen zu können, welche Objekte später im Bild zu sehen sind.

Die Lage dieser Linien verändert sich entsprechend der vorgegebenen Auflösung in den RENDER-VOREINSTELLUNGEN. Deshalb ist es schon bei der Zusammenstellung einer Szene und bei der Wahl eines geeigneten Kamera-Blickwinkels so wichtig, mit dem finalen Seitenverhältnis und somit mit der exakten Lage dieser Hilfslinien arbeiten zu können.

*Wahl eines geeigneten Blickwinkels*

Ist dies geschehen, benutzen Sie die Navigations-Icons in der Kopfzeile des Kamera-Fensters, um eine geeignete Kamera-Position zu finden. Versuchen Sie eine Position und einen Blickwinkel wie in Abbildung 4.2 zu erzielen. Das Bauernhaus sollte am linken Bildrand liegen und ungefähr bis zur Mitte des Bildes reichen. Die vertikale Lage ist ebenfalls ungefähr mittig. Sowohl die Haus-Front als auch die Seite des Hauses sollten gut sichtbar sein. Es wäre schließlich schade, wenn Teile des so mühsam modellierten Hauses später gar nicht zu sehen sein würden.

*Ein Kamera-Objekt erzeugen*

Ist der gewünschte Blickwinkel gefunden – denken Sie daran, möglichst nicht zu zoomen, da dadurch die Brennweite der Kamera ungünstig beeinflusst werden kann –, rufen Sie im OBJEKTE-Menü unter SZENE-OBJEKTE eine KAMERA auf. Dieses Objekt wird dann automatisch so positioniert und ausgerichtet wie die aktive Editor-Ansicht. Achten Sie also darauf, dass vor Aufruf des Kamera-Objekts auch tatsächlich die Kamera-Ansicht des Editors aktiv ist.

Sie werden ein neues Objekt namens *Kamera* im Objekt-Manager bemerken. Um dieses Objekt auch tatsächlich als Kamera benutzen zu können, wählen Sie in der Editor-Kamera-Ansicht im KAMERAS-Menü den Unterpunkt SZENE-KAMERAS aus. Dort finden Sie den Namen des neuen Kamera-Objekts wieder. Wählen Sie diesen aus und Sie blicken fortan durch diese Kamera auf die Szene (siehe Abbildung 4.2, rechts).

**Eine Szene zusammenstellen**

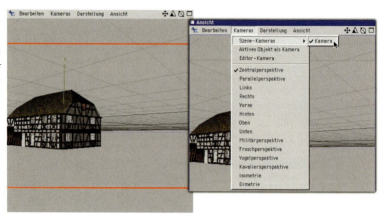

Abbildung 4.2:
Wählen eines geeigneten Kamera-Blickwinkels und Umschalten auf eine vorhandene Kamera.

Dies bringt Ihnen für die Editor-Kamera-Ansicht zwar keinen Vorteil – an dieser Ansicht hat sich nichts verändert –, Sie haben jetzt jedoch auch in allen anderen Ansichten ein Kamera-Objekt samt passend eingezeichnetem Sichtwinkel zur Verfügung, um sich besser in Ihrer Szene orientieren zu können. Sie können dadurch z. B. auf Anhieb auch in der Ansicht von oben erkennen, in welche Richtung die Kamera blickt und welche Objekte innerhalb oder außerhalb des Blickwinkels liegen.

Wie Sie noch etwas später erfahren werden, lassen sich die Z-Achsen von Objekten mit Hilfe der AUSRICHTEN-EXPRESSION auf andere Objekte ausrichten. Da die Blickrichtung der Kamera ebenfalls deren Z-Achse entspricht, lässt sich diese Technik also auch sehr gut mit Kameras nutzen.

### 4.5.2 Objekte hinzuladen

Oft ist es so, dass Objekte, die bereits vorhanden sind oder – wie in unserem Fall – in separaten Szenen erstellt wurden, zu einer Szene zusammengefügt werden sollen. Für diesen Zweck gibt es den HINZUFÜGEN-Befehl im DATEI-Menü.

*Die Himmel-Szene*

Sie sollten die Bauernhaus-Szene samt der angepassten Kamera vor sich haben. Wir beginnen mit der Himmel-Szene. Fügen Sie diese also dem Bauernhaus hinzu. Platzieren Sie die Gruppe mit der Sonnen-Lichtquelle und den beiden Ebenen aus Sicht der Kamera ein gutes Stück hinter dem

## 4.5 Kombinieren der Objekte

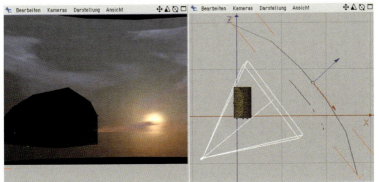

Abbildung 4.3: Das Bauernhaus mit hinzugeladener Himmel-Szene. Die nun vorhandene Lichtquelle deaktiviert automatisch die Standardbeleuchtung von CINEMA 4D.

Bauernhaus. Rotieren und skalieren Sie die Himmel-Gruppe so, dass sie frontal in der Kamera-Ansicht zu sehen ist und diese zudem gut ausfüllt (siehe Abbildung 4.3). Ausschlaggebend für die Bestimmung der richtigen Größe ist dabei nicht das gesamte Kamera-Fenster, sondern die beiden beschriebenen Hilfslinien oben und unten am Rand der Kamera-Ansicht. Der Himmel sollte die Kamera-Ansicht also horizontal komplett ausfüllen. Vertikal gesehen reicht dagegen aus, wenn sich der Himmel zwischen den beiden Hilfslinien erstreckt.

Falls Sie wie ich eine Probeberechnung der Kamera-Ansicht starten, werden Sie feststellen, dass das Bauernhaus plötzlich komplett schwarz dargestellt wird. Dies liegt an dem bereits beschriebenen Phänomen, dass die automatische Beleuchtung in dem Moment deaktiviert wird, in dem eigene Lichtquellen in der Szene vorhanden sind. Da die Sonnen-Lichtquelle räumlich gesehen hinter dem Haus liegt, kann die in der Kamera-Ansicht uns zugewandte Seite des Hauses nicht ausgeleuchtet werden. Darum werden wir uns später kümmern.

### Die Misthaufen-Szene

Als nächstes Element laden Sie die Misthaufen-Szene hinzu. Achten Sie in der seitlichen Ansicht darauf, dass der Misthaufen auf der gleichen Höhe wie das Bauernhaus beginnt (siehe Markierung in Abbildung 4.4).

Da der Misthaufen bislang noch keine Materialien erhalten hatte, werden wir uns nun darum kümmern.

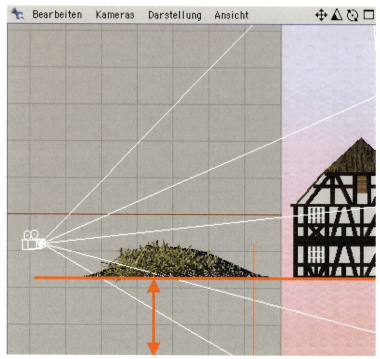

Abbildung 4.4: Hinzuladen und Anpassen der Misthaufen-Szene

### Den Misthaufen mit Materialien belegen

Erzeugen Sie ein neues Material und geben Sie diesem die Parameter aus Abbildung 4.5. Wie Sie dort sehen können, erhält das Material eine gelbliche Farbe und eine leichte NOISE-Struktur im *Diffusion*-Kanal. Das Glanzlicht wurde gegenüber den Standardwerten etwas verstärkt. Dieses Material möchte ich für die Strohhalme einsetzen. Weisen Sie es also allen Gruppen zu, die die Zylinder bzw. die Instanzen der Halme enthalten.

Als Nächstes kommt das Material für das Bezier-NURBS-Objekt an die Reihe. Der 2D-NOISE-Shader von BhodiNUT mit einem leicht vergrößerten LUKA-Noise kommt dem Aussehen von Stroh schon recht nahe (siehe Abbildung 4.6). Sie benötigen diesen Shader zwei Mal: einmal im *Farbe*-Kanal und einmal im *Alpha*-Kanal. Beachten Sie, dass die Farbwerte im 2D-NOISE-Shader für den *Alpha*-Kanal auf Schwarz und Weiß eingestellt wurden, um einen optimalen Kontrast zu schaffen. So ist gewährleistet, dass die weißen Bereiche auch 100% sichtbar bleiben. Das Glanzlicht ist relativ breit angelegt, um eine raue und dennoch feuchte Oberfläche zu simulieren.

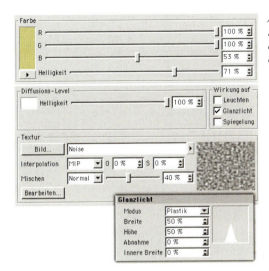

Abbildung 4.5:
Das Material für
die Strohhalme
des Misthaufens

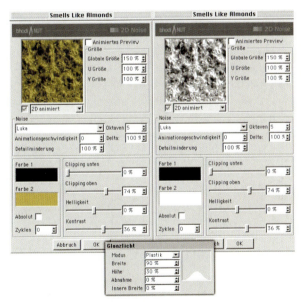

Abbildung 4.6: Der
2D-Noise-Shader
im Farbe- und
Alpha-Kanal sorgt
für die Struktur
von Heu auf dem
Bezier-NURBS.

Legen Sie dieses Material dann auf das Bezier-NURBS. Duplizieren Sie das Bezier-NURBS-Objekt, verschieben Sie es leicht nach unten und rotieren Sie die Kopie um die Z-Achse des Objekts. Dies wird den Eindruck eines vielschichtigen Heuhaufens verstärken, da Teile des Materials das Objekt durchsichtig machen.

*Abbildung 4.7:
Dieses Material
bedeckt die unter-
ste Lage des
Misthaufens.*

Erzeugen Sie ein neues Material und laden Sie dort in den Farbe-Kanal wieder den 2D-Noise-Shader von BhodiNUT ein. Benutzen Sie hierbei die Einstellungen aus Abbildung 4.7, um ein dichteres Geflecht von Fasern zu erzeugen. Diesmal können Sie alle übrigen Kanäle des Materials deaktivieren. Es kommt nur der *Farbe*-Kanal zum Tragen.

Dieses Material benutzen Sie auf einer weiteren Kopie des Bezier-NURBS, die abermals leicht verdreht und nach unten verschoben wurde. Dieses Material wird in Verbindung mit dem untersten Bezier-NURBS die Hauptmasse des Haufens bilden und einen Blick durch die Lücken der weiter oben liegenden Materialien verhindern.

Von oben betrachtet könnte das Ergebnis wie in Abbildung 4.8 aussehen. Die Verschiebung der Bezier-NURBS nach unten braucht jeweils nur wenige Einheiten groß zu sein. Bei mir sind dies immer ungefähr 7 m. Die Stärke der Verdrehung bleibt Ihnen überlassen. Sie soll lediglich dazu dienen, keine wiederkehrenden Struktuuren des Noise-Shaders auf den Bezier-NURBS zu zeigen. Gruppieren Sie alle Elemente des Misthaufens zusammen, um für etwas mehr Übersichtlichkeit im Objekt-Manager zu sorgen.

## 4.5 Kombinieren der Objekte

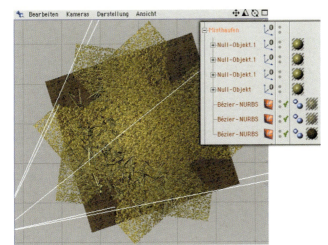

Abbildung 4.8:
Verdrehte und entlang der Höhe verschobene Kopien des Bezier-NURBS sorgen in Verbindung mit variierten Materialien für mehr Volumen im Objekt.

Abbildung 4.9:
Der Misthaufen wird im Vordergrund der Szene platziert.

Platzieren Sie schließlich den Misthaufen so vor der Kamera, wie in Abbildung 4.9 zu sehen. Er sollte einen Großteil des Vordergrundes ausfüllen und die Distanz bis zum Horizont verkürzen. Es sollte jedoch möglichst wenig vom Haus verdeckt werden. Denken Sie daran, dass der Misthaufen auf der gleichen Höhe wie das Fundament des Hauses bleiben sollte, wenn Sie den Haufen verschieben.

## Das Mais-Feld

Laden Sie jetzt nach dem bekannten Muster die Szene mit den Mais-Pflanzen hinzu. Auch hier fehlt es noch an einem Material. Da der Mais in relativ großer Entfernung zur Kamera stehen wird, soll uns dafür ein Farbwert mit einem abgeschwächten NOISE im *Diffusion*-Kanal genügen (siehe Abbildung 4.10).

Weisen Sie das Material dann der Mais-Gruppe zu und platzieren Sie die Pflanzen aus Sicht der Kamera rechts neben und etwas hinter dem Haus. Fügen Sie Kopien der Mais-Instanzen-Gruppe hinzu, um die Lücke zum Horizont über die gesamte Breite des sichtbaren Bereichs zu schließen. Achten Sie auch hier wieder darauf, dass die Mais-Pflanzen auf dem »Boden« stehen sollten und somit auf der gleichen Höhe wie der Misthaufen oder das Haus beginnen müssen (siehe Abbildung 4.11).

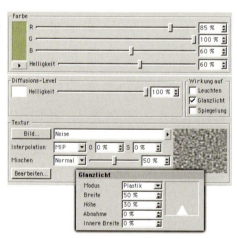

*Abbildung 4.10: Das Material der Mais-Pflanzen*

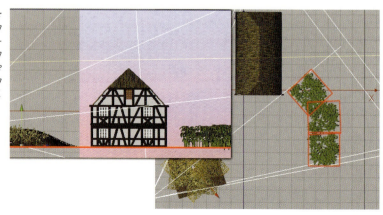

*Abbildung 4.11: Zusätzliche Kopien der Mais-Instanz-Gruppe schließen die Lücke zwischen Boden und Himmel.*

## 4.5 Kombinieren der Objekte

### Die Masten hinzuladen

Als letztes Element fehlen nun noch die Masten, die Sie jetzt hinzuladen. Dem Mast-Objekt selbst habe ich das Balken-Material des Hauses zugewiesen. Die Kabelhalter sind selbst so klein im Bild zu sehen, dass Sie entweder ganz auf ein extra Material verzichten oder das Material der Fensterrahmen verwenden können. Für die Kabel habe ich ein neues Material erzeugt, das neben einem sehr dunklen Grauton keine speziellen Merkmale aufweist. Ich habe deshalb hier auch auf eine Abbildung dieses Materials verzichtet.

Platzieren Sie die Mast-/Kabel-Gruppe ungefähr in der Mitte des Bildes und lassen Sie die offenen Enden der Kabel hinter dem Haus verschwinden. Beachten Sie wieder den imaginären Boden unserer Szene und skalieren Sie die Mast-/Kabel-Gruppe so, bis sie zum Gesamteindruck der Szene und deren Größenverhältnissen passt.

Erstellen Sie drei bis vier Kopien der Gruppe und verschieben Sie diese so, dass eine zusammenhängende Struktur entsteht (siehe Abbildung 4.12). In dem Bild können Sie erkennen, wie die Leitungen leicht schräg nach hinten rechts aus dem Bild wandern. Dies sorgt durch die Perspektive der Kamera für eine zusätzliche Tiefenwirkung, da weiter entfernte Objekte kleiner dargestellt werden.

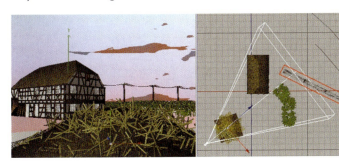

Abbildung 4.12: Passend skalierte Kopien des Strommastes werden zu einer fortlaufenden Struktur gruppiert.

### Den Boden hinzufügen

Bislang schweben alle Objekte noch etwas in der virtuellen »Luft« unserer Kamera-Ansicht. Dem setzen wir jetzt mit einem BODEN-OBJEKT ein Ende. Sie finden dieses Objekt im OBJEKTE-Menü unter SZENE-OBJEKTE.

In den Editor-Ansichten stellt sich das Boden-Objekt wie eine Ebene dar, es hat dieser gegenüber jedoch den Vorteil, dass sich das Boden-Objekt bei der Bildberechnung automatisch bis zum Horizont hin ausbreitet. Sie brauchen also nur noch für die richtige Höhe zu sorgen und der Boden wird automatisch bildfüllend erzeugt.

## Den Boden anpassen

Verschieben Sie das Boden-Objekt am besten in der seitlichen oder frontalen Ansicht so, dass es direkt mit dem Fundament des Hauses abschließt. Die Abbildung 4.13 zeigt die von mir verwendete Höhe, wobei dieser Wert bei Ihnen durchaus etwas abweichen kann.

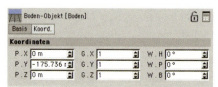

*Abbildung 4.13: Das Boden-Objekt bildet die Grundlage aller Objekte dieser Szene.*

Kontrollieren Sie nochmals, ob auch tatsächlich alle hinzugeladenen Objekte auf dem Boden-Objekt stehen. Auch ein leichtes »Einsinken« der Objekte ist hierbei erlaubt. Es gilt hauptsächlich zu vermeiden, dass oberhalb des Boden-Objekts noch ein Abstand zu einem Objekt besteht, da dadurch später unnatürliche Schattenwürfe der Objekte resultieren können.

## 4.6 Das Ausleuchten der Szene

Um eine Außenszene wie diese zu beleuchten, kommt man nicht mehr mit nur einer Lichtquelle aus. Es gilt diverse Lichtarten zu simulieren, die sowohl durch die direkte Lichteinstrahlung (Sonne) als auch durch Streuwirkung (Himmel, Objekte) entstehen.

Da dabei mit einer relativ großen Anzahl an Lichtquellen gearbeitet wird, sollten wir Gebrauch von einigen der Hilfsmittel machen, die CINEMA 4D zu bieten hat.

Wir beginnen damit, die Lichtwirkung zu simulieren, die durch die direkte Sonneneinstrahlung entsteht. Erzeugen Sie dazu eine neue Lichtquelle, die Sie *Sonne* nennen. Platzieren Sie diese dort, wo bereits die sichtbare Lichtquelle hinter der Wolken-Ebene liegt. Sie können dies durch eine manuelle Verschiebung der Lichtquelle oder mit Hilfe der ÜBERNEHMEN...-Funktion erzielen. Verschieben Sie die neue *Sonne*-Lichtquelle dann jedoch knapp vor die Wolken-Ebene, also auf die Kamera zu.

### Lichtquellen automatisch ausrichten

Rufen Sie ein NULL-OBJEKT aus dem OBJEKTE-Menü ab und platzieren Sie dieses in Verlängerung des Hauses ungefähr auf halber Haus-Höhe. Die

## 4.6 Ausleuchten der Szene

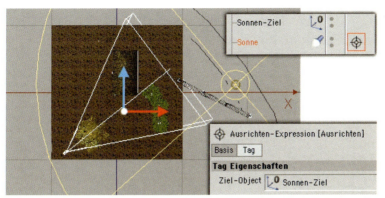

*Abbildung 4.14: Eine neue Lichtquelle wird mit Hilfe eines Null-Objekts ausgerichtet.*

Abbildung 4.14 zeigt Ihnen diese Position in der Ansicht von oben. Benennen Sie dieses Null-Objekt mit *Sonnen-Ziel*.

Geben Sie der *Sonne*-Lichtquelle eine AUSRICHTEN-EXPRESSION. Sie fügen diese hinzu, indem Sie mit einem Rechts-Klick – bzw. ⌘]-Klick – auf das Wort *Sonne* im Objekt-Manager das Kontext-Menü öffnen und dort NEUE EXPRESSION → AUSRICHTEN EXPRESSION auswählen. Bei selektierter Ausrichten-Expression taucht im Attribute-Manager ein ZIEL-OBJEKT-Eingabefeld auf. Ziehen Sie dort das *Sonnen-Ziel*-Objekt aus dem Objekt-Manager hinein. Ab diesem Moment wird die *Sonne*-Lichtquelle ihre Z-Achse immer auf das *Sonne-Ziel*-Objekt ausrichten. Dies hat den Vorteil, dass wir durch Positionierung des Null-Objekts exakt die Stelle in der Szene markieren können, auf die Licht fallen soll.

Geben Sie nun der *Sonne*-Lichtquelle eine gelbliche Färbung – idealerweise übernehmen Sie die Farbe der sichtbaren Lichtquelle hinter den »Wolken« – und aktivieren Sie den Typ SPOT (RUND).

### Eine Spot-Lichtquelle

Die Lichtquelle wird dadurch Licht nur in Richtung der positiven Z-Achse abgeben. Den Öffnungswinkel des Spots bestimmen Sie auf der *Details*-Seite der Licht-Parameter. Der Wert INNERER WINKEL beschreibt den Bereich, in dem die Lichtintensität gleich bleibend hoch ist. Sie entspricht dort also der Helligkeit, die auf der *Allgemein*-Seite vorgegeben wurde. Von diesem Radius ausgehend bis zum Wert ÄUßERER WINKEL nimmt dann die Lichtleistung linear bis auf Null ab. Die Helligkeit wird dadurch zum Rand des Lichtkegels hin sanft ausgeblendet.

*Abbildung 4.15:*
*Die Einstellungen*
*für die Sonne-*
*Lichtquelle*

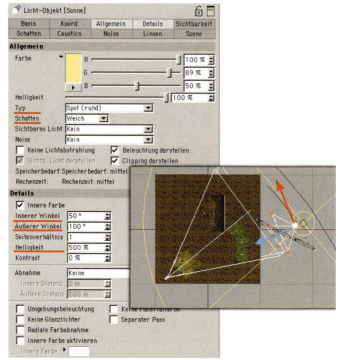

Die Helligkeit auf der *Allgemein*-Seite ist zwar nur mit 100% beziffert, Sie können die Lichtleistung jedoch über den HELLIGKEIT-Wert der *Details*-Seite hinaus deutlich erhöhen. Wie Sie Abbildung 4.15 entnehmen können, habe ich dort 500% eingetragen. Diese starke Erhöhung wurde deshalb notwendig, da die Lichtquelle in einem sehr spitzen Winkel zum Haus steht und somit nur einen recht geringen Einfluss auf deren Beleuchtung hat. Da die Sonne recht tief über dem Horizont steht, ist trotz der starken Helligkeit keine Überbelichtung der übrigen Objekte zu befürchten.

Denken Sie auch daran, einen weichen Schatten auf der *Allgemein*-Seite zu aktivieren. CINEMA-Lichtquellen werfen nämlich nicht automatisch einen Schatten.

Die Abbildung 4.16 zeigt eine erste Probe-Berechnung der Kamera-Ansicht. Wie Sie dort bereits erkennen können, wird die Sonne-Lichtquelle alleine nicht ausreichen, um die Szene passend zur Tageszeit zu beleuchten. Außer der vom Licht gestreiften Hauswand und einigen Strohhalmen im Vordergrund liegen noch alle Objekte im Dunkeln.

## 4.6 Ausleuchten der Szene

Abbildung 4.16:
Die Wirkung der
»Sonne«-Licht-
quelle

Abbildung 4.17:
Eine zusätzliche
Lichtquelle niedri-
gerer Intensität
unterstützt die
Lichtwirkung der
Sonne.

Um die eher diffuse Beleuchtung durch die Sonne nachzubilden, erzeugen Sie eine Kopie der *Sonne*-Lichtquelle, die Sie auf *Hilfs-Sonne* umbenennen. Reduzieren Sie die HELLIGKEIT der *Hilfs-Sonne* auf der *Details*-Seite auf 100%. Verschieben Sie die *Hilfs-Sonne* etwas näher an die Kamera heran und etwas nach links oben. Die Abbildung 4.17 gibt Ihnen eine Idee von dieser Position aus Sicht der Kamera.

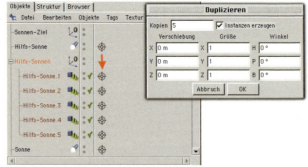

*Abbildung 4.18: Instanzen der Hilfs-Lichtquellen müssen manuell mit Ausrichten-Expressions bestückt werden.*

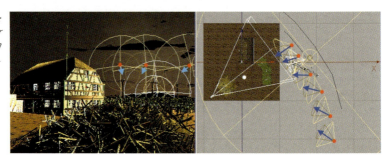

*Abbildung 4.19: Die Anordnung der Hilfs-Lichtquellen folgt einem Bogen.*

Benutzen Sie die DUPLIZIEREN-Funktion, um fünf Instanz-Kopien der *Hilfs-Sonne* anzufertigen. Da bei Instanzen die Tags und Expressions des Original-Objekts nicht mitkopiert werden, müssen Sie dies im Objekt-Manager von Hand erledigen (siehe Abbildung 4.18). Die Instanzen der *Hilfs-Sonne* werden danach auch automatisch auf das *Sonnen-Ziel*-Objekt ausgerichtet.

Verschieben Sie jetzt eine Instanz nach der anderen so, dass die *Hilfs-Sonne*-Instanzen dem imaginären Horizont nach rechts aus dem Bild folgen. Die Abbildung 4.19 macht diese Anordnung vor allem in der Aufsicht der Szene deutlich. Sie sollten zusätzlich die Höhe der weiter rechts liegenden Instanzen etwas reduzieren, da mit zunehmendem Abstand von der Sonne auch das Streulicht der Sonne weniger wird. Dieses soll schließlich durch die Instanzen simuliert werden.

Um die Szene nicht zu stark zu beleuchten, aktivieren Sie die INV. QUADRATISCH-Abnahme der *Hilfs-Sonne* auf deren *Details*-Seite (siehe Abbildung 4.20). Alle Instanz-Kopien dieser Lichtquelle werden diese Veränderung automatisch übernehmen. Stellen Sie die INNERE DISTANZ so groß ein, dass das Haus und das Mais-Feld komplett innerhalb dieses Bereichs liegen.

## 4.6 Ausleuchten der Szene

Abbildung 4.20:
Die Lichtwirkung nach Aktivierung einer Abnahme-Funktion für die Hilfs-Lichtquellen

### Die Lichtleistung begrenzen

Die ÄUßERE DISTANZ wählen Sie so aus, dass das Haus gerade noch innerhalb der äußeren Distanz derjenigen Instanz-Lichtquelle liegt, die am weitesten von dem Haus entfernt ist. Dadurch, dass sich die Instanz-Lichtquellen zum rechten Rand hin immer weiter von dem Haus entfernen, wird also deren Lichtleistung durch die ABNAHME-Funktion entsprechend verringert.

### Die frontale Beleuchtung

Nun gilt es noch, das Licht zu simulieren, das durch diffuse Streuung aus Richtung des Betrachters kommt. Dies könnte z. B. von anderen Gebäuden reflektiertes Sonnenlicht oder einfach die Grundhelligkeit des Himmels sein. Rufen Sie also wieder eine neue Lichtquelle auf und geben Sie dieser bei einer geringen Helligkeit – dieses Licht soll ja keinesfalls mit der Helligkeit durch die direkte Sonneneinstrahlung konkurrieren – einen leichten Blauton. Dies soll vor allem die bläuliche Beleuchtung durch den Himmel aufgreifen.

### Objekte von Beleuchtung ausschließen

Benutzen Sie als Typ der Lichtquelle einen runden Spot und einen weichen Schatten. Als Novum sollten Sie diesmal von der Möglichkeit Gebrauch machen, Objekte von der Beleuchtung von dieser Lichtquelle auszunehmen. Diese Option aktivieren Sie auf der *Szene*-Seite des Lichtquellen-Dialogs, indem Sie dort zuerst den gewünschten Modus auswählen und dann Objekte aus dem Objekt-Manager in das OBJEKTE-Fenster ziehen.

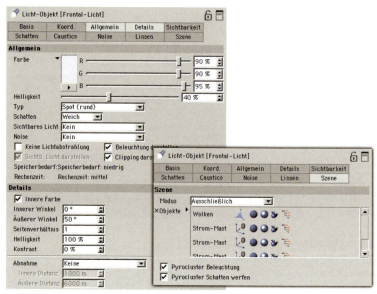

*Abbildung 4.21: Eine neue Lichtquelle simuliert das diffuse Licht aus Sicht der Kamera. Auf der Szene-Seite der Licht-Parameter lässt sich die Lichtquelle auf bestimmte Objekte begrenzen.*

Je nach gewähltem Modus werden diese Objekte dann gar nicht (im Modus AUSSCHLIEẞLICH) bzw. als einzige Objekte (im Modus EINSCHLIEẞLICH) von dieser Lichtquelle beleuchtet.

Wie Sie der Abbildung 4.21 entnehmen können, habe ich sowohl die Wolken-Ebene als auch alle Kabel und Masten von der Beleuchtung ausgeschlossen. Dies schien mir deshalb angebracht, da die Wolken sowieso schon ein leuchtendes Material haben und die Masten einer so starken Sonnenbestrahlung ausgesetzt sind, dass eine zusätzliche Beleuchtung von der der Sonne abgewandten Seite der Masten her eher unnatürlich gewirkt hätte.

Platzieren Sie diese Lichtquelle ein gutes Stück hinter der Kamera ungefähr auf doppelter Haushöhe. Drehen Sie die Lichtquelle so, dass sie alle Objekte der Szene erfasst. Die Darstellung des Lichtkegels in den Editor-Ansichten sollte Ihnen dabei helfen.

Erzeugen Sie dann zwei Instanz-Kopien dieser Lichtquelle und verschieben Sie diese seitlich, wie es die Abbildung 4.22 zeigt. Diese drei Lichtquellen sollten nicht zu senkrecht auf die Himmel-Ebene treffen, sondern in Richtung Bauernhaus auf den Boden zielen.

Ich habe hier bewusst auf die Benutzung eines Ziel-Objekts und einer AUSRICHTEN-EXPRESSION verzichtet, um die Ausrichtung der drei Lichtquellen individuell steuern zu können.

## 4.6 Ausleuchten der Szene

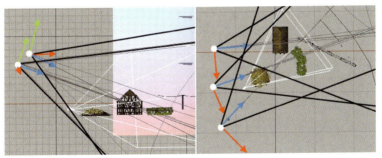

*Abbildung 4.22: Die frontalen Lichtquellen werden ungefähr auf der doppelten Höhe des Hauses noch hinter der Kamera platziert.*

Da diese Lichtquellen alle Schatten werfen, sollten wir Vorsorge treffen, dass kein Schatten auf der Himmel-Ebene entstehen kann. Dies würde wohl wenig realistisch aussehen.

*Render-Tags zuweisen*

Für diesen Zweck gibt es das RENDER-TAG, das Sie wieder durch das Kontext-Menü im Objekt-Manager zuweisen, so wie Sie ein paar Arbeitsschritte zuvor bereits die AUSRICHTEN-EXPRESSION zugewiesen haben. Sie finden das RENDER-TAG im Kontext-Menü unter NEUES TAG → RENDER-TAG.

Weisen Sie dieses Tag der Himmel-Ebene zu und deaktivieren Sie dort dann die Optionen für SCHATTEN WERFEN und SCHATTEN EMPFANGEN (siehe Abbildung 4.23).

*Ein Himmel-Objekt hinzufügen*

Wir haben mit unseren Himmel- und Wolken-Ebenen zwar bereits für den sichtbaren Aspekt des Himmels in unserer kleinen Szene gesorgt, es gibt dabei jedoch noch etwas zu beachten.

*Abbildung 4.23: Um einen unnatürlichen Schatten auf den Wolken und dem Himmel zu vermeiden, werden die entsprechenden Optionen in einem Render-Tag deaktiviert.*

Da wir die Fenster im Haus leicht spiegelnd angelegt haben, wird sich dort die Umgebung des Hauses abbilden. Da die Himmel-Ebenen jedoch nur einen ganz geringen Teil des Umfelds der Szene ausmachen – sie decken ja gerade einmal den sichtbaren Anteil des 3D-Raums ab –, sollten wir den restlichen Raum um die Szene herum ebenfalls begrenzen.

Für diesen Zweck gibt es das HIMMEL-OBJEKT, das Sie – wie das BODEN-OBJEKT zuvor – im OBJEKTE-Menü unter SZENE-OBJEKTE finden können. Es handelt sich dabei im Prinzip um eine Kugel, die automatisch alle anderen Objekte in sich einschließt. Sie müssen sich also nicht darum kümmern, diese Kugel passend zu skalieren. Diese Himmel-Kugel wird nur im Augenblick der Bildberechnung sichtbar und stört daher die Arbeit in den Editor-Ansichten nicht.

Wie jedes andere Objekt auch, lässt sich das Himmel-Objekt mit Materialien belegen. Ich verwende dazu ein neues Material mit einem leicht turbulenten FARBVERLAUF-Shader im *Farbe*-Kanal. Sie können meine Einstellungen dazu der Abbildung 4.24 entnehmen.

Durch diesen Trick werden sich auch in den Fenstern leichte Wolkenstrukturen spiegeln, die der Himmel-Ebene abgewandt sind.

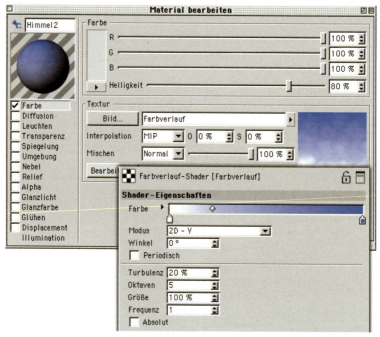

Abbildung 4.24: Ein turbulenter Farbverlauf in diesem neuen Material wird auf ein Himmel-Objekt gelegt.

*Abbildung 4.25:
Die Szene im fertig
beleuchteten
Zustand*

Damit sind wir am Ende angekommen und Sie können erneut eine Probeberechnung der Kamera-Ansicht im Editor starten. Die Abbildung 4.25 zeigt ein mögliches Resultat.

Die fertige Szene liegt auch auf der CD-ROM für Sie bereit.

# Einen Charakter modellieren

**5**

**KAPITEL**

Nachdem wir uns bislang mit eher leblosen Gebilden beschäftigt haben, möchte ich mit Ihnen abschließend einen so genannten *Character* – darunter versteht man ein reales oder erdachtes Wesen – modellieren.

Damit das Wesen auch einen Bezug zu unserer bisherigen Szene hat, habe ich mich für einen Hahn entschieden, der – noch etwas verschlafen – auf dem Misthaufen den Morgen begrüßen soll. Da die realistische Modellierung und Texturierung eines solchen Tieres den Umfang dieses Buches sprengen würde, setze ich mir eine comichafte und somit abstrahierte Variante eines Hahns zum Ziel.

Wie immer bei solch komplexen Objekten sollte mit der Erstellung von Bildvorlagen begonnen werden. Abbildung 5.1 zeigt meinen Entwurf mit den bereits besprochenen Hilfslinien.

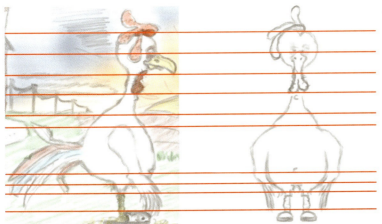

Abbildung 5.1: Die skizzierte Form des gewünschten Hahn-Modells mit Hilfslinien, die die Übernahme der wichtigsten Bezugspunkte von einer Ansicht in die andere erleichtern.

Derart organische Objekte lassen sich am einfachsten mit Hilfe von HyperNURBS umsetzen. CINEMA 4D 8 bietet hier eine große Bandbreite an Werkzeugen an. Sie werden jedoch bald bemerken, dass wir eigentlich mit nur sehr wenigen Funktionen auskommen. Diese sind EXTRUDIEREN, INNEN EXTRUDIEREN, KANTEN SCHNEIDEN und KANTENRING.

Zudem werden wir Gebrauch vom Symmetrie-Objekt machen, um eine Körperhälfte automatisch ergänzen zu lassen. Es ist dabei von größter Wichtigkeit, dass die Punkte an der Symmetrie-Achse alle exakt auf der gleichen X-Koordinate liegen. Überprüfen Sie dies als Erstes, falls mit der Darstellung der durch das Symmetrie-Objekt gespiegelten Objekt-Hälfte Probleme auftauchen sollten.

Es ist zudem in einigen Situationen hilfreich, das Symmetrie-Objekt zeitweise auszuschalten, um einen freieren Blick auf das Objekt zu bekommen. Die Sichtbarkeit der gespiegelten Objekt-Hälfe steuern Sie selbst durch Klicks auf den grünen Haken bzw. auf das rote Kreuz hinter dem Symmetrie-Objekt im Objekt-Manager.

Ich bin mir bewusst, dass die Modellierung eines solchen Characters durchaus schon fortgeschrittenes Können und auch ein Gefühl für Form und Raum erfordert. Ich habe mich deshalb bemüht, jeden wichtigen Arbeitsschritt in Wort und Bild festzuhalten.

Zusätzlich finden Sie auf der CD-ROM zu diesem Buch fast jeden Arbeitsschritt als eigene Datei wieder.

Sollten Unklarheiten oder Probleme bei der Umsetzung auftauchen, laden Sie einfach die entsprechende Szene von der CD-ROM und fahren dann mit dem Workshop fort. Geben Sie jedoch nicht zu früh auf, sondern versuchen Sie den gezeigten Resultaten so nahe wie möglich zu kommen.

## 5.1 Die Vorlagen laden

Beginnen Sie mit einer neuen, leeren Szene und erzeugen Sie zwei Materialien, in die Sie die frontale und die seitliche Ansicht des Hahns in den Farbe-Kanal einlesen.

Rufen Sie zwei Polygon-Grundobjekte auf und geben Sie diesen die Abmessungen der beiden Bildvorlagen.

> Die prinzipielle Vorgehensweise hierbei entspricht der von Kapitel 3. Lesen Sie dort bei Bedarf die entsprechenden Passagen am Anfang des Kapitels nach.

Weisen Sie schließlich den Polygon-Grundobjekten die Materialien zu und positionieren Sie die Polygone so, dass genügend Platz für das eigentliche Modell entsteht. Die Abbildung 5.2 zeigt die fertige Szene mit den beiden Polygon-Stellwänden. Sie können dort auch die von mir verwendeten Positionen und Abmessungen der Polygon-Grundobjekte ablesen.

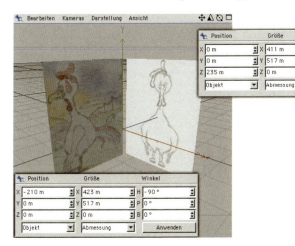

Abbildung 5.2: Ein Blick auf die positionierten Polygon-Stellwände mit den passenden Materialien

Sie finden sowohl die von mir verwendeten Bildvorlagen wie auch die fertige Ausgangsszene mit den Polygon-Stellwänden auf der CD-ROM.

## 5.2 Die Modellierung

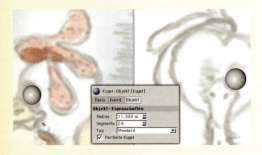

Beginnen Sie damit, ein Kugel-Grundobjekt abzurufen und dieses als Auge zu platzieren und zu skalieren.

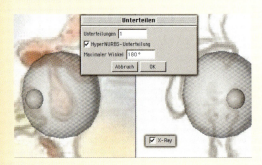

Rufen Sie ein Würfel-Grundobjekt auf und ordnen Sie dieses einem HyperNURBS-Objekt unter. Aktivieren Sie den X-Ray-Effekt für das HyperNURBS, um einen besseren Blick auf die Bildvorlagen zu haben. Passen Sie die Abmessungen des Würfels so an, dass das Hyper-NURBS ungefähr die Form des Kopfes hat. Konvertieren Sie dann den Würfel und benutzen Sie die Unterteilen-Funktion mit Hyper-NURBS-Unterteilung-Option aus dem Struktur-Menü mit den gezeigten Parametern.

Der Würfel hat nun zusätzliche Unterteilungen erhalten, die denen eines Hyper-NURBS-Objekts entsprechen. Drehen Sie den unterteilten Würfel so um dessen X-Achse, dass eine Fläche im Bereich des Auges liegt. Benutzen Sie dann vier Mal Innen Extrudieren interaktiv mit der Maus, um zusätzliche Unterteilungen in der Fläche zu erzeugen.

## 5.2 Die Modellierung

Ziehen Sie das innerste Polygon auf die Augen-Kugel zu, so dass diese wieder sichtbar wird. Selektieren Sie im Kanten-Modus eine senkrechte Kante am Auge und benutzen Sie KANTENRING im SELEKTION-Menü. Umlaufend um den gesamten Kopf werden automatisch die Kanten in der Polygonreihe selektiert. Benutzen Sie KANTEN SCHNEIDEN (Unterteilung=1) im STRUKTUR-Menü.

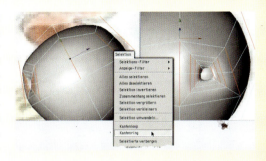

Wechseln Sie in den Punkte-Modus und verschieben Sie die Punkte um das Auge herum so, dass Lider und ein angedeuteter Tränensack entstehen. Lassen Sie sich hierbei ruhig Zeit. Diese Arbeit erfordert ein gewisses Maß an Erfahrung und räumliches Vorstellungsvermögen. Dieses lässt sich hervorragend durch manuelles Arbeiten wie hier fördern.

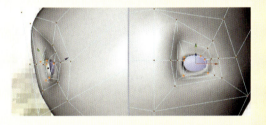

Im Kanten-Modus selektieren Sie diesmal eine waagerechte Kante am Auge und rufen KANTENRING und danach KANTEN SCHNEIDEN (Unterteilung=1) auf. Im Punkte-Modus nutzen Sie die neu hinzugekommenen Punkte dazu, die Form der Lider weiter zu verfeinern.

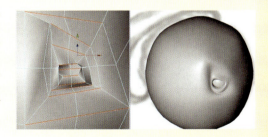

# Einen Charakter modellieren

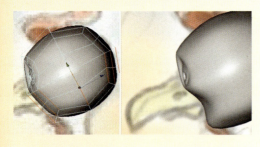

Benutzen Sie KANTENRING und danach KANTEN SCHNEIDEN (Unterteilung=1) im Kanten-Modus mit einer senkrechten Kante unterhalb der Augenflächen. Verschieben Sie im Punkte-Modus die Punkte im Bereich des Schnabels nach hinten um Platz zu schaffen.

Selektieren Sie die dargestellten Flächen im Polygon-Modus und extrudieren Sie diese Flächen ca. fünf Mal nach vorne. Passen Sie im Punkt-Modus die Form dem Schnabel in der Bildvorlage an.

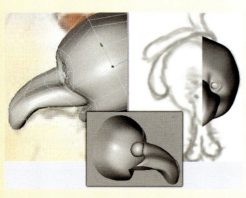

Löschen Sie alle Punkte am Kopf, die auf der »augenlosen« Hälfte liegen. Sorgen Sie dafür, dass auch der Schnabel seitlich durch Löschen von Punkten geöffnet wird. Überprüfen Sie im Koordinaten-Manager, dass alle Punkte am nun offenen Rand des Kopfes und des Schnabels auf der gleichen X-Koordinate liegen (Punkt-X-Koordinate im Objekt-System =0).

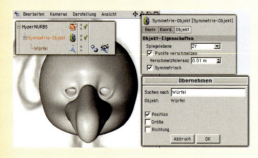

Rufen Sie ein SYMMETRIE-OBJEKT auf und nutzen Sie die ÜBERNEHMEN...-Funktion, um das Symmetrie-Objekt auf die Position des Würfels zu setzen. Ordnen Sie den Würfel dem Symmetrie-Objekt unter. Das Symmetrie-Objekt selbst muss wiederum dem HyperNURBS untergeordnet werden. Die Spiegelebene muss auf ZY eingestellt werden.

## 5.2 Die Modellierung

Benutzen Sie im Polygon-Modus zwei Mal INNEN EXTRUDIEREN mit dem Schnabel-Polygon, an dessen Stelle das Nasenloch entstehen soll. Das innerste Polygon – in der Abbildung noch selektiert dargestellt – ziehen Sie leicht von der Außenwand des Schnabels weg und etwas auf den Kopf zu.

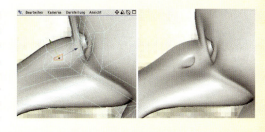

Selektieren Sie die erste große Fläche unter dem Schnabel. Aus dieser Fläche wird die untere Hälfte des Schnabels entstehen.

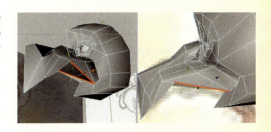

Extrudieren Sie diese Fläche einmal leicht nach innen (INNEN EXTRUDIEREN) und einmal etwas nach unten (EXTRUDIEREN).

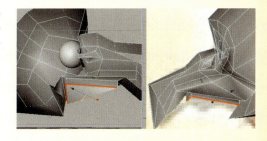

Die nachfolgende Modifikation an dem Objekt möchte ich hier vereinfacht an dem Würfel demonstrieren. Auch hier wurde die untere Fläche erst nach innen und dann nach unten extrudiert. Dann werden die zwei neu entstandenen Flächen gelöscht, die an der Symmetrieachse liegen. Schließlich werden die durch die Extrudierungen entstandenen Punkte an der Seite auf die gleiche X-Koordinate wie der Rest des offenen Randes gebracht.

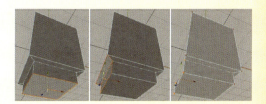

243

## Einen Charakter modellieren

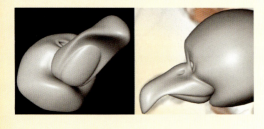

Nachdem Sie die entsprechenden Arbeitsschritte an der extrudierten Fläche unter dem Schnabel durchgeführt haben, sollten – bei aktiviertem Symmetrie-Objekt – die neuen Flächen unter dem Schnabel organisch weich ineinander laufen. Verschieben Sie ggf. die neuen Punkte, um ein Ergebnis wie im Bild zu erzielen.

Um die Form des unteren Schnabels exakter steuern zu können, möchte ich zusätzliche Punkte hinzufügen. Selektieren Sie also im Kanten-Modus eine waagerecht verlaufende Kante in dem Bereich. Wählen Sie dann KANTENRING und schließlich KANTEN SCHNEIDEN (Unterteilung=1).

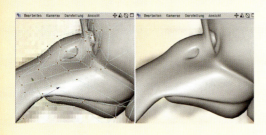

Nutzen Sie die hinzugekommenen Punkte, um die Form zu verfeinern.

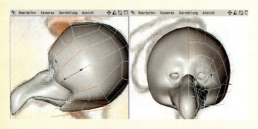

Das Kinn des Vogels fällt noch sehr schwach aus. Ich füge deshalb in dem dargestellten Bereich mit der bekannten KANTENRING/ KANTEN SCHNEIDEN-Kombination (Unterteilung=1) weitere Punkte hinzu.

Die hervorgehobenen Punkte sind neu hinzugekommen und werden nun vorrangig benutzt, um das Kinn runder zu gestalten.

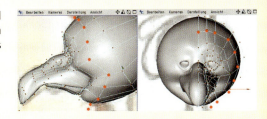

Für den Hahnenkamm werden noch mehr Flächen auf dem Scheitel des Hahns benötigt. Schneiden Sie daher die mit KANTENRING selektierten Kanten einmal, und selektieren Sie schließlich drei Flächen auf dem Scheitel des Hahns.

EXTRUDIEREN Sie diese Flächen (GRUPPEN ERHALTEN aktiviert) drei Mal. Zwei kurze Extrusionen und eine etwas größere. Deaktivieren Sie das Symmetrie-Objekt, um bessere Sicht auf die Innenseite der extrudierten Flächen zu haben. Löschen Sie diese Flächen. Im rechten Bild ist der dann offene Rand rot markiert.

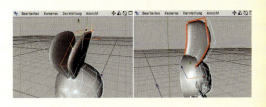

Bringen Sie die Punkte am offenen Rand des Hahnenkamms auf die Objekt-X-Koordinate 0, aktivieren Sie das Symmetrie-Objekt wieder, und verschieben Sie die übrigen Punkte so wie im Bild zu sehen.

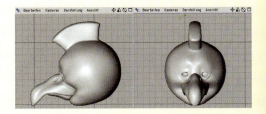

## Einen Charakter modellieren

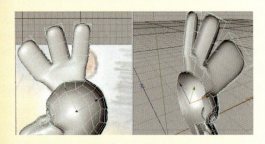

EXTRUDIEREN Sie die drei Deckflächen des Hahnenkamms diesmal ohne die GRUPPEN ERHALTEN-Option. Drei Extrusionen sollten genügen. Deaktivieren Sie wieder das Symmetrie-Objekt, um besser die neuen Flächen an der Symmetrie-Ebene löschen zu können.

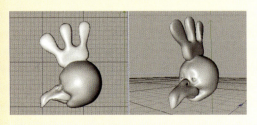

Nachdem Sie die Punkte am offenen Rand der drei Fortsätze wieder auf die Objekt-X-Position o gesetzt haben, können Sie das Symmetrie-Objekt wieder aktivieren und die Form weiter bearbeiten.

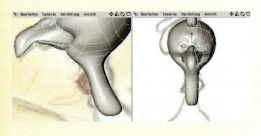

Drei Extrusionen eines Polygons unter dem Kopf erzeugen einen Hals. Sie müssen wieder die Flächen an der Symmetrie-Ebene löschen und die Punkt-Positionen am nun offenen Rand korrigieren.

Selektieren Sie zwei Flächen direkt unter dem Schnabel am Kinn.

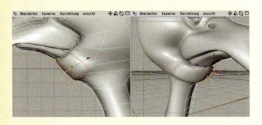

EXTRUDIEREN Sie diese Flächen mit aktiviertem Erhalt der Gruppen leicht nach vorne. Löschen Sie die neue Fläche an der Symmetrie-Ebene und korrigieren Sie die Punkt-Positionen dort in der nun schon gewohnten Weise.

## 5.2 Die Modellierung

EXTRUDIEREN Sie die untere Fläche des mittleren extrudierten Polygons drei Mal nach unten und formen Sie im Punkte-Modus die Gurgel des Hahns. Der Kopf ist damit erst einmal komplett.

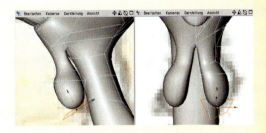

Machen Sie nun kurzfristig das HyperNURBS mit dem Kopf im Editor unsichtbar (oberen Punkt im Objekt-Manager auf Rot schalten) und erzeugen Sie einen neuen WÜRFEL und ein neues HyperNURBS. Passen Sie die Größe des Würfels an den Körper an, KONVERTIEREN Sie diesen dann und benutzen Sie die UNTERTEILEN...-Funktion mit dem Wert 1 und aktivierter HYPERNURBS-UNTERTEILUNG-Option.

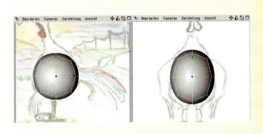

Passen Sie die Form durch Verschieben der hinzugekommenen Punkte weiter an und löschen Sie dann alle Punkte auf der – frontal gesehen – linken Seite des ehemaligen Würfels. Rufen Sie ein Symmetrie-Objekt auf, platzieren Sie dies auf der Position des Körper-Würfels und ordnen Sie den Würfel dort unter. Das Symmetrie-Objekt findet unter dem zweiten HyperNURBS Platz.

Benutzen Sie INNEN EXTRUDIEREN einmal mit der seitlichen Fläche, an der der Flügel beginnen soll. Benutzen Sie die X-RAY-Funktion des HyperNURBS-Objekts, um die neuen Punkte dem Umriss der Schulter anpassen zu können.

247

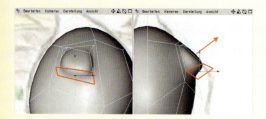

EXTRUDIEREN Sie die neue Fläche leicht nach außen und selektieren Sie dann deren untere Fläche.

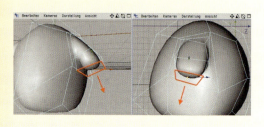

EXTRUDIEREN Sie diese Fläche nach unten. Passen Sie die Lage der Punkte an, um die Dicke und Lage des Flügels ungefähr zu beschreiben.

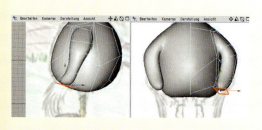

Fahren Sie fort, die untere Fläche weiter zu EXTRUDIEREN, und passen Sie die neuen Punkte weiter an.

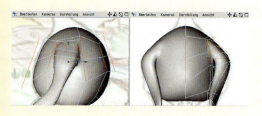

Selektieren Sie im Kanten-Modus eine der senkrechten Kanten an der Schulter, benutzen Sie KANTEN-RING und dann KANTEN SCHNEIDEN (Unterteilung=1).

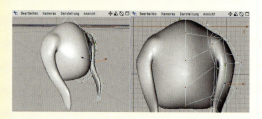

Nutzen Sie die hinzugekommenen Punkte an der Schulter dort zur Korrektur und Verfeinerung der Form.

## 5.2 Die Modellierung

Fügen Sie mit der bekannten Befehls-Kombination einen weiteren Schnitt durch die Kanten entlang des Flügels hinzu.

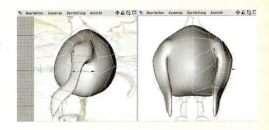

Nutzen Sie diese Punkte, um der Schulter und dem »Oberarm« mehr Volumen zu geben. Die Enden der Arme/Flügel lassen Sie hingegen eher flach auslaufen.

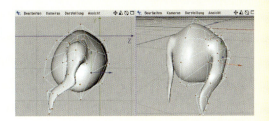

Um den Bauchnabel hinzuzufügen, extrudieren Sie in dem Bereich eine Fläche nach innen (INNEN EXTRUDIEREN). Löschen Sie die gestreift dargestellte Fläche, und platzieren Sie die zwei inneren der neuen Punkte (rechts rot markiert) auf der Objekt-X-Koordinate 0.

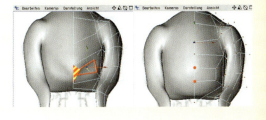

Veranlassen Sie einen Schnitt durch die waagerechten Kanten nahe der Symmetrie-Ebene (KANTEN SCHNEIDEN, Unterteilung=1).

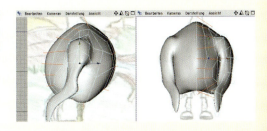

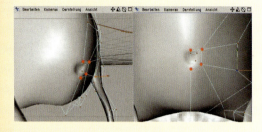

Extrudieren Sie die Fläche am Bauchnabel nach innen (INNEN EXTRUDIEREN). Denken Sie wieder daran, die eine, innere Fläche zu löschen und die Punkte dort auf die Objekt-X-Koordinaten 0 zu setzen, damit das Symmetrie-Objekt eine durchgehend geglättete Oberfläche erzeugen kann.

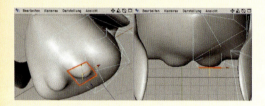

Wir fahren mit den Beinen fort. Selektieren Sie unter dem Körper eine Fläche und EXTRUDIEREN Sie diese etwas nach unten.

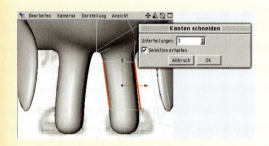

Fügen Sie zwei weitere Extrudierungen hinzu, wie im Bild zu sehen. Selektieren Sie die vier senkrechten Kanten an der mittleren Extrudierung und schneiden Sie diese Kanten nun drei Mal.

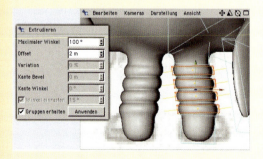

EXTRUDIEREN Sie jedes umlaufende Segment einzeln um 2 m. Achten Sie auf die Erhaltung von Gruppen und einen großen maximalen Winkel, damit die vier Seiten jedes Bein-Segments tatsächlich zusammenhängend extrudiert werden. Reduzieren Sie nach jeder Extrusion eines Segments die Y-Größe durch Skalierung entlang der Y-Achse.

## 5.2 Die Modellierung

EXTRUDIEREN Sie vorne und hinten die Flächen am untersten Bein-Element. Skalieren Sie die neue Fläche hinten etwas kleiner. Diese Flächen sollen den Fuß andeuten.

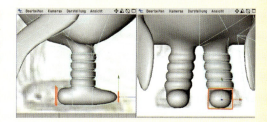

KONVERTIEREN Sie beide Symmetrie-Objekte in der Szene, und legen Sie die beiden ehemaligen Würfel-Objekte danach in eines der beiden HyperNURBS-Objekte. Die durch die Konvertierung der Symmetrie-Objekte entstandenen Null-Objekte können dann gelöscht werden.
Selektieren Sie mit [Shift]-Klicks das Kopf- und das Körper-Objekt und benutzen Sie VERBINDEN im FUNKTIONEN-Menü. Es entsteht ein neues Objekt, das alle Flächen des Kopfes und des Körpers enthält. Die alten Objekte können dann gelöscht werden.

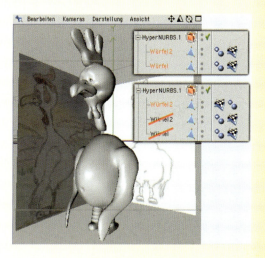

Selektieren Sie die beiden Flächen jeweils an Kopf und Körper, wo die Verbindung von Hals und Körper hergestellt werden soll. Benutzen Sie das BRÜCKE-Werkzeug aus dem STRUKTUR-Menü und ziehen Sie mit gehaltener Maustaste eine Verbindung zwischen einem Punkt der selektierten Kopf-Flächen und einem Punkt der selektierten Körper-Flächen. Die verbundenen Punkte sollten passend zueinander liegen. Mögliche Punkt-Kombinationen sind im Bild durch Pfeile markiert.

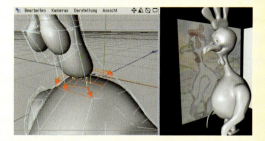

## Einen Charakter modellieren

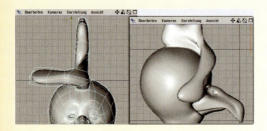

Nutzen Sie entweder den MAGNETEN aus dem STRUKTUR-Menü oder selektieren und rotieren Sie die Flächen am Hahnenkamm, um diesen zu neigen und schließlich seitlich am Kopf herabhängen zu lassen.

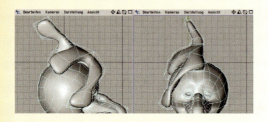

Verfahren Sie nach dem gleichen Prinzip mit den übrigen Teilen des Hahnenkamms.

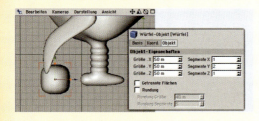

Rufen Sie ein neues WÜRFEL-Grundobjekt auf und ordnen Sie dies dem Körper-Objekt im HyperNURBS-Objekt unter. Der Würfel wird dadurch automatisch mit geglättet. Passen Sie die Lage und Größe des Würfels so an, dass er der Form der Schuhspitze ähnelt. Benutzen Sie am Würfel zwei Segmente in Y-Richtung.

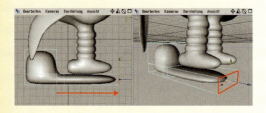

KONVERTIEREN Sie den Würfel und verschieben Sie die Punkte der mittleren Unterteilung auf die Höhe der Fußsohle. EXTRUDIEREN Sie die untere, hintere Fläche zwei Mal nach hinten. Dies bildet die Sohle des Schuhs.

## 5.2 Die Modellierung

Selektieren Sie umlaufend die waagerechten Kanten am unteren Segment des Schuhs, und aktivieren Sie das LIVE-SELEKTION-Werkzeug. Im Bereich der HYPERNURBS WICHTUNG stellen Sie die STÄRKE auf 100% und benutzen die ZUWEISEN-Schaltfläche. Die Kanten wirken dadurch anziehender auf das HyperNURBS und bilden eine harte Kante, ohne die Rundung an der Ferse und an der Schuhspitze abzuschwächen.

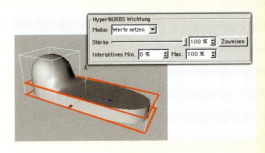

Extrudieren Sie zuerst die hintere Fläche des oberen Segments (INNEN EXTRUDIEREN) etwas nach innen und dann auf die Schuhspitze zu (EXTRUDIEREN). Eine Auswölbung in der Schuhspitze entsteht. Selektieren Sie im Punkte-Modus – am besten mit dem Auswahl-Rechteck – die Punkte am Anfang der Auswölbung und verschieben Sie diese näher an das Bein heran.

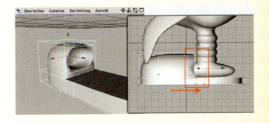

Im Kanten-Modus selektieren Sie die umlaufende, horizontale Kante um den vorderen Teil des Schuhs und benutzen Sie das EXTRUDIEREN-Werkzeug um in einem geringen Abstand zusätzliche Kanten zu erzeugen.

Skalieren Sie die weiterhin selektierte Kante etwas kleiner, bis eine sichtbare Rille entsteht. Sind Sie mit dem Ergebnis zufrieden, erzeugen Sie eine Kopie des Schuh-Objekts. Ordnen Sie die Schuhe so an, wie es die Einblendung im Bild zeigt.

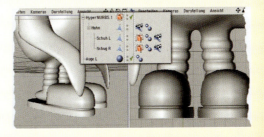

## Einen Charakter modellieren

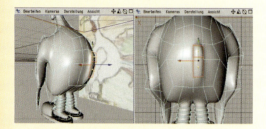

Widmen wir uns nun dem gefiederten Schwanz des Hahns. Selektieren Sie zwei Flächen an geeigneter Stelle am Rücken des Hahns.

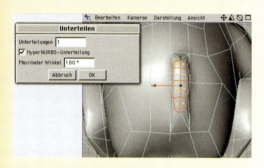

Benutzen Sie die UNTERTEILEN...-Funktion aus dem FUNKTIONEN-Menü.

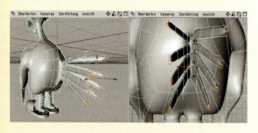

EXTRUDIEREN Sie die Flächen ohne den Zusammenhalt der Gruppen zu aktivieren mehrfach nach hinten.

Korrigieren Sie die Form der Schwanz-Flächen z. B. mit dem Magnet-Werkzeug oder durch manuelles Punkte-Verschieben.
Entscheidend für die Formgebung sollte eine Betrachter-Position wie die hier im Bild gezeigte sein.

Selektieren Sie die zwei Flächen oben auf den Handrücken und unterteilen Sie diese einmal mit HyperNURBS-Unterteilung (UNTERTEILEN...-Funktion). EXTRUDIEREN Sie diese Flächen dann ohne Beibehaltung von Gruppen leicht nach außen. Ziehen Sie die danach weiterhin selektierten Enden der extrudierten Flächen so weit nach unten, dass federähnliche Strukturen entstehen.

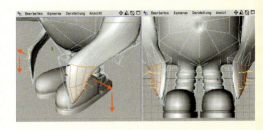

Dieses Bild zeigt das mögliche Resultat nach einmaligem Extrudieren und Verschieben der Flächen.

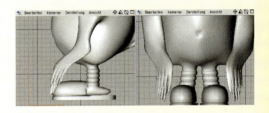

Nach dem gleichen Schema verfahren Sie für die Ansatzstelle des Schwanzes und für die Schwanzfedern selbst. Also zuerst Flächen selektieren, dann mit HYPERNURBS-UNTERTEILUNG-Option unterteilen, etwas EXTRUDIEREN, ohne die Gruppen zu erhalten, und schließlich verschieben in die gewünschte Richtung.

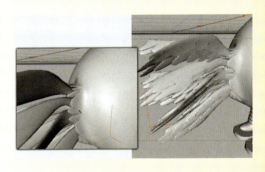

Auch um die Beine herum lassen sich mit dieser Technik einige auflockernde Formen hinzufügen.

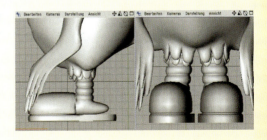

Erzeugen Sie zwei Materialien, wobei sich diese nur durch die Farbe unterscheiden. Das schwarze Material ist im Bild dargestellt. Das andere Material ist mit diesem identisch, hat aber 100% Weiß im *Farbe*-Kanal.

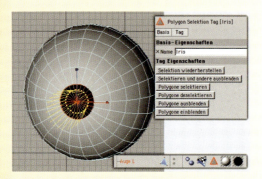

KONVERTIEREN Sie die Augen-Kugel und drehen Sie die Kugel dann so, dass eine der kreisförmigen Pol-Regionen der Kugel dort liegt, wo später die Iris des Hahns liegen soll. Selektieren Sie den inneren Polygon-Kreis um den Pol herum und speichern Sie diese Selektion ab (SELEKTION → SELEKTION EINFRIEREN). Nennen Sie diese Selektion *Iris* und weisen Sie dann das weiße und das schwarze Material der Kugel zu. Sorgen Sie dafür, dass das schwarze Material die Selektion *Iris* zugewiesen bekommt und über dem weißen Material liegt – also rechts neben dem weißen Material eingeordnet ist. Kopieren Sie das Auge nun und verschieben Sie die Kopie in die andere Augenhöhle. Passen Sie die Rotation des kopierten Auges entsprechend der gewünschten Blickrichtung an.

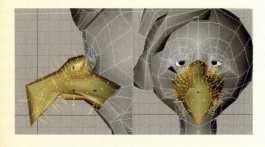

Selektieren Sie alle Flächen, die dem Schnabel zuzuordnen sind. Da es hierbei wegen einiger Unübersichtlichkeiten in dem Gewirr von Flächen zu Fehlern kommen kann – vergessene oder fälschlich ausgewählte Flächen –, gehen Sie hierbei so wie im nächsten Schritt beschrieben vor.

## 5.2 Die Modellierung

Selektieren Sie zuerst alle Flächen, bei denen Sie sicher sind. Frieren Sie diese Selektion dann ein. Benutzen Sie POLYGONE AUSBLENDEN (Ziffer 1) in den Parametern des Polygon Selektion Tags. Selektieren Sie nun noch die Flächen, die Sie vielleicht übersehen hatten oder die von anderen Flächen des Schnabels vorher verdeckt waren. Machen Sie dann die gesicherten Polygone wieder mit POLYGONE EINBLENDEN (Ziffer 2) sichtbar. Benutzen Sie POLYGONE SELEKTIEREN (Ziffer 3) und danach wieder SELEKTION EINFRIEREN. Sie können diesen Vorgang beliebig oft wiederholen, bis wirklich alle Polygone wie gewünscht in der Selektion gespeichert sind.

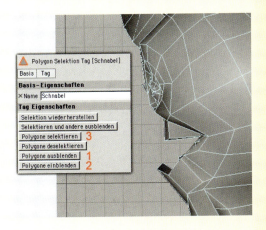

Erzeugen Sie ein neues Material für den Schnabel und weisen Sie dies dem Hahn-Objekt zu. Weisen Sie dem Material den Namen der Schnabel-Selektion zu, damit es auf den Schnabel begrenzt wird.

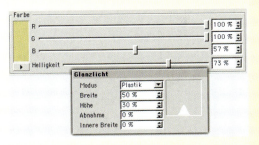

Erstellen Sie ein neues Polygon Selektion Tag, diesmal für den Hahnenkamm und die Gurgel. Benutzen Sie die zuvor erläuterte Technik, damit auch alle Flächen dieser Objekt-Teile gespeichert werden. Beachten Sie, dass bei der Erzeugung dieses Polygon Selektion Tags das Polygon Selektion Tag des Schnabels nicht aktiv sein darf, da dies ansonsten überschrieben wird.

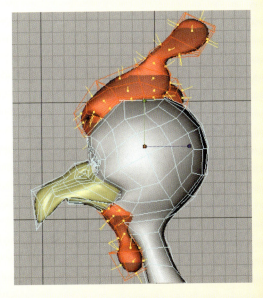

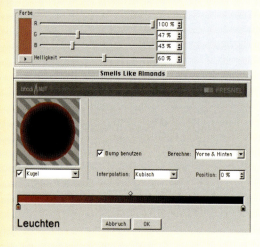

Erzeugen Sie ein neues Material mit den dargestellten Einstellungen für den *Farbe*- und den *Leuchten*-Kanal.

Im *Leuchten*-Kanal habe ich den FRESNEL-Shader von BhodiNUT verwendet. Dieser färbt alle Flächen, die in einem spitzen Winkel zum Betrachter stehen, mit der Farbe am linken Rand des Farbverlaufs ein. Klicken Sie doppelt auf den kleinen Farbschieber am rechten Rand unter dem Farbverlauf und geben Sie diesem ein dunkles Rot. Entfernen Sie den mittleren Farbschieber durch Anklicken und »Ziehen« nach oben aus dem Farbverlauf. Ein Klick unter den Farbverlauf erzeugt übrigens einen neuen Farbschieber, falls Sie diesen benötigen.

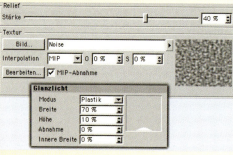

Als *Relief* verwenden Sie den NOISE-Shader mit einer relativ großen Stärke von 40%. Das *Glanzlicht* dagegen ist mit 70% BREITE und 10% HÖHE nicht sehr intensiv.

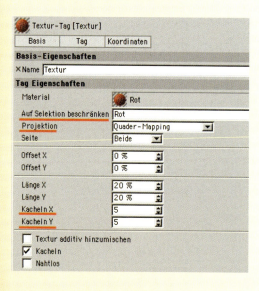

Weisen Sie das rote Material wieder dem Hahn zu und beschränken Sie es auf die zuvor gesicherte Selektion, die ich hier einfach *Rot* genannt habe. Da ein sichtbares Muster (der Noise im *Relief*-Kanal) im Material benutzt wird, kann das UVW-MAPPING nicht benutzt werden. Wir weichen aus auf das QUADER-MAPPING mit jeweils fünf KACHELN in X- und Y-Richtung.

## 5.2 Die Modellierung

Wir kommen zum Material für die Schuhsohlen. Ein einfaches Blau im Farbe-Kanal und ein leichtes Glanzlicht sollen hier genügen. Legen Sie das Material dann auf die beiden Schuh-Objekte. Da keine Struktur in dem Material vorkommt, brauchen Sie sich nicht um weitere Einstellungen zu kümmern.

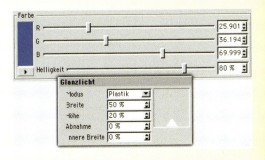

Erzeugen Sie ein weiteres Material, in dem Sie den KARO-Shader im Farbe-Kanal benutzen. Ich habe dort wieder das Blau der Sohle und einen Grünton benutzt.

Speichern Sie eine Selektion der oberen Flächen an den Schuhen ab und weisen Sie dieser Selektion das Karo-Material zu. Diesmal bietet sich das KUGEL-MAPPING wegen der runden Form an. Aktivieren Sie den Texturachsen-bearbeiten-Modus, um die Projektion des Materials begutachten zu können. Drehen Sie den Pol der Vorschaukugel so, dass er vorn unterhalb der Schuhspitze liegt. An den Polen des Kugel-Mappings verzerrt sich das Material nämlich wegen der Kugelform und würde daher nicht sehr schön an den Schuhen aussehen.

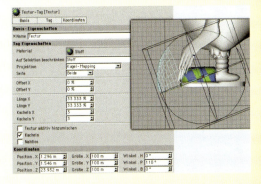

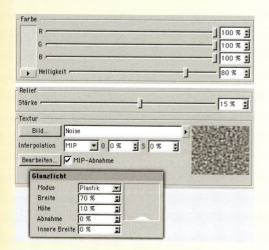

Es folgt ein weiteres neues Material für den Körper des Hahns. Sie können dessen Einstellungen dem Bild entnehmen.

Weisen Sie das neue Material dem Hahn-Objekt zu. Das Material muss als Erstes hinter dem Hahn-Objekt liegen, also unter den Materialien des Schnabels und des Hahnenkamms. Die nachfolgende Abbildung zeigt Ihnen die richtige Reihenfolge.

Benutzen Sie QUADER-MAPPING mit je fünf Wiederholungen (KACHELN) in X- und Y-Richtung.

HyperNURBS-Objekte glätten immer nur das oberste Objekt bzw. alle Objekte, die direkt unter diesem eingeordnet sind. Aus Gründen der Übersichtlichkeit können Sie daher die beiden Augen-Objekte auch in das HyperNURBS ziehen. Achten Sie nur darauf, dass der Hahn samt seinen Unterobjekten über den Augen eingeordnet ist. Diese brauchen schließlich nicht weiter geglättet zu werden.

Der Hahn ist damit fertig. Die abschließende Bildfolge zeigt noch einmal diverse Ansichten des fertigen Modells. Sie können jetzt die beiden Polygon-Objekte mit den Bildvorlagen samt deren Materialien löschen und die Szene abspeichern.

## 5.3 Die Berechnung der fertigen Szene

Öffnen Sie die im letzten Kapitel komplettierte Bauernhof-Szene. Laden Sie die neue Hahn-Szene hinzu und platzieren und skalieren Sie das HyperNURBS-Objekt des Hahns so, dass der Hahn im Vordergrund auf dem Misthaufen steht.

Öffnen Sie die RENDER-VOREINSTELLUNGEN durch einen Klick auf deren Icon oder durch Aufruf im RENDERN-Menü. Auf der *Allgemein*-Seite des Dialogs nehmen Sie grundsätzliche Einstellungen vor (siehe Abbildung 5.3). Wichtig sind hier eigentlich nur die Einstellungen für ANTIALIASING (die Kantenglättung) und FILTER.

Für das Antialiasing sind drei Modi verfügbar: KEINES, GEOMETRIE und BESTES. Bei GEOMETRIE werden alle Umrisse von Objekten durch Interpolation von Zwischenpunkten geglättet. Bei BESTES werden zusätzlich auch die Strukturen auf der Oberfläche der Objekte geglättet, was vorwiegend der Darstellung der Materialien zu Gute kommt.

Sie werden also um den Modus BESTES für hochwertige Ergebnisse kaum herumkommen, obwohl dieser Modus leider auch am längsten für die Berechnung benötigt.

*Abbildung 5.3: Die Allgemein-Seite der Render-Voreinstellungen*

Der FILTER optimiert die Darstellung zusätzlich für die verschiedenen Ausgabe-Medien. Die wohl wichtigsten Einstellungen dort sind STANDBILD und ANIMATION, was wohl selbsterklärend sein sollte. Die übrigen Modi sollten so eingestellt bleiben, dass alle Effekte aktiviert sind. So sollte Transparenz immer auch mit MIT BRECHUNG berechnet werden und Spiegelung auf ALLE OBJEKTE bezogen sein. Da CINEMA 4D verschiedene Arten von Schatten kennt, die sich je nach Lichtquelle zuweisen lassen, sind Sie mit der Einstellung ALLE ARTEN für Schatten immer auf der sicheren Seite.

Es lohnt sich eigentlich nur dann, diese Einstellungen vorübergehend auf niedrigere Stufen zu setzen, wenn es um die Berechnung von Proben und Vorschauen geht.

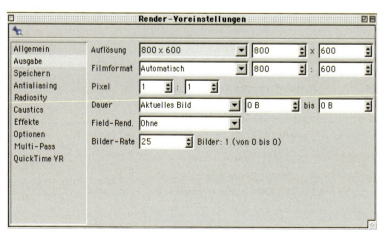

*Abbildung 5.4: Die Ausgabe-Seite der Render-Voreinstellungen definiert das Bildformat und dessen Auflösung. Zudem werden dort für Animationen wichtige Parameter eingestellt.*

Auf der AUSGABE-Seite stellen Sie zuerst die AUFLÖSUNG des zu berechnenden Bildes bzw. der Animation ein (siehe Abbildung 5.4). Im Normalfall ergibt sich das FILMFORMAT automatisch aus der Auflösung. In Sonderfällen können Sie jedoch auch davon abweichende Seitenverhältnisse eingeben. Das PIXEL-Verhältnis ist für die Ausgabe auf dem Bildschirm immer mit 1:1 anzugeben. Es gibt einige Ausgabe-Formate, wie z. B. das PAL D1-Format, bei denen davon abweichende Pixel-Seitenverhältnisse ratsam sind, um eine Verzerrung des Bildes bei der Wiedergabe auszugleichen.

Handelt es sich um ein Standbild, das berechnet werden soll, geben Sie bei der DAUER einfach AKTUELLES BILD an. Ansonsten können Sie auch ein zeitliches Intervall gemessen in Bildern angeben, das berechnet werden soll.

Ebenfalls nur für Animationen interessant ist die Option FIELD-RENDERING, die die Weiterverarbeitung für die Wiedergabe im Fernsehen erleichtert.

Je nach Medium und Norm muss dann bei Animationen noch die BILDER-RATE eingestellt werden. So benötigen Kinofilme z. B. 24 Bilder pro Sekunde, Videofilme im PAL-Format dagegen 25 Bilder und im NTSC-Format 30 Bilder pro Sekunde. Diese Angabe sollte mit der Bildrate Ihres Dokuments übereinstimmen, damit die Animation später exakt so schnell abläuft, wie von Ihnen im Editor geplant. Diese Einstellung nehmen Sie am besten bereits vor Beginn der Arbeit an der Animation in den DOKUMENT-VOREINSTELLUNGEN im BEARBEITEN-Menü vor.

Auf der *Speichern*-Seite geht es schließlich um den Speicherpfad und das Dateiformat des zu sichernden Bildes bzw. der zu speichernden Animation (siehe Abbildung 5.5). Alle auf Ihrem Rechner zur Verfügung ste-

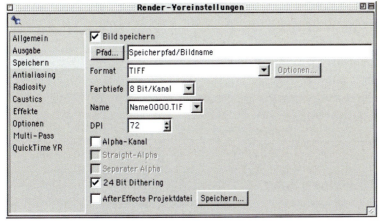

*Abbildung 5.5:
Auf der Speichern-Seite der Render-Voreinstellungen geben Sie den Speicherpfad und das Speicherformat vor.*

henden Komprimierungsverfahren können in dem FORMAT-Menü abgerufen werden. Auch Animationen können übrigens in einem Bildformat wie z. B. TIFF ausgegeben werden. CINEMA 4D erstellt dann fortlaufend nummerierte Bild-Dateien, die sich z. B. sehr gut mit Schnittprogrammen weiterverarbeiten lassen.

Ist die Option ALPHA-KANAL aktiviert, wird zusätzlich zu jedem Bild eine Alpha-Maske als Graustufenbild gesichert, mit deren Hilfe sich die Objekte in Ihrer Szene später leichter freistellen lassen. Je nach gewähltem Bildformat kann dieser Alpha-Kanal direkt als Ebene in dem Bild gesichert werden (z. B. beim Photoshop- oder TIFF-Format), oder es wird eine separate Datei nur für das Alpha-Graustufenbild gesichert (notwendig bei Formaten wie JPEG, die keine integrierten Kanäle erlauben).

Abbildung 5.6: Die Antialiasing-Seite lässt Sie einige Einstellungen zur Intensität der Kantenglättung präzisieren.

Auf der *Antialiasing*-Seite finden Sie nochmals das ANTIALIASING-Menü der *Allgemein*-Seite wieder (siehe Abbildung 5.6). Ist BESTES Antialiasing ausgewählt, können Sie über die MIN/MAX LEVEL die Genauigkeit der Kantenglättung steuern. Die Werte definieren den Mindest- und den maximalen Radius, der bei der Kanten- und Materialglättung um den berechneten Bildpunkt abgetastet wird. Je größer die Werte, desto länger dauert die Berechnung. Die Standardeinstellungen sollten jedoch für die meisten Fälle ausreichend sein.

Aktivieren Sie also bestes Antialiasing und eine Ausgabegröße von z. B. 800 mal 600 Pixeln. Sie können natürlich auch größere Ausgabegrößen eingeben. Denken Sie nur daran, dass das Seitenverhältnis gleich bleiben sollte, um den gewählten Bildausschnitt nicht zu verändern. Tragen Sie dann einen Speicherpfad und einen Datentyp für das zu speichernde Bild ein.

Nachdem Sie den RENDER-VOREINSTELLUNGEN-Dialog geschlossen haben, klicken Sie auf das Icon für IN BILDMANAGER RENDERN und warten ab, bis das Bild vollständig berechnet wurde. Sie finden das Resultat dann an der angegebenen Stelle auf Ihrem Speichermedium wieder. In Abbildung 5.7 sehen Sie, wie das Endresultat bei mir aussah.

*Abbildung 5.7: Das Endresultat dieses Buch-Workshops*

Vielleicht fallen Ihnen ja noch einige Dinge ein, die ergänzt werden könnten, wie z. B. ein Fesselballon am Himmel oder ein paar verschlafene Vögel auf den Leitungen oder dem Dach. Es würde mich freuen, wenn ich Sie zu eigenen Kreationen anregen konnte.

## 5.4 Ausblick

CINEMA 4D 8 ist ein hoch komplexes Programm. Es ist deshalb unmöglich, alle Funktionen und Bereiche ausführlich mit Beispielen darzustellen. Ich habe für dieses Buch eine Auswahl der mir wichtig erscheinenden Neuerungen und Funktionen treffen müssen, von denen ich denke, dass Sie damit eine solide Basis und gutes Rüstzeug für Ihre eigenen Projekte an die Hand bekommen.

Wenn Sie an tiefer gehenden Informationen, z. B. zum Thema Animation und Programmierung mit CINEMA 4D 8, interessiert sind, kann ich Ihnen mein Profi-Buch zu Release 8 ans Herz legen. Es knüpft nahtlos dort an, wo dieses Buch thematisch endet, und erscheint ebenfalls bei Addison-Wesley.

Ich hoffe jedenfalls, dass Ihre Erwartungen erfüllt wurden und ich Ihnen den Einstieg in dieses faszinierende Programm und die wunderbare 3D-Welt etwas erleichtern konnte.

Arndt von Koenigsmarck

# Stichwortverzeichnis

2D Noise 191
4T-Ansicht 55

**A**
Achsen 23
Akt. Zustand in Objekt wandeln 103, 207
Alles deselektieren 67, 94
Alles selektieren 73, 167
Alpha-Kanal 184
Anfasser 59
Animationen-bearbeiten-Modus 20
Ansicht rotieren 56
Ansicht verschieben 56
Ansicht zoomen 56
Attribute-Manager 14, 45
Auf Achse beschränken 25
Auf Objekt anpassen 196
Auf Selektion beschränken 90, 193
Auf Szene zoomen 133
Ausrichten-Expression 218, 227
Auswahl-Werkzeug 22
Auto-Keyframing 33
Automatische Beleuchtung 215

**B**
Backface-Culling 66
Betriebsart 17
Bevel 82
Bewegen-Werkzeug 23
Bezier-NURBS 121
Bezier-Spline 98
Biege-Objekt 207
Bilddatei laden 130
Blinn 188
Boden-Objekt 225
Brücke 85, 251
B-Spline 100

**D**
Darstellung-Menü 66
Darstellung-Tag 171

Deckfläche 106
Deformator 29, 210
Delta 184
Diffuse Abnahme 188
Diffuse Stärke 188
Diffusion-Kanal 177
Displacement-Kanal 187
Dokument-Voreinstellungen 263
Drag&Drop 38
Drahtgitter 57
Drehen (um Normale) 92
Duplizieren 209

**E**
Editor-Ansicht 14, 54
Einheitsvektor 66
Expression 20
Extrude-NURBS 104
Extrudieren 86
Extrusion 83

**F**
Farbe 186
Farbe (Ansicht) 65
Farbe aktivieren 65
Farbe-Kanal 176
Farbverlauf 197
FFD-Objekt 206
Fläche-Mapping 198
Flächen-Normale 65
Freihand-Spline 97
Frequenz 186
Fresnel 178

**G**
Glanzlicht-Kanal 185
Glätten bis 69
Glühen-Kanal 186
Gouraud-Shading 57
Grundobjekt 27
Gruppe ein-/ausblenden 37
Gruppen erhalten 87

**267**

# Stichwortverzeichnis

## H
Harte Interpolation 99
Helix 36
Hierarchie 38
Hierarchisch 105
Hilfslinie 128
Himmel-Objekt 234
Hinzufügen 218
HPB-System 50
HyperNURBS-Objekt 70
HyperNURBS-Wichtung 72, 78
HyperNURBS-Wichtung-Tag 79

## I
Illumination-Kanal 187
In Bildmanager rendern 264
Innen extrudieren 89
Innerer Offset 83
Innerer Winkel 227
Instanz 209, 210
Interaktives Beschränken 25
Interaktives Max. 78
Interaktives Min. 78
Inv. quadratisch 230
Inverse Kinematik 20
Invertieren 184

## K
Kamera 217
Kameras-Menü 57
Kante
  extrudieren 88
  schneiden 241
  wichten 75
  Winkel 88
Kanten-bearbeiten-Modus 18
Kantenring 241
Katalog 45
Kegel 36
Keyframe 32
Kontur beibehalten 106
Konvertieren 16
Koordinaten-Manager 15, 50
Kreis 36
Kugel 36, 46

## L
Lathe-NURBS 110
Leuchten-Kanal 178
Licht begrenzen 231
Lichtbrechung 178
Lichtquelle 214
Live-Selektion 22, 49
Loft-NURBS 114

## M
Magnet 93
Manager 14
Material 53
Material zuweisen 130
Material-Manager 15
Matt-Effekt 180
Maximale Höhe 187
Maximaler Winkel 84
Mesh-Unterteilung U 117
Mesh-Unterteilung V 117
Messer 89, 168
Metall 186
Misch-Modus 176
MOCCA 20
Modell-bearbeiten-Modus 17
Modell-Modus 67
Morphing 34
Multi-Selektion 39

## N
Nächstliegenden Punkt verwenden 94
Namen ändern 36
Nebel-Kanal 182
Neues Material 175
Neues Material erzeugen 53
Neues Tag 171
Normale 66
  ausrichten 67
  umdrehen 67
Null-Objekt 36
Nur sichtbare Elemente selektieren 49
NURBS-Objekt 28

## O
Objekt-Achsen 24

# Stichwortverzeichnis

Objekt-Achsen bearbeiten 17
Objekt-bearbeiten-Modus 19
Objekt duplizieren 84
Objekt selektieren 36
Objekte gruppieren 37, 148, 167
Objekt-Manager 14
Optimieren 110
Oren-Nayar 188

## P

Parametrisches Objekt 40
Phong 188
Phong-Tag 69
Plastik 186
Play 31
Polygon 18, 36
  erzeugen 64
  wichten 77
Polygone-bearbeiten-Modus 18
Polygon-Modus 67
Polygon-Objekt 64
Polygon-Werkzeug 81
Premultiplied 184
Punkt hinzufügen 64, 100
Punkt und Kante wichten 75
Punkt wichten 73
Punkte-bearbeiten-Modus 18
Punkte-Modus 67
Punkte-Wichtung malen 50

## Q

Quader-Mapping 196
Quick-Shading 57

## R

Radius 186
Rauigkeit 188
Rechteck 114
Redo 22
Regelmäßige Unterteilung 118
Reihenfolge rückwärts 115
Reihenfolge umkehren 115
Reihenfolge vorwärts 115
Relief-Kanal 182
Rendern 26, 71

Rendern in separatem Fenster 27
Render-Pipeline 20
Render-Tag 233
Render-Voreinstellungen 27, 216, 261
Rotieren-Werkzeug 23
Rundung 60

## S

Schatten empfangen 233
Schatten werfen 233
Segment 61
Selektion einfrieren 137, 150
Selektion invertieren 137
Selektion umwandeln 143
Selektion vergrößern 137
Selektion-Menü 67
Selektionsliste 29
Shader 53, 183
  bearbeiten 184
Sichern unter 209
Sichtbarkeit steuern 41
Skalieren (entlang Normalen) 92
Skalieren-Werkzeug 23
Smooth Shift 95
Snapping-Einstellungen 48
Spiegelung-Kanal 180
Spline 28
  bearbeiten 99
  schließen 101
Spline-Grundobjekte 96
Spline-Typen 96
Spot (rund) 227
Standard-Layout 14, 16
Stärke außen 186
Stärke innen 186
Stopp 31
Sweep-NURBS 120
Symmetrie-Objekt 162
Szene-Objekt 29

## T

Tags 42
Tangente 98
Tangentenausrichtung angleichen 99
Textur-Achsen-bearbeiten-Modus 19

# Stichwortverzeichnis

Textur-bearbeiten-Modus 19
Thumbnail 45
Ton abspielen 32
Transparenz-Kanal 178
Tri-View 54, 57
Turbulenz 197

## U
Umgebung-Kanal 181
Undo 22
Unterteilen 138
Unterteilung Editor 71
Unterteilung Renderer 71
UV-Koordinaten 131
UVW-Mapping 190

## V
Variation 84
Verbinden 84, 107, 251
Verschieben (entlang Normalen) 91

## W
Wasser-Shader 190
weich 184
Weiche Interpolation 99
Welt-System 24
Werkzeug-Manager 22, 49
Werte setzen 79
Winkelbeschränkung 69
Wolken 198
Würfel 36

## X
XPresso-Expression 42
X-Ray 171

## Z
Zahnrad 110
Zeitschieber 30
Zufall 186, 209, 210
Zwischenpunkte 102
Zylinder 36

... aktuelles Fachwissen rund um die Uhr – zum Probelesen, Downloaden oder auch auf Papier.

**www.InformIT.de**

InformIT.de, Partner von **Addison-Wesley**, ist unsere Antwort auf alle Fragen der IT-Branche.

In Zusammenarbeit mit den Top-Autoren von Addison-Wesley, absoluten Spezialisten ihres Fachgebiets, bieten wir Ihnen ständig hochinteressante, brandaktuelle Informationen und kompetente Lösungen zu nahezu allen IT-Themen.

**wenn Sie mehr wissen wollen ...**     **www.InformIT.de**